www.ingramcontent.com/pod-product-compliance
Lightning Source LLC
LaVergne TN
LVHW010205070526
838199LV00062B/4511
9789358720204

آشفتہ بیانی میری

مصنف:
رشید احمد صدیقی

© Rasheed Ahmad Siddiqui

Aashufta Bayani meri
by: Rasheed Ahmad Siddiqui
Edition: April '2024
Publisher :
Taemeer Publications LLC (Michigan, USA / Hyderabad, India)

ISBN 978-93-5872-020-4
9 789358 720204

مصنف یا ناشر کی پیشگی اجازت کے بغیر اس کتاب کا کوئی بھی حصہ کسی بھی شکل میں بشمول ویب سائٹ پر اَپ لوڈنگ کے لیے استعمال نہ کیا جائے۔ نیز اس کتاب پر کسی بھی قسم کے تنازع کو نمٹانے کا اختیار صرف حیدرآباد (تلنگانہ) کی عدلیہ کو ہو گا۔

© رشید احمد صدیقی

کتاب	:	**آشفتہ بیانی میری** (خودنوشت)
مصنف	:	**رشید احمد صدیقی**
صنف	:	خودنوشت
ناشر	:	تعمیر پبلی کیشنز (حیدرآباد، انڈیا)
سالِ اشاعت	:	۲۰۲۴ء
صفحات	:	۲۱۲
سرورق ڈیزائن	:	تعمیر ویب ڈیزائن

تیسرا ایڈیشن؟

"آشفتہ بیانی میری" کے غالباً اس تیسرے ایڈیشن کے بارے میں کچھ زیادہ کہنا نہیں ہے۔ غالباً اس لئے کہ جب سے ہم کو آزادی نصیب ہوئی ہے کم سے کم اردو کا تو کوئی مصنف یقین سے نہیں کہہ سکتا کہ اس کی تصانیف کے کتنے ایڈیشن ہندوستان اور پاکستان میں اس کی مرضی یا علم کے بغیر اور انسان و اللہ کے بنائے ہوئے قوانین کے علی الرغم ذاتی منفعت کی خاطر سے علی الاعلان شائع نہ ہو چکے ہوں گے، ہو رہے ہوں گے یا ہوتے رہیں گے!

ارباب مکتبہ جامعہ نے اس کو باضابطہ شائع کرنے کا ارادہ کیا ہے اور از راہ کرم فرمائش کی ہے کہ چاہوں تو اس پر نظر ثانی کر لوں اور عرض حال کے طور پر کچھ لکھ دوں۔ نظر ثانی کے طور پر جہاں تہاں تھوڑا بہت گھٹا بڑھا دیا ہے۔ آخر کی فہرست کتب نکال دی اور اپنے بعض اساتذہ کے ذکر میں چند اوراق بڑھا دیے ہیں۔ اس سے زیادہ کچھ اور کہنے کی ضرورت نہیں سمجھتا۔ البتہ اس کا بار بار اعتراف و اعادہ کرتا رہوں گا کہ ان تمام [illegible] اور دوستوں کا شکر گزار

ہوں جو اس کتاب کو قابلِ اعتبار سمجھتے ہیں اور ان سے بھی زیادہ ان کا جنھوں نے اس کو قابلِ اعتنا بنانے میں میری مدد فرمائی جن کے اسمائے گرامی پہلے عرض کر چکا ہوں ان میں اب مکتبہ جامعہ کے احباب بھی شامل ہیں۔

دل تو چاہتا تھا کہ اس "آشفتہ بیانی" کے بعد ایک "خونابہ فشانی" بھی لکھتا لیکن غالب سے رجوع کیا تو یہ بشارت یا ہدایت ملی کہ

روئیے زار زار کیا، کیجیے ہائے ہائے کیوں!

بایں ہمہ "کام کا" ہوتا تو باز نہ آتا اس لیے کہ غالب ہی نے یہ بھی کہا ہے کہ "جنوں میں حکایاتِ خونچکاں" لکھتے رہنا چاہیے!

امتحان کے سلسلے میں یہ کتاب بعض طلبا کو بھی پڑھنی پڑتی ہے، ان کی سہولت کی خاطر بدیسی الفاظ کے تلفظ ترجمہ و تحشیہ کا کسی حد تک بے ضرورت یا بے محل التزام رکھا گیا ہے۔ بعض احباب اس سے منغّص ہونا چاہیں تو طلبا سے ہوں، مسرور رہوں تو میرا شکریہ ادا کریں! لیکن ان میں سے کسی پر راضی نہ ہوں تو مکتبہ جامعہ سے نپٹ لیں!

رشید احمد صدیقی

ذکاء اللہ روڈ مسلم یونیورسٹی علی گڑھ

جون ۱۹۶۲ء

شکریہ

اس دوسرے ایڈیشن کے بارے میں صرف دو باتیں عرض کرنی ہیں۔

ایک یہ کہ اس کتاب کو ان بزرگوں، دوستوں اور عزیزوں نے پسند فرمایا جو علی گڑھ سے براہ راست وابستہ تھے اور ان اصحاب نے بھی جو اس طرح کا تعلق نہیں رکھتے تھے۔ اوّل الذکر نے اس لیے کہ جو باتیں بیان کی گئی تھیں وہ غلط نہ تھیں۔ دوسروں نے شاید اس لیے کہ باتیں صحیح ہوں یا غلط افسانہ بُرا نہیں! میں دونوں کا شکر گزار ہوں۔ موخر الذکر کا خاص طور پر۔

دوسری یہ کہ پہلے کے مقابلے میں اس ایڈیشن میں املا، انشا، تلفظ، اوقاف، اعراب یہاں تک کہ حروف یا الفاظ کی کرسی یا وصل اور فصل میں جو اصلاح، ترمیم یا اضافہ نظر آئے وہ تمام تر نتیجہ ہے میرے مکرم دوست پروفیسر بھگوت دیال ورما (پونہ) کی بے لوث محبت اور بے پایاں محنت کا۔ آشفتہ بیانی کا جو نسخہ موصوف نے تصحیح کے بعد بھیجا تھا اس میں اصلاحات، اشارات اور ہدایات کا کچھ ایسا "زندہ یا مردہ باد" قسم کا ہجوم تھا کہ میں نے محسوس کیا کہ جناب کاتب اسے دیکھ کر غش یا زہر کھائے بغیر نہیں رہ سکتے۔ اور ایسا نہ ہوا تو پھر

تصحیح کے مطابق اُن سے کام لینے کے لئے دو آدمیوں کی لازمی ضرورت ہوگی۔ ایک کسی بھگوت دیال ورما کی دوسرے صوبہ سرحد کے ایک پٹھان کی! اور چونکہ یہ دونوں دستیاب نہیں اس لئے خاطر خواہ اصلاح نہ ہوسکی ہو تو عجب نہیں!

اپنے دیرینہ رفیق کار اور کرم دوست ڈاکٹر محمد عزیز (شعبۂ اردو مسلم یونیورسٹی) کے کرم ہائے پیدا و پنہاں کا شکریہ میں نے کبھی ادا نہیں کیا۔ میرے ان کے درمیان کچھ اسی طرح کا سمجھوتا ہے!

رشید احمد صدیقی

۲۷ ر اگست ۱۹۵۸ء

کیوں؟

جہاں جائیں وہاں تیرا فسانہ چھیڑ دیتے ہیں
کوئی محفل ہو تیرا رنگِ محفل یاد آتا ہے!

علی گڑھ مجھے عزیز ہے، اس کی کوتاہیوں کے باوجود اگر دہ قابلِ اعتنا ہوں۔ یقیناً ان عزیزوں اور بزرگوں کو بھی عزیز ہوگا جن کو اس نے اپنے فیض تربیت سے اخلاص و انتخار سے رہنے سہنے اور دوسروں کو رکھنے کا سلیقہ اور حوصلہ دیا اور انسانی زندگی جن قیمتی اقدار و روایات کے سہارے نمو د نمود پاتی اور برگ و بار لاتی ہے ان سے آشنا کیا۔ بیالیس سال تک مسلسل جس کو علی گڑھ نے اپنی ان نعمتوں سے بہرہ مند رکھا ہو علی گڑھ کے بارے میں اس کے تصورات و تاثرات اگر

بے ربطیٔ شیرازۂ اجزائے "حواس"

کی حد تک پہنچتے ہوں تو کیا تعجب۔

علی گڑھ سے میری یہ عقیدت ذاتی ہی نہیں ہے اس اعتبار سے

بھی ہے کہ مسلمانوں کا یہ ادارہ جب سے قائم ہے جس کو آج کم و بیش بیاسی سال ہونے کو آئے اس کے دروازے بلا امتیاز مذہب و مسلک، رنگ و نسل، امارت و افلاس، ہر طالب علم، ہر معلّم، ہر اہلکار، اور ہر اہل حرفہ کے لئے کھلے رہے۔ آج ہندوستان میں کوئی سرکاری یا غیر سرکاری تعلیم گاہ علی گڑھ کے سوا نظر نہ آئے گی جہاں اتنے اور اس طرح کے لوگ جن کا ذکر اوپر آیا ہے۔ یکساں فراغت و فخر سے ایک دوسرے کے ساتھ رہتے سہتے کام کرتے اور خوش رہتے ہوں جتنے علی گڑھ میں۔ علی گڑھ کی اس نمایاں و بے نظیر خدمت و خصوصیت کو ان لوگوں نے خاص طور پر نہیں پہچانا جن کو سب سے پہلے اور سب سے بعد تک پہچاننا چاہیے تھا اس لئے کہ اپنے میں وہ یہ امتیاز پیدا کر کے ملک کی بڑی مبارک خدمت کر سکتے تھے!

علی گڑھ کی یہ خدمت بھی ہمیشہ فخر سے یاد رکھی جائے گی کہ اس نے اردو شعر و ادب کو بہت سی نامناسب پابندیوں سے نجات دلا کر زندگی اور زمانے کے نئے تقاضوں سے آشنا مربوط و مستحکم کیا۔ جدید اردو کے بیشتر اسالیب اور صحت مند رجحانات و روایات علی گڑھ کے دئے ہوئے ہیں۔ اس کے علاوہ اردو کے تحفظ و ترقی میں جیسی بر وقت اور بیش بہا خدمات، براہ راست یا بالواسطہ، قیام کالج سے آج تک علی گڑھ نے انجام دی ہیں وہ ایک گراں بہا ورثہ اور قابل قدر روایت کی حیثیت سے ہم تک پہنچی ہیں، جن کی نگہداشت و احترام بہ ہرگونہ ہم پر لازم آتی ہے۔

زمانہ اور زندگی بے اندازہ تیزی اور شدت سے منقلب ہو رہے

ہیں جیسے۔

"نے ہاتھ باگ پر ہے نہ پا ہے رکاب میں"

مسلمہ اقدار و قابل قدر روایات زد میں ہیں۔ ان کے وزن اور وقعت میں تذبذب اور تزلزل راہ پانے لگا ہے۔ علی گڑھ بھی اس دور سے گزر رہا ہے۔ کوئی نہیں کہہ سکتا کہ زندگی کے نت نئے مسائل اور مطالبے علی گڑھ کے "شب و روز و ماہ و سال" پر کس حد تک اثر انداز ہوں گے۔ اس لئے اندیشہ گزرا کہیں ایسا نہ ہو کہ اس شاندار و فیض بخش ادارے کے کارناموں سے آیندہ نسل ناآشنا رہ جائے اور کچھ اس طرح کا سانحہ پیش آئے جس کی طرف حالیؔ نے اشارہ کیا ہے۔ ع

"بھول جائیں گے کہ تھے کن ڈالیوں کے ہم ثمر!"

آیندہ صفحات میں جو کچھ عرض کیا گیا ہے وہ علی گڑھ کے بارے میں میرے ذاتی خیالات اور تاثرات ہیں اور زیادہ تر مجھی سے متعلق ہیں۔ ان میں کہیں درازنفسی ملے گی۔ کہیں ژولیدہ بیانی، کہیں خود کلامی یا حدیث خوانی۔ ایک آدھ جگہ خام خیالی بھی۔ جا بجا "رندان در میکدہ" کی گستاخی نظر آئے گی۔ فقیہ شہر یا ملّائے مکتب کے فیصلے یا فضیحتے سے بھی سابقہ ہو تو عجب نہیں لیکن ان سب پر بھاری وہ منطق ہے جو اس شعر میں ملے گی:۔

حدیث دلکش و افسانہ از افسانہ می خیزد
دگر از سر گرفتم قصۂ زلف پریشاں را

"قصۂ زلف پریشاں" میں یہ سب (اکثر ان سے زیادہ بھی) انگیز

کرنا پڑتا ہے۔ اس سے اپنی ہی کوتاہیوں کی جوابدہی مقصود نہیں ہے ان سطور کے پڑھنے والوں کے بھی کسی نہ کسی فتنۂ زلف پریشاں کی جوابدہی مدنظر ہے! اگر ان خیالات وتاثرات سے کسی کو اتفاق ہو تو مجھے بڑی خوشی ہو گی۔ اختلاف ہو تو تعجب نہ ہو گا۔ علی گڑھ سے متعلق بعض دوستوں اور عزیزوں کے خیالات یقیناً ویسے نہ ہوں گے جیسے کہ میرے ہیں۔ وہ علی گڑھ کو اس رنگ میں اور اس طرح پر دیکھنا چاہتے ہوں گے جو ان کے نزدیک پسندیدہ ہے۔ لاریب یہ بھی علی گڑھ کی خیراندیشی میں ہو گا۔

لیکن جیسا کہ وقتاً فوقتاً اعتراف کرتا رہا ہوں میں بذات خود کچھ "مقامی" سا آدمی واقع ہوا ہوں، "آفاقی" یا "ماورائی" قسم کا ہونے کی نہ صلاحیت رکھتا ہوں نہ حوصلہ نہ ہوس۔ اس لئے میری فکر و نظر بھی محدود اور "آنی و فانی" قسم کی چیز ہے۔ ہر شخص کی ہمت اس کی طبعی اور ذہنی صلاحیتوں کے مطابق ہوتی ہے اس لئے اگر میں علی گڑھ کو اصغر مرحوم کے اس شعر سے تطبیق دیتا آیا ہوں یا دے لیا کرتا ہوں تو کیا ج:-

یہی تھوڑی سی مے ہے اور یہی چھوٹا سا مے خانہ
اسی سے رند رازِ گنبدِ مینا سمجھتے ہیں!

میری "ہمت" یقیناً بلند نہیں ہے، اس لئے ممکن ہے "پیش خدا و خلق" میرا اعتبار بھی کچھ زیادہ نہ ہو، بایں ہمہ خود اپنی نظر میں کچھ ایسا نامعتبر بھی نہیں ہوں۔

رشید احمد صدیقی
۱۵ر فروری ۱۹۵۸ء

میری تحریروں میں یہ نقص بتایا جاتا ہے کہ ان میں "علی گڑھ" بہت ہوتا ہے۔ اس لئے وہ لوگ جو علی گڑھ سے کم یا بالکل واقف نہیں ہوتے اُن کو ان مضامین یا اس طرح کی باتوں سے دلچسپی نہیں ہوتی۔ اس حرکت سے بعض احباب مجھ سے چڑنے بھی لگے ہیں۔ ان سب سے مجھے بھی ایک شکایت ہے، وہ یہ کہ وہ خود علی گڑھ سے کیوں نہیں واقف ہیں! اردو جاننا اور علی گڑھ سے واقف نہ ہونا بجائے خود کسی فتور کی علامت ہے۔ اردو کا نام علی گڑھ بھی ہے!

کسی اجنبی سے ملاقات ہوتی ہے اور اس کے طور طریقوں سے خوش ہوتا ہوں تو اکثر پوچھ لیتا ہوں کہ وہ کبھی علی گڑھ کا طالب علم رہا ہے یا نہیں۔ ہوتا ہے تو اس کے خوش اوقات خوش مذاق ہونے پر تعجب نہیں ہوتا۔ ورنہ افسوس ہوتا ہے کہ وہ اس نعمت سے کبھی کیوں محروم رہا۔ اس سے یہ جتانا مقصود نہیں کہ علی گڑھ کا ہر لکھا پڑھا ہر خوبی سے متصف ہوتا ہے اور جو علی گڑھ کا نہیں ہوتا وہ ان خوبیوں سے عاری ہوتا ہے۔ کہنے کا مطلب یہ ہے کہ علی گڑھ کا ایک

خاص رنگ، رکھ رکھاؤ یا ٹھپا ہوتا ہے تو اسے دوسروں سے ممتاز یا متمائز کرتا ہے۔ اس ٹھپے کے بھی اقسام ہیں، بعض پسندیدہ بعض ناپسندیدہ۔ علی گڑھ کوئی جنت یا جہنم نہیں ہے جہاں صرف منتخب لوگوں کے قیام وطعام کا بندوبست رہتا ہو، وہ تو اسی دُنیا جیسی دُنیا ہے جہاں اپنی جنت یا جہنم بنانے کی ہر شخص کو آزادی ہوتی ہے محض علی گڑھ کا ہونا کسی شخص کے معقول ہونے کی دلیل نہیں، جس طرح محض مسلمان ہونا کسی کے معقول و معتبر ہونے کا ثبوت نہیں!

علی گڑھ میگزین کے "علی گڑھ نمبر"[1] میں یہ بتلانے کی کوشش کی گئی ہے کہ علی گڑھ کیا ہے اور کیوں ہے۔ اس نمبر کے شائع ہونے سے مجھے یہ فائدہ پہنچا کہ بہت سی ایسی باتیں سمجھانے بتانے سے بچ گیا، جس کو مجھ سے کہیں بہتر طور پر دوسرے عزیزوں اور بزرگوں نے واضح کر دیا۔ ان مقالات کی روشنی میں میرے تاثرات اور تجربات کے سمجھنے میں آسانی ہوگی اور غالباً دلچسپی بھی۔ زیرِ نظر صفحات میں جو کچھ عرض کرنے کی جرأت کروں گا وہ علی گڑھ کے بارے میں ایسے دیرینہ اور مسلسل تاثرات ہیں جو اب میرے لئے تجربے کا درجہ رکھتے ہیں۔ اس طرح ممکن ہے ان میں "واقعیت" کی کمی ہو لیکن اس کو کیا کروں بعض اوقات مجھے اپنے تاثرات اپنے تجربات سے زیادہ عزیز اور زیادہ معتبر ہوتے ہیں۔ یوں بھی مخلصانہ خامی کو میکانکی خوبی پر کبھی کبھی ترجیح دیتے

---

[1] جو حال ہی میں شائع ہوا ہے اور جس کا دوسرا ایڈیشن بعد نظرثانی عنقریب یونیورسٹی سے شائع ہوگا۔

رہنا چاہیئے! یہ بات اِن سطور کے پڑھنے والوں کے لئے قابلِ وقعت ہو یا نہ ہو۔ اِن سطور کے لکھنے والے کے لئے بہت اہم رہی ہے۔

جن باتوں کو جس طرح بیان کرنا چاہتا ہوں معلوم نہیں اس میں کامیابی ہوگی بھی یا نہیں۔ اس وقت کچھ ایسا محسوس کر رہا ہوں جیسے میرا حال وکٹر ہیوگو[1] کے مشہور ناول "دی ہنچ بیک آف نوتردام" کے عجیب الخلقت کریہہ منظر کبڑے کازی ماڈو[2] کا سا ہو جو مدت العمر نوتردام کے مشہور گرجے کا گھنٹہ بجانے پر مامور رہا۔ اور بجاتے بجاتے اس پر ایسی وارفتگی طاری ہوتی تھی جیسے وہ نوتردام میں یا نوتردام اس میں پیوست ہو گیا ہو! ممکن ہے میں علی گڑھ کے نوتردام کا کبڑا بن گیا ہوں!

میرا کچھ ایسا خیال ہے کہ میری پسند ناپسند، رہن سہن، گفتار و کردار اور فکر و نظر جسے بحیثیت "مجموعی شخصیت" کہہ سکتے ہیں، سب کی سب

1۔ The Hunch Back of Notre-Dame کے Victor Hugo

2۔ اور Quasnnado

یہ فرانسیسی زبان کا ناول ہے۔ فرانسیسی تلفظ میں اس کا نام "وکٹر ہیوگو کا "نوتردام دپاری" یعنی پیرس کا گرجا گھر Notre-Dame Paris by Victor Hugo اس کا ہیرو ایک کبڑا ہے جس کا نام کازی ماڈو Quasimado ہے جو خود کو نوتردام (یعنی گرجا گھر) میں جذب کر دیتا ہے اور اپنی الگ ہستی نہیں مانتا۔ اس ناول کی بنا پر انگریزی میں ایک فلم بھی بنا ہے جس کا نام "دی ہنچ بیک آف نوتردام" (یعنی نوتردام کا کبڑا) بنا ہے۔

علی گڑھ میں ڈھلیں۔ اس میں شک نہیں کہ اپنی سیرت کی تعمیر یا تشکیل کے لئے بہت کچھ خام مواد اپنے گھر اور اسکول سے لایا تھا، لیکن اس کو تب و تاب، رنگ و آہنگ، لمس و لذت اور صورت و معنی علی گڑھ نے دیئے۔

اگر میں علی گڑھ میں نہ آتا اور میری صلاحیتوں کا سابقہ اس کسر و انکسار سے نہ ہوتا جو علی گڑھ کہلاتا ہے تو مجھے اندیشہ ہے وہ صلاحیتیں (کل نہیں تو اکثر) مفید ہونے کے بجائے میرے اور دوسروں کے لئے مضر ثابت ہوتیں۔ اب تک میں نے نہ کبھی محسوس کیا نہ کسی نے بتایا کہ مجھ پر علی گڑھ کا جو اثر ہوا وہ فی الجملہ میرے یا دوسروں کے لئے نامبارک ثابت ہوا۔ البتہ علی گڑھ نے جتنا فائدہ مجھے پہنچایا، اس سے یقیناً بہت کم میں اسے پہنچا سکا۔

مجھے اپنی کمزوریوں کا اعتراف ہے اور اس کے جواز میں کسی طرح یہ کہنے کے لئے تیار نہیں ہوں کہ ایسا کون ہے جس میں کمزوریاں نہیں ہوتیں! لیکن یہ علی گڑھ کی دی ہوئی نہیں ہیں۔ میں ان کو ساتھ لایا تھا۔ ایک خیال یہ بھی ہے کہ شاید علی گڑھ کی پیدا کی ہوئی مجھ میں کوئی کمزوری نہیں ہے۔ اگر ہے تو اس کو بیان نہیں کرنا چاہتا۔ اس لئے کہ جب تک آدمی رہتے میں بہت بڑا نہ ہو جائے کمزوریوں کے اقرار کرنے میں نہ اس کا فائدہ ہے نہ دوسروں کا۔ پولیس کی دست اندازی یا ملاؤں کی دست درازی کا ہمیشہ اندیشہ رہتا ہے۔

بہت دنوں کی بات ہے، گو بڑھاپے کی وجہ سے کل کی بات معلوم ہوتی ہے، جب طالب علمی سے معلمی کے حدود میں داخل ہوا تھا

میں نے اپنی ایک کتاب "طنزیات و مضحکات" کا انتساب علی گڑھ کے نام ان الفاظ میں کیا تھا "اپنے کالج کے نام جس کے فیضان نے کسی دوسرے کے فیضان کا محتاج نہ رکھا" حال ہی میں ایک اہم موقع پر جہاں فضلائے عظام کا اجتماع تھا، جس میں علی گڑھ اور باہر کے حضرات بھی شامل تھے، یہ سوال کیا گیا کہ میں نے لکھنے کا انداز کہاں اور کیوں کر پایا۔ معلوم نہیں کیوں اور کیسے، بے اختیار زبان پر یہ فقرہ آیا "علی گڑھ نے دیا" تفصیل کسی نے نہ پوچھی مطمئن سب ہو گئے!

ایڈیٹر "علی گڑھ میگزین" کا مضمون کے لیے تقاضا انتہا کو پہنچ گیا اور میں بھی بے حسی یا بے غیرتی کی آخری حد تک پہنچ گیا تو ذہن میں یہ بات آئی کہ کسی دوسرے موضوع پر لکھنے کے بجائے اسی امر کو واضح کرنے کی کوشش کیوں نہ کروں کہ علی گڑھ نے مجھے کیا دیا اور کیسے دیا!

پھر یہ وسوسہ پیدا ہوا کہ شاید مجھ پر یہ الزام رکھا جائے کہ میں اپنا پروپیگنڈا (Propaganda) کرتا ہوں لیکن اس کے ساتھ یہ بات بھی ذہن میں آئی کہ میرا پروپیگنڈا (Propaganda) دوسرے کیا کم کرتے ہیں کہ میں خود کرنے لگوں۔ پھر عمر کی جس منزل میں ہوں وہاں پروپیگنڈا (Propaganda) نہیں کرتے، توبہ و استغفار کرتے ہیں، یا عقد ثانی و ثالث۔ مجھے اب تک ان میں سے ایک کی بھی توفیق نہ ہوئی۔ ممکن ہے آئندہ بھی نہ ہو۔ اس لئے کہ کچھ اس طرح کا اندیشہ لاحق ہے کہ کہیں توبہ و استغفار اور عقد ثانی و ثالث لازم و ملزوم تو نہیں ہیں؟

ایک بات کا اور خیال آتا ہے وہ یہ کہ علی گڑھ نیز اپنے بارے میں اکثر لکھتا رہا ہوں، کبھی اپنی عادت سے بے اختیار ہو کر کبھی دوستوں اور عزیزوں کے تقاضے سے برافروختہ ہو کر۔ نادانستہ طور پر بھی وہی باتیں یہاں دُہرائی گئیں تو ممکن ہے ناظرین پر گراں گزریں لیکن اتنی فرصت نہیں اور جی بھی نہیں چاہتا کہ پچھلی تحریروں میں اس طرح کے حالات اور واقعات اس خیال سے تلاش کرتا پھروں کہ ان کو یہاں دُہرانے سے بچوں! ضمناً یہاں اپنی ایک کمزوری کا بھی اعتراف کر لینا چاہتا ہوں، وہ یہ کہ اب تک جتنے مضامین لکھ چکا ہوں وہ سب میری نظر سے گزر چکے ہیں۔ اگر کوئی ان کا ذکر خیر کرتا ہے، لیکن مجھ سے طاقتور ہوتا ہے تو درگزر سے کام لیتا ہوں، کمزور ہوتا ہے تو اولاً اس کو مار ڈالنے کا جی چاہتا ہے! اسی بنا پر میں اپنے مطبوعہ مضامین دوبارہ پڑھنے پر آمادہ نہیں ہو سکتا۔ اپنے چھپے ہوئے مضامین بہ طیب خاطر شاید ہی میں نے دوبارہ پڑھے ہوں۔ آپ تو جانتے ہیں ایسے لوگ ناپید نہیں ہیں جو اپنے کس مپرس رشتے داروں یا ہم وطنوں سے رتبے یا روپیے کے اعتبار سے اونچے ہو جاتے ہیں تو ان سے تمام عمر منھ چھپاتے پھرتے ہیں۔

اور فرض کر لیجیے کسی معذوری کی بنا پر میں اس حقیقت کو تفصیل سے نہ بیان کر سکوں کہ علی گڑھ کسی اور کے لئے نہیں تو خود علی گڑھ والوں کے لئے ادب اور زندگی کے نئے تقاضوں سے عہدہ برآ ہونے کے لئے صالح و صحت مند لائحہ عمل رکھتا ہے اور اس اعتبار سے ادب اور زندگی کا اس کا ایک مخصوص اور مسلمہ اسلوب بھی ہے تو کوئی مضائقہ نہیں۔ کوئی نہ کوئی

علی گڑھ کا ہو خواہ باہر کا کبھی نہ کبھی اس حقیقت کو ثابت کرسکے گا جس کی وضاحت کی ایک کمزور اور ناتمام کوشش آج میں ان صفحات میں کر رہا ہوں۔

رہنے سہنے، لکھنے پڑھنے اور کھیل کود کا زمانہ اسکول میں بڑے لطف کا گزرا۔ اچھے ساتھی، ان سے اچھے استاد اور سب سے اچھے اپنے ماں باپ بھائی بہن پھر دوستوں کے ماں باپ، بھائی بہن —— سبھی تو مجھے عزیز رکھتے تھے۔ ان سب کی محبت نے دل میں اپنی وقعت کچھ اس طرح سے روشن کردی تھی اور دوسروں کی عزت و خدمت کرنے کا ایسا حوصلہ پیدا کردیا تھا کہ تمام عمر کسی حال میں ادنیٰ درجے کی حرکت کرنے پر طبیعت مائل نہ ہوئی۔ البتہ ریاضی اور اس کی ذریات "الجبرا، اقلیدس اور ساحت" ایسے تھے جن سے تمام عمر درستی تو درکنار کسی شرط پر مفاہمت تک نہ ہوسکی۔ ان سبھوں نے مجھے اور میرے دوستوں کو ایسا رسوا کیا کہ ع

انگلیاں دور سے اٹھتی تھیں کہ وہ آتے ہیں

ہم تین چار دوست ایک ہی بینچ (Bench) پر ہر درجے میں سالہا سال بیٹھتے آئے۔ ریاضیات میں ہم سب کے حاصل کردہ نمبر جوڑ دیئے جاتے جب بھی پاس مارکس (Pass Marks) تک رسائی نہ ہوتی! امتحانات میں ہم سب کے نمبر دوسرے مضامین میں بہت اچھے آتے تھے۔ اچھے کھلاڑی ہونے کا بھی لحاظ کیا جاتا، اس لئے ترقی

دے دی جاتی۔ ہم کو اس کی سخت کوفت تھی کہ دوسرے مضامین میں تو اکثر تیس چالیس فی صدی تک ہماری باتیں کتابی باتوں کے مقابلے میں مان لی جاتی تھیں، ریاضیات میں آخر کیا سرخاب کا پر لگا تھا کہ ایک شوشہ، ایک صفر تک کا ہیر پھیر ہماری خاطر گوارا نہیں کیا جاتا تھا! اُس زمانے میں اقوام متحدہ (یونائیٹڈ نیشنس) (United Nations) قسم کا کوئی ادارہ نہ تھا ورنہ ہم اس مسئلے کو وہاں ضرور لے جاتے، کوئی فیصلہ ہو پاتا یا نہیں، مشاعرہ تو ہوتا رہتا۔

انیٹرانس (Entrance) میں نے گورنمنٹ ہائی اسکول جون پور سے کیا۔ اس عہد کے بورڈنگ ہاؤس کی زندگی آج کل کی زندگی سے بہت مختلف تھی، خاص طور پر جون پور کے اس بورڈنگ ہاؤس کی جہاں نہ خاص قسم کی کوئی نگرانی کی جاتی تھی، نہ قواعد و ضوابط کی ایسی کچھ پابندی تھی۔ عموماً ہر سینیر (Senior) لڑکا جونیر (Juni) لڑکے کا نگراں ہوتا۔ یہ بڑی کڑی نگرانی تھی جس سے کسی کو مفر نہ تھا۔ اس کے ساتھ ساتھ ہر لڑکے کے نگراں، خواہ وہ جونیر ہو یا سینیر، کسی لڑکے کے دور یا قریب کے وہ رشتے دار ہوتے جن میں سے اکثر کسی نہ کسی کام سے شہر آئے ہوتے اور بورڈنگ ہاؤس میں مقیم ہوتے۔ یہ ناممکن تھا کہ کوئی طالب علم اُن کا کہنا نہ مانے یا اُن کی موجودگی میں اُس سے کسی قسم کی لاپرواہی یا بے راہ روی سرزد ہو جائے۔

یہ لوگ قدیم تہذیب اور وضع داری کا نمونہ ہوتے اور اسلاف

کے حالات اس شفقت اور اس دلچسپ انداز سے سناتے اور اخلاق و تہذیب کے حدود میں رہنے کی نصیحت اس پیرائے میں کہتے کہ لڑکوں پر بڑا اچھا اور گہرا اثر پڑتا۔ اسکول یا بورڈنگ ہاؤس کے حکام ان رشتے داروں سے تعرض کرنا درکنار ان کا خیر مقدم کرتے اس لئے کہ وہ جانتے تھے کہ طلبا پر ان رشتے داروں کا اثر سرکاری نگرانی سے کہیں زیادہ بہتر پڑتا ہے۔

جون پور تاریخی شہر ہے وہاں شاہان شرقی کے آثار اب تک موجود ہیں۔ کئی جید مسجدیں، مزارات اور مقبرے، ایک عالی شان قلعہ، عیدگاہ، پل، پختہ سرائے اور کتنے سارے کھنڈر شاہی زمانے کے دیکھنے سے تعلق رکھتے ہیں۔ دریائے گومتی وسط شہر سے گزرتا ہے جس پر شاہی زمانے کا بڑا مضبوط پل ہے برسات میں بالضرور طغیانی آتی ہے۔ یہ زمانہ شہر میں تردد اور تفریح دونوں کا ہوتا ہے۔ شہر سے متصل دریا کے کنارے شاہانِ شرقی کا ویران قلعہ ہے، کتنا اونچا، مستحکم اور شان دار! پل کے ایک سرے پر پبلک لائبریری کی دو منزلہ عمارت ہے جس کی دیوار کے ایک رخ پر دریا کا اُتار چڑھاؤ ظاہر کرنے کے لئے نمبر لگا دئے گئے ہیں۔ اس لائبریری میں شہر کے ثقات و اشراف، اتنا کتابیں یا اخبارات پڑھنے کے لئے نہیں جتنا شام کو مل بیٹھنے کے لئے جمع ہوتے۔ شعر و ادب کی باتیں کرتے اور بیٹھے بیٹھے شہر قلعہ اور دریا کی سیر کرتے اور کبھی کبھی دور و نزدیک بکھری ہوئی مسمار عمارتوں اور کھنڈروں کی یاد میں

تھوڑی دیر کے لیے گم ہو جاتے!

جن لوگوں نے جون پور کا قلعہ اور مسجدیں نہیں دیکھی ہیں وہ شاید اندازہ نہ کر سکیں کہ یہ کتنی ٹھوس، کوہ پیکر اور پر شکوہ عمارتیں ہیں۔ دہلی اور آگرے کی مغلیہ عہد کی عمارتوں میں حسن، نفاست، نزاکت اور پرکاری زیادہ ہے اور ان باتوں میں ان کا جواب دور دور نہیں، لیکن جو سطوت و جلال جون پور کی مسجدوں اور آثار قدیمہ میں نظر آتا ہے وہ بھی اپنی جگہ پر مسلم ہے۔ یہ شان مجھے لاہور کی شاہی مسجد میں بھی نظر آئی۔ ان مسجدوں کے اندرونی صدر دروازے کی طرف بڑھنے کی ہمت نہیں ہوتی، جیسے یہ ہم کو پیس ڈالیں گی یا نگل جائیں گی یہاں نماز پڑھنے میں خاص طرح کا انشراح و افتخار محسوس ہوتا ہے، جیسے ہم واقعی خدائے برتر و توانا کے سامنے حاضر ہوں۔

جون پور کی یہ پرانی شاہی عمارتیں اس درجہ پاس پاس واقع ہیں کہ تقریباً ہر روز ان کے دیکھنے کا اتفاق ہو جاتا تھا۔ کبھی دن میں کئی بار جیسے ان کا دیکھنا زندگی کے روزمرہ کے معمولات میں داخل ہو گیا ہو۔ اس زمانے میں جون پور میں ایسے کھنڈر اور ایسے خاندان بھی کثرت سے موجود تھے جو اس شہر کی گزشتہ عظمت اور فضیلت کی بے اختیار یاد بار بار دلاتے رہتے تھے۔ سنہ ۱۹۱۳ء یا ۱۴ء میں شیعہ کانفرنس کا ایک بڑا شان دار جلسہ جون پور کے شاہی قلعہ کے اندر منعقد ہوا تھا۔ تصوّر کی نگاہ میں حضرت صفیؔ مرحوم اپنی مشہور نظم بڑے دل نشیں اور

ولولہ انگیز لہجے میں سُناتے نظر آتے ہیں۔

جون پور، اے مولدِ سُلطان عادل شیر شاہ
تیرے آثارِ قدیمہ تیری عظمت پر گواہ

میں نے یہ سماں اپنی آنکھوں سے دیکھا تھا۔ ایسا محسوس ہونے لگا تھا جیسے جون پور واقعتاً اپنی عظمت دیرینہ کے ساتھ ہمارے اِردگِرد آہستہ آہستہ ابھر رہا ہو!

اب سوچتا ہوں اس زمانے کا جون پور علم و فضل اور شاعری و شرافت کی قدیم روایات کے اعتبار سے کتنا قابل قدر خطہ تھا۔ بیشتر مسلمان گھرانے ایسے تھے جو کسی نہ کسی اعتبار سے اپنی ایک حیثیت رکھتے تھے۔ رؤسا علما اور فضلا کے علاوہ عوام کا طبقہ تھا جس کے افراد پہلوانی کرتے تھے، پنجہ لڑاتے تھے، نیچہ باندھتے تھے، علم اٹھاتے تھے۔ طبل بجاتے، سوز خوانی اور ماتم کرتے، فیرنی کباب بیچتے تھے۔ بٹیر لڑاتے اور کبوتر اُڑاتے تھے۔ بہ ایں ہمہ سوسائٹی میں عزت کی نظر سے دیکھے جاتے تھے، کرتے کچھ ہوں بیٹھتے سب کے برابر تھے۔ نجابت اور شرافت کا اس زمانے میں کتنا لحاظ رکھا جاتا تھا۔

ہر خاندان میں خواہ وہ کتنا ہی فلاکت زدہ کیوں نہ ہو، کوئی نہ کوئی شاعر مرثیہ خوان، خوش نویس، پہلوان، پتنگ باز، داستان گو ہوتا۔ بزرگوں کے زمانے کی ایک بیاض ہوتی جس پر خاندان ہی کے کسی اگلے پچھلے سربرآوردہ شاعر کا کلام محفوظ ہوتا، جسے صاحب خانہ گھر پر مجلس

منعقد کرکے بڑے فخر سے اور فن کے جملہ آداب ملحوظ رکھ کر سُناتا۔ اس کلام کو نسلاً بعد نسلٍ گھر ہی کا کوئی کاتب بیاض پر خوشخط نقل کرتا۔ اسی بیاض میں جہاں تہاں کچھ مجرب دوائیں اور دُعائیں افراد خاندان کی شادی، ولادت، وفات وغیرہ کی تاریخیں، مہاجن کے قرض اور سود سے متعلق یادداشت بھی درج ہوتی!

میری طالب علمی کے زمانے میں سربرآوردہ شریف شیعہ خاندانوں کی تعداد جون پور اور مضافات میں کافی تھی۔ اسکول کے ساتھی زیادہ تر اُن ہی خاندانوں سے تعلق رکھتے تھے۔ اکثر ان کے گھروں پر جایا کرتا۔ گھر کے بزرگ مجھے اپنے بچوں کی طرح عزیز رکھتے تھے اور بڑی شفقت سے پیش آتے۔ چھوٹوں سے شفقت اور عزت سے پیش آنے کا جو انداز میں نے اس زمانے کے بزرگوں میں پایا اب وہ کہیں نظر نہیں آتا۔ کبھی اپنے خاندان یا باہر کے شعرا کا منتخب کلام یا خاندانی بیاض سے مرثیے اور سوز اس خوبی سے سُناتے کہ جی خوش ہو جاتا۔ ان کا اندازِ شعرخوانی اور شعر کی خوبیوں کی توضیح اتنی مکمل اور دل نشیں ہوتی کہ آج اچھے اچھے فن کاروں اور معلموں میں نہیں نظر آتی۔ شعر و ادب کا جتنا چرچا میں نے ان خاندانوں میں دیکھا کہیں اور نظر نہ آیا۔

شعر سننے سے زیادہ ان کی زبان اور انداز سے شعر کا "اظہار و ابلاغ" دلکش معلوم ہوتا تھا۔ ایک شعر اب تک یاد ہے:-

بعد مرنے کے گناہوں سے سبکباری ہے
پھول اُٹھاتے ہیں جنازے کے اٹھانے والے

شعر پرانے انداز کا ہے لیکن پڑھنے والے نے شانوں کو خفیف سی جنبش اور ہاتھوں کو ہلکی سی تکان دے کر ثانی مصرعہ کو کچھ اس طرح پڑھا اور ادا کیا کہ واقعی ایسا معلوم ہونے لگا جیسے پھول اُٹھانے اور جنازہ اُٹھانے میں کوئی فرق نہیں رہ گیا تھا! اب خیال آتا ہے جیسے یہ لوگ شعر ہی نہیں پڑھتے تھے بلکہ اسے کر دکھانے میں فنون لطیفہ کی جتنی اقسام ہیں سب برتتے تھے اور کس سلیقے سے برتتے تھے!

لکھنؤ، فیض آباد، پٹنہ، یا الٰہ آباد میں معرکے کا کوئی مشاعرہ یا مرثیہ خوانی کی مجلس منعقد ہوتی تو جون پور کے لوگ کثرت سے شریک ہوتے۔ واپس آکر پبلک لائبریری کے برآمدے میں جس کا ذکر پہلے آچکا ہے، جلسے کی کارروائی پر نقد و تبصرہ ہوتا۔ اس نشست کی حیثیت ایک طور پر آج کل کے سمپوزیم[1] (Symposium) کی ہوتی۔ پوری پوری غزلیں اور مرثیے ازبر ہوتے اور اسی انداز سے سُنائے جاتے جس سے سنے گئے تھے اور پڑھنے والوں کو داد اس طرح سے دی جاتی تھی جیسی شاید خود مصنف کو نہ دی گئی ہوگی۔ ایک صاحب نے غالباً

---

[1] سمپوزیم (Symposium) فلسفیانہ مذاکرہ کسی قسم کا مذاکرہ یا مباحثہ جو ایک ہی موضوع سے متعلق ہو۔

صفی صاحب کا ایک شعر اس لطف سے سنایا تھا کہ حاضرین دیر تک جھومتے رہے۔ یا ایک بزرگ نے جو بڑے سنجیدہ اور سن رسیدہ تھے بہ آواز بلند ان الفاظ میں داد دی تھی "میاں، جزاک اللہ آدھا شعر تمہارا ہو گیا"۔ پڑھنے والے نے اس داد کی پذیرائی جس فخر اور مسرت سے کی اس سے کچھ ایسا معلوم ہونے لگا جیسے صفی صاحب بقیہ مصرعہ کی ملکیت سے بھی محروم ہو گئے! شعر یہ تھا:-

کچھ نہ کچھ گور غریباں پر بھی ساماں ہو گیا
چار تارے چرخ سے ٹوٹے چراغاں ہو گیا

طالب علمی کے زمانے میں میرا دل پسند مشغلہ بالخصوص برسات کے موسم میں جب میدان میں کوئی کھیل کھیلا نہ جا سکتا، اس کتب خانے میں جو دوسری منزل پر واقع تھا کھڑکی سے متصل آرام کرسی پر دراز ہو کر اردو انگریزی افسانوں اور ناولوں کا مطالعہ تھا۔ یہاں سے دریا کی طغیانی نظر آتی تھی۔ پل کے طاقوں سے الغاروں مٹیالے پانی کا اینڈتے، بپھرتے، گونجتے غراتے گزرنا اور پل کا اس طغیان و ہیجان سے یکسر بے خبر و بے پرواہ ہونا۔ دریا کی دوسری طرف نزدیک ہی قلعہ کی سنگین فصیل، دیو پیکر پشتی بانوں سے مستحکم جن پر کہن سال تناور درخت اور کٹیلی گنجان جھاڑیاں ایک دوسرے میں گتھی ہوئی سیلاب کے تیز و تند دھارے سے اپنے ہمدم دیرینہ پل کی طرح بے نیاز، پورب کی برسات کا ہر چہار طرف تسلط، سُرمئی ملگجے بادلوں کے خلاف کئی کئی دن تک سورج کی روشنی کا راستہ

بند رکھتے یہ بادل طرح طرح سے اُمنڈتے منڈلاتے رہتے، کہیں تہ بہ تہہ اکٹھا ہوکر ہوا کے جھکڑ میں ایک دوسرے کو روندنے پھاندنے لگتے۔ کبھی ان کے گونجنے گرجنے کی آواز اس طرح سنائی دیتی جیسے غیب کی آواز دور اور قریب سے یکساں سنائی دے اور قضا و قدر کا کوئی اندوہناک فیصلہ نافذ ہونے والا ہو۔ تاریکی اور تہلکے کی اس گیرودار میں پل کی سنگین حصار اور قلعہ کی فصیل اور پشتی بان ایسے معلوم ہوتے جیسے بے ڈول بادلوں کے بڑے بڑے تودے بغیر کسی ارادے یا منصوبے کے ایک دوسرے پر ڈھیر کردیے گئے ہوں۔

شکستہ تاریخی عمارات آثار قدیمہ اور کھنڈر دیکھ کر میں بہت متاثر ہوتا ہوں، جیسے ان کے آگے جھکنے اور گلے لگانے کو دل چاہتا ہو۔ ذہن ان کی گزشتہ شان و شوکت اور عروج و زوال کے طرح طرح کے نقشے بنانا اور بگاڑنا شروع کرتا ہے، پھر کچھ ایسا محسوس ہونے لگتا ہے جیسے وہ اپنی ویران اور سنسان اوقات گزاری میں میری موجودگی اور غمخواری سے تسکین پاتے ہوں!

اس عمر، زمانے، ماحول، معاشرت میں اس مقام پر طرح طرح کے افسانے اور ناول پڑھنے میں جو لطف آیا وہ پھر کبھی نصیب نہ ہوا۔ کبھی ایسا معلوم ہوتا جیسے ان افسانوں اور ناولوں کا میں ہی مصنف تھا، میں ہی ماحول اور میں ہی ہیرو! لائبریری سے باہر نکلوں گا تو میرے احترام میں پل کے نیچے بہتا ہوا پانی، پل کے اوپر چلتی ہوئی مخلوق اور فضا کا نمناک

رست خیز رُک جائے گا! ان کتابوں اور مصنّفین کے نام گِنانے سے کچھ حاصِل نہیں اور خطرے سے بھی خالی نہیں، اس لئے کہ اندیشہ ہے کہیں ایسی کتابوں کے نام نہ لینے لگوں جو میں نے نہیں دوسروں نے پڑھی ہوں!

مجھے ہر طرح کی چیز پڑھنے میں لطف آتا تھا البتہ یہاں ایک بات کا ذکر کردینا ضروری سمجھتا ہوں وہ اس لئے کہ اس پر آج بھی مجھے اتنا ہی یقین ہے جتنا آج سے چالیس پینتالیس سال پہلے تھا وہ یہ کہ اس زمانے میں بھی جب مجھے اردو سے کہیں کم انگریزی آتی تھی۔ میں زبان و ادب کے اعتبار سے انگریزی کو اُردو سے اونچا درجہ دیتا تھا۔ انگریزی کتاب پڑھتا تو کچھ ایسا محسوس کرتا جیسے مصنّف جو کچھ کہہ رہا ہے، سچ کہہ رہا ہے اور میرا بہی خواہ ہے۔ اُردو کتابوں کی عبارت کا اکثر یہ اثر ہوتا جیسے مصنّف کا مقصد اپنا کرتب دکھانا ہو کوئی مجھے فائدہ پہنچانا نہ ہو۔ یہ باتیں اور اس طرح کی باتیں وضاحت سے نہیں بلکہ گڈمڈ ہو کر ذہن میں آتیں۔ ممکن ہے اس کا سبب یہ بھی رہا ہو کہ ذہنوں پر انگریز، انگریزی حکومت اور انگریزی زبان کی گرفت عام تھی۔ غرض یہ تعبیر صحیح رہی ہو یا غلط، مجھے انگریزی کے مطالعے سے فائدہ پہنچا۔ انگریزوں سے میرا کچھ ایسا سروکار کبھی نہیں رہا لیکن انگریزی زبان وادب سے اب بھی بہرہ مند ہوتا ہوں۔ علوم و فنون کے بے پایاں ذخائر سے قطع نظر جو انگریزی میں ملتے ہیں اور اُردو میں برائے نام سے بھی

کم ہیں ابھی اردو کو انگریزی سے بہت کچھ سیکھنا ہے!

بیسویں صدی کے پہلے ۲۵ ۔ ۳۰ سال تک جتنے طالب علم انگریزی اسکول کے اونچے درجوں میں ہوتے، ان میں بیشتر انگریزی بولنے کی اچھی استعداد رکھتے تھے۔ایسی استعداد جو آج کل کے بی ۔ اے کے طلبا میں نہیں ملتی۔ان میں جہاں تک مسلمان طلبا کا تعلق ہے اس کا سبب یہ تھا کہ عربی ، فارسی ، اردو وہ گھر سے پڑھ کر آتے تھے۔ایک زبان پر عبور ہو تو دوسری زبان کا سیکھ لینا آسان ہوتا ہے اس لئے انگریزی میں وہ آسانی سے مہارت پیدا کر لیتے اور یہ اس لئے بھی ضروری تھا کہ انگریزی سیکھنا مسلمانوں کے لئے روزی کمانے ، بالفاظ دیگر سرکاری ملازمت حاصل کرنے کا سب سے بڑا وسیلہ تھا۔کچھ دنوں بعد عربی اور فارسی سے توجہ ہٹ گئی۔اب انگریزی سے بھی کچھ ایسا لگاؤ نہ رہا۔نتیجہ یہ ہے آج کل کے طلبا کلاسکس (Classics) سے تقریبا بیگانہ ہو گئے ہیں۔موجودہ طلبا قدیم طلبا سے معلومات عامہ، حالات حاضرہ، اور واقعات عالم سے یقیناً زیادہ واقف ہوتے ہیں اور اپنے پیشروؤں سے کہیں زیادہ جلد اور ہر طرح کے کاموں میں ہمت آزمائی یا قسمت آزمائی کے لئے آمادہ ہو جاتے ہیں۔یہ اس لئے کہ مسابقت کا مطالبہ اب اتنا تیز و تند ہے کہ ٹھہرنے اور سوچنے کی فرصت نہیں ملتی، لیکن اس کے ساتھ یہ بات بھی اپنی جگہ پر مسلم ہے کہ کلاسکس (Classics) کی گرانمایگی سے ذوق و ظرف کو جو وزن و وقار، اور زندگی کی جو آب و تاب یا خوبی و خوبصورتی

ملتی تھی اس سے ہمارے نوجوان محروم ہو گئے۔ اس بحث کو خلط مبحث تک پہنچا دینے کے لئے یہ بھی کہوں گا کہ مذہب و اخلاق کا بھی کچھ ایسا ہی حال ہے۔ میں مذہب و اخلاق کو افکار و اعمال میں وہی درجہ دیتا ہوں جو کلاسکس (Classics) کو شعر و ادب میں!

جنگ طرابلس کا زمانہ تھا۔ دسویں پندرھویں اقبالؔ کا ترانہ پڑھتا ہوا شہر سے جلوس گزرتا، سُفرا، شریفانہ اور پر وقار جلوس، نہ پولیس کا انتظام نہ ایسا کوئی اژدھام، ہزار پانسو آدمیوں کا مجمع ہوتا۔ تخمیناً ایک میل کا فاصلہ آہستہ آہستہ طے کرتا پھر منتشر ہو جاتا۔ "زندہ باد" "مردہ باد" کے نعرے، نہ ڈُند پکار، نہ کہیں راستہ بند ہوتا نہ لوٹ مار، آتش زنی یا آبروریزی ہوتی۔ معلوم نہیں ترانہ کون پڑھتا ساتھ سبھی دیتے۔ پڑھنے کا انداز اتنا موثر اور پر وقار ہوتا کہ رگ و پے میں بجلیاں کوندتی معلوم ہوتیں ہندو مسلمان، مرد عورت، بوڑھے بچے، سب غور و احترام سے سنتے۔ تھوڑی دیر کے لئے کاروبار کا ہمہمہ تھم جاتا۔ جلوس گزر جاتا تو لوگوں کی زبان پر ترکوں کی بہادری اور یورپین طاقتوں کی ظلم و زیادتی کا چرچا ہوتا۔ اقبالؔ سے غائبانہ شغف مجھے اس جلوس اور ترانے سے ہوا۔ گو یہ بھی یاد آتا ہے کہ جون پور کی پبلک لائبریری کے برآمدے میں ایک شام اقبالؔ کی نظم:-

"خدائے حسن نے اک روز یہ سوال کیا"

ایک صاحب نے بڑے پُراثر لہجے و انداز سے سُنائی تھی۔ محفل پر دیر تک سکوت طاری رہا۔ بعض حضرات آبدیدہ بھی ہو گئے تھے اور "رہے نام اللہ کا" کہتے ہوئے یکے بعد دیگرے اٹھ کھڑے ہوئے اور محفل خاموشی سے برہم ہو گئی۔

جس عہد کا میں ذکر کر رہا ہوں اس میں معمولی درجے کا بھی کوئی مُسلمان گھرانا ایسا نہ تھا جہاں سو پچاس کتابیں یا رسائل، قصے کہانیاں، شعر و شاعری، مسئلے مسائل، مذہب و تصوّف، اوراد و وظائف کی موجود نہ ہوں اور گھر کے چھوٹے بڑے کی نظروں سے نہ گزرتی ہوں۔ میری ایک یہ عادت ہے کہ اُردو کا چھپا ہوا کاغذ کیسا ہی کٹا پھٹا، گرا پڑا کیوں نہ ہو میں اُسے اٹھا کر ایک نظر دیکھ لوں گا۔ اس میں نہ دیر لگتی ہے نہ زحمت ہوتی ہے اس لئے کہ میں اردو کی ہر چھپی ہوئی تحریر اکثر ترتیب سے فقرہ فقرہ یا جملہ جملہ نہیں پڑھتا بلکہ سطروں اکثر صفحوں میں پڑھتا ہوں، جیسے کوئی تحریر نہ پڑھی جا رہی ہو، بلکہ تصویر دیکھی جا رہی ہو!

اِن متفرق تحریروں میں مجھے کوئی نہ کوئی انوکھی دل چسپ یا بے تکی بات ضرور مل جاتی ہے جس طرح کس مپرس، فاقہ کش اور فلاکت زدہ بچے، عورتیں اور بوڑھے کوڑے کرکٹ کی ڈھیریاں چھانتے پھرتے ہیں اور اپنے کام کی کوئی نہ کوئی چیز اس میں سے نکال لیتے ہیں فرق صرف اتنا ہے کہ وہ ضروریات کی بنا پر ایسا کرتے ہیں، میں عادتاً یا تفریحاً۔ اُردو میں لکھنے کے اتنے انداز، اتنے فقرے، ترکیبیں، لب و لہجے،

اور بیشتر سے ہیں کہ کسی نہ کسی سے کہیں نہ کہیں محظوظ یا منغص ہوتا لازمی ہے۔ موضوع سیاست، قومیت، انقلاب، امراض، ادویات، عورت یا عقبیٰ جو کچھ ہو کوئی نہ کوئی فقرہ گفتنی یا ناگفتنی ضرور مل جائے گا۔ اس کا سبب غالباً یہ ہے کہ اردو میں ہر طرح کی شاعری کا کاروبار مدت الایام سے بڑی کثرت سے رہا ہے۔ وہ بھی گرم ملک کی شاعری کا۔ اس لئے اردو لکھتے وقت اعصاب کا تناؤ یا خون کا دباؤ اکثر اعتدال سے تجاوز کر جاتا ہے اور لکھنے والا پھلاچنگا بھٹکنے لگتا ہے۔

اسکول کے زمانے میں تھوڑی بہت نثر لکھ لیتا تھا ایسی نثر جو اس زمانے کے معمولی اخبارات اور رسائل میں جگہ پا جاتی تھی یہاں میں شاہ نذیر غازی پوری مرحوم کا ذکر کرنا ضروری سمجھتا ہوں۔ ان کی شخصیت، قابلیت اور اسلوب تحریر کا مجھ پر اثر ہوا ہے۔ تعجب ہے شاہ صاحب کا نام اردو کے ممتاز لکھنے والوں میں کیوں نہیں لیا جاتا۔ شاہ صاحب بڑے شریف، اونچے اور ذی علم گھرانے سے تعلق رکھتے تھے۔ نواب عبدالمجید صاحب رئیس اعظم جون پور کے داماد تھے لیکن تعلقات خوش گوار نہیں تھے۔ کبھی کبھی نواب صاحب پر بڑے خوبصورت طنزیہ فقرے ان کے قلم سے نکل جاتے۔ سرخ سپید رنگت، بلند قامت متناسب الاعضا، خوبرو، خوش گفتار۔ نگاہ نیچی رکھتے تھے۔ گفتگو میں جوں جوں گرمی آتی آنکھیں مسحور کن انداز سے کھلنے بند ہونے لگتیں، جیسے والہانہ کیفیت طاری ہو! بڑی ستھری اور شائستہ زبان میں ترشے ہوئے

نفرت، جذبات کی تھوڑی سی برہمی اور لب و لہجہ کی سنجیدگی سے مل کر ادا ہونے لگتے، جیسے کسی پہاڑی جھرنے سے پانی گر رہا ہو اور کبھی کبھی ہوا کے ہلکے جھونکے سے آواز کے تسلسل و ترنم میں فرق آجاتا ہو۔

انگریز، انگریزی حکومت اور لیڈروں اور سیاست سے بیزار تھے۔ اس لئے حکومت کی بارگاہ میں شبہے کی نظر سے دیکھے جاتے تھے۔ سیاست پر ان کا مطالعہ اتنا گہرا تھا کہ گفتگو کرنے میں بے اختیار تاریخی اور دستاویزی حوالے دیتے جاتے طالب علموں پر بڑے مہربان تھے۔ برابر والوں سے اخلاص و احترام سے ملتے تھے۔ کبھی کبھی ہم سب کو دیکھنے بورڈنگ ہاؤس آجاتے۔ جب تک رہتے اُن کے گرد طالب علموں کا جمگھٹا رہتا۔ ہمیشہ کسی نہ کسی ادبی یا سیاسی مسئلے پر انہماک سے اپنے خاص انداز میں گفتگو کرتے مدتوں بعد جب میں اسکول چھوڑ کر کالج آگیا تھا اور نظم و نثر کے حسن و قبح کو پہچاننے کی شُدبُد ہو گئی تھی شاہ صاحب کی نثر کو میں اتنی ہی دل آویز پرمغز اور فکر انگیز پاتا جتنا کسی دوسرے سربرآوردہ نثر نگار کی نثر کو۔ کپڑے بڑے سادہ لیکن صاف ستھرے پہنتے تھے میں نے کبھی رفتار، گفتار، کردار میں ان کو بے جھجک نہ پایا۔ اکثر سوچ میں رہتے لیکن مخاطب کیجئے تو فی الفور متبسم ہو کر متوجہ ہوجاتے۔ اور پھر کوئی نہ کہہ سکتا کہ اس سے پہلے استغراق میں تھے۔ آج ان سطور کو لکھتے وقت مرحوم بے اختیار یاد آگئے۔ جیسے وہ پاس آکر گفتگو کرنے لگے ہوں وہی انداز، وہی باتیں اور وہی ماحول۔

لکھنے پڑھنے سے کہیں زیادہ میرا دل کرکٹ، ہاکی، فٹ بال میں لگتا تھا۔ میں دراصل علی گڑھ اتنا پڑھنے کے شوق میں نہیں آیا تھا جتنا علی گڑھ کے کھیل، نیز اس کی عام وقعت و وقار کا چرچا سن کر۔ ان کھیلوں میں علی گڑھ نے مجھے قابل اعتنا نہ سمجھا تو میں نے ٹینس کی طرف رخ کیا اور کالج کے اس عہد کے معیار کے مطابق اوسط درجے کے کھلاڑیوں میں نیاز مند نہ سمجھا جاتا تھا۔ یہ کھیل ہی کا تصرف تھا کہ مجھ میں جو بھی صلاحیتیں تھیں وہ برگ و بار لائیں اور جو کمزوریاں تھیں وہ ختم ہو گئیں ابھرنے بھی نہیں پائیں۔

اچھا کھلاڑی عموماً معقول آدمی ہوتا ہے۔ گو یہ قاعدہ کلیہ نہیں ہے۔ بعض نامور کھلاڑی خفیف الحرکات بھی پائے گئے ہیں۔ پھر بھی میرا خیال ہے کہ کھلاڑی اکثر قابل اعتبار ہوتا ہے، بالخصوص کرکٹ کا کھلاڑی! انگریز جیا ہے جیسے رہے ہوں، ان کے ہاں کھیل کا جو احترام ملتا ہے اس کی میری نظر میں بڑی وقعت ہے۔ انگریز معاملے کی صفائی کو کرکٹ کے کھیل سے تعبیر کرے گا اور جب کبھی اس میں فتور پائے گا کہہ دے گا کہ "یہ کرکٹ نہیں ہے"۔ جس طرح ہم کبھی کہتے تھے "یہ مسلمان کا شیوہ نہیں"! کھیل کی ایسی حرمت شاید ہی کسی اور قوم میں ملتی ہو!

بے محل نہ ہوگا اگر میں اس کا تذکرہ بھی کر دوں کہ ہائی اسکول سے پہلے کی میری تعلیم کیا اور کیسی تھی۔ جیسا کہ اس زمانے کے بیشتر مسلمان

گھرانوں کا دستور تھا، میں نے بھی قاعدہ بغدادی، کلام پاک اور تختی لکھنے کی تعلیم اپنے گھر پر اس عہد سے بھی پرانے ایک مولوی صاحب سے پائی۔ اسی طرح کے ایک دوسرے مولوی صاحب سے کچھ دنوں بعد فارسی کی کچھ کتابیں فارسی سے بھی مشکل اور زبان و بیان کے اعتبار سے مضحکہ خیز اردو میں پڑھائیں۔ اسی دوران میں ایک اور مولوی صاحب سے چند رسالے عربی کے بھی پڑھے۔ قاعدہ کچھ اس طرح کا بن گیا تھا کہ جس طرح کے مولوی ہوں اسی طرح کی پڑھائی ہو یعنی مولوی صاحب صرف قرآن شریف پڑھا سکتے ہوں تو قرآن شریف پڑھائیں فارسی پڑھا سکتے ہوں تو فارسی، عربی جانتے ہوں تو عربی صرف مسئلے مسائل سکھانے بتانے پر اکتفا کرتے ہوں تو وہی سہی۔ مقصد غالباً یہ تھا کہ مولوی صاحب کی پرورش ہو، گھر والوں کو ثواب ملے اور طالب علم اتنی دیر گھر اور محلے والوں کی عافیت میں خلل انداز نہ ہو!

ان مضامین اور اس طرح کی تعلیم کے ساتھ ساتھ اردو پہاڑے حساب وغیرہ سیکھنے کے لئے دیہات کے پرائمری (Primary) سے بھی پرائمری اسکول میں جانا پڑتا تھا جس پر پرائمری سے زیادہ پری متو ز (Primitive) ہونے کا اطلاق ہوتا تھا۔ اس بات پر اکثر ہنسی آئی ہے کہ جو زبان تمام عمر کے لئے وجہ معاش قرار پائی یعنی اردو وہ میں نے اسکول میں سیکھی ایسے ماسٹر صاحب سے جو اردو میں غالباً صرف اپنے دستخط کر سکتے تھے اور جو لکھتے ہی کر برہمن تھے

جتنے شریف النفس اور درد مند انسان۔ کوئی کلاس سامنے ہو، وہ پڑھتے تھے بڑے زور زور سے صرف رامائن، لوٹا ڈوری گھر سے ساتھ لاتے راستے میں کسی متبرک کنوئیں سے پانی بھر لیتے اور صبح اسکول پہنچتے ہی سب سے پہلے اپنی کرسی کو غسل دے دیتے۔ پانی نتھر جاتا تو کرسی پر اکڑوں بیٹھ جاتے اور اس کی احتیاط رکھتے کہ پاؤں کے تلووں کے سوا جسم کا کوئی اور حصہ کرسی کو نہ چھو جائے۔ موٹی مضبوط کھردری رسّی سے مرصّع و مستحکم کم وبیش چھ انچ اونچی کھڑاؤں پہنتے تھے۔ اسی کھڑاؤں پر وہ چار پانچ میل کا روزانہ سفر کر کے اپنے گاؤں سے اسکول آتے جاتے تھے۔ اسکول پہنچنے پر دس پندرہ منٹ تک ان سانپ بچھوؤں اور مینڈکیوں اور کبھی کبھی ایک آدھ خرگوش کی اچانک رحلت پر تعزیت کے ریزولیوشن (Resolution) پاس کرتے جو ہر روز کھیتوں اور پگڈنڈیوں پر ان کے کھڑاؤں ٹریک (Track) کے نیچے آکر آنجہانی ہو جاتے! وہ شاید بیماری سے بھی کچھ زیادہ لطف نہ رکھتے تھے۔ اس لئے کہ میں نے ان کو کسی طالب علم کے قلم، پنسل، کاپی، تختی کو چھوتے نہ دیکھا۔ ان پر جو کچھ لکھا یا بنا ہوتا دور سے دیکھ کر صحیح قرار دے دیتے۔ نہ خود کبھی سبق دیتے نہ سنتے۔ صرف رامائن سناتے۔ نہ کسی ہیڈ ماسٹر کے لایا ہوا پانی پیتے، نہ کسی شخص یا شے کو ہاتھ لگاتے۔ دور سے ترس کھاتے، مسکراتے، اور شفقت کرتے نظر آتے!

اچھے معلم کی پہچان یہ بتائی گئی ہے کہ اس کا علم متعدی ہو

یعنی طالب علم کو اُڑا کر گئے اور ایسا معلّم ناکارہ قرار دیا گیا ہے جس کا علم اُسی تک محدود رہے۔ معلوم نہیں ماسٹر صاحب اس نکتے سے واقف تھے یا نہیں لیکن ان کا عقیدہ کچھ اس طرح کا ضرور تھا کہ چھوت چھات کے اصول پر پڑھے لکھے طالب علم کا علم اس کے ساتھیوں کو جا لگے گا۔ اس لئے وہ خود پڑھانے لکھانے کا دھندا نہ کرتے۔ معلوم نہیں وہ ایسا کر بھی سکتے تھے یا نہیں اور یہ بھی یقین سے نہیں کہہ سکتا کہ خود ماسٹر صاحب کلاس میں اس طرح کی علمی یا تعلیمی چھوت چھات سے بہرہ مند ہوئے یا نہیں۔ یہ ہر حال کلاس میں ہوتا یہی رہا کہ پڑھے لکھے طالب علم ان پڑھ ساتھیوں کو اسکول کا کام بڑی خوش اسلوبی سے کرا دیتے تھے۔ اور ان معلم طالب علموں کا اثر و اقتدار فرداً فرداً ہر ساتھی طالب علم پر ماسٹر صاحب کے اثر و اقتدار سے زیادہ تھا۔

میرا خیال ہے کہ کلاس کے نیک نہاد اور ذی استعداد طلبا کا اثر اپنے ساتھیوں پر کلاس ٹیچر (Class teacher) سے زیادہ ہوتا ہے۔ ہر جماعت میں شریر اور بے راہ طالب علم بھی ہوتے ہیں جن پر مدرّس کا پورا قابو نہیں ہوتا لیکن یہی طالب علم کلاس کے مذکورہ صدر صفات کے طالب علم کا احترام کرتے ہیں۔ وقت آنے پر پڑھائی میں ان سے مدد لیں گے اور کیسے ہی بیزار یا برافروختہ کیوں نہ ہوں ان کا کہنا مان لیں گے۔ اس بنا پر میں سمجھتا ہوں کہ تعلیم و تربیت کے معاملے میں ماہرین تعلیم کو چاہیئے کہ کسی نہ کسی حد تک ہر کلاس

کے اچھے طلبا سے مدد لینے پر زور دیں۔ طالب علم پر بھروسا کرنا قرین فطرت ہے۔

اسکول کے ہیڈ ماسٹر صاحب چھ فٹ سے اونچے قد کے بڑے کڑوے، کرّیل ٹھاکر تھے۔ پڑھانے لکھانے سے ان کو بھی دل چسپی نہ تھی۔ زیادہ وقت لکڑی پھاڑتے اور رسوئی بناتے رہتے۔ تھوڑی تھوڑی دیر بعد رسوئی سے باہر نکل آتے، سانس پھولا، چہرہ تمتمایا، آنکھیں انگارا سی دہکتی ہوئی، ایک ہاتھ میں نیم سوختہ چیلا ہوتا، دوسرے میں کلہاڑی، وسط اسکول میں پہنچ کر نعرہ لگاتے "مہاراج پاٹھ پرساد بند، لکھائی پڑھائی کرو" ہیڈ ماسٹر صاحب اور ان کی آواز سے چھوٹے بچوں کا سہم جانا تو سمجھ میں آتا ہے تعجب کی بات یہ تھی کہ ماسٹر صاحب سب سے زیادہ ڈرتے تھے۔ نعرہ سن کر بیٹھے بیٹھے کرسی پر کھڑے ہو جانے کی کوشش کرتے خیال آنے پر اُتر پڑتے اور ننگے پاؤں اٹینشن (Attention) ہو جاتے۔ کھڑاؤں پر کبھی نہ کھڑے ہوتے اس خدشے سے کہ کھڑاؤں اور کرسی پر کھڑا ہونا شاید یکساں بلندی تک پہنچ جانا تھا، جو یقیناً گستاخی کا مترادف تھا۔

ہیڈ ماسٹر صاحب کی گرج سن کر اور چیلے کلہاڑی سے مسلح دیکھ کر سارا اسکول یک زبان ہو کر جو دل میں آتا چیخ چیخ کر پڑھنے لگتا، جس میں ماسٹر صاحب کی آواز سب سے اونچی ہوتی اور پہچانی جاتی اس لئے کہ ساری بامعنی آوازوں میں وہی ایک آواز بے معنی ہوتی!

اس زمانے میں تقریباً تمام پوربی اضلاع میں سال کے زیادہ حصے میں طاعون پھیلا رہتا۔ ان مواقع پر ہمارا اسکول پاس ہی کے ایک مندر میں منتقل ہو جاتا۔ میں نے اتنا وسیع اور شاندار مندر بڑی بڑی بستیوں میں بھی کم دیکھا ہے۔ ایک وسیع مربع قطعہ کے چاروں گوشوں پر یکساں شکل اور سائز کے چار مندر تھے۔ ان کے وسط میں سب سے بڑا مندر تھا۔ طویل برآمدوں کے ذریعے ان سب کو ایک دوسرے سے ملا دیا گیا تھا۔ طرح طرح کی چھوٹی بڑی مورتیاں جا بجا رکھی ہوئی تھیں بعض نہایت خوب صورت بعض ڈراؤنی۔ ہم دو تین لڑکے مسلمان تھے۔ جو مورتیاں برآمدے اور صحن میں تھیں ان کو چھونے کی ہم کو اجازت تھی۔ ہم سب یعنی ہندو مسلمان دونوں اس پر خوش تھے کہ مورتیوں کو چھونے کا منصب ہم کو حاصل تھا۔ ماسٹر صاحب کو نہ چھو سکتے نہ سہی۔ ماسٹر صاحب تو ہمارے ہی جیسے گھریلو قسم کے لوگوں میں تھے، ان کا تو نہ چھونا ہی افضل تھا۔ چھونے سے معلوم نہیں ہم پر کیا مصیبت نازل ہو یا ماسٹر صاحب کسی مصیبت میں گرفتار ہو جائیں۔ ممکن ہے اس پاداش میں ہماری خبر دالدین لیں اور ماسٹر صاحب کی ہیڈ ماسٹر صاحب۔

اسکول مندر میں آجاتا تو جیسے ماسٹر صاحب کی عید آجاتی! ہمہ وقت بھجن، رامائن، اشنان، آرتی اور پوجا پاٹھ کا اہتمام رہتا۔ آس پاس کے مرد، عورت، بچے بھی آجاتے۔ ایسا معلوم ہوتا جیسے کوئی میلا لگا ہوا ہے۔ اور یہ سب اس لئے اور بھی کہ ہمارے ماسٹر صاحب

خود مدرسہ چھوڑ کر نہ آتے تھے۔ ان کو جیسے اس کا یقین ہو اور ان کو نہ ہو تو مجھے اور ماسٹر صاحب کو تھا کہ خود طاعون ہیڈ ماسٹر صاحب کے نیم سوختہ چیلے اور کلہاڑی سے ڈرتا تھا۔

ہر لڑکا مندر ہی کے کسی نہ کسی کام میں معروف رہتا۔ مندر سے متصل گیندے اور کنیر کے پھولوں کا بہت بڑا قطعہ تھا۔ پھول توڑنے اور چڑھانے میں دوسرے بچوں کی طرح مجھے بھی کسی قدر دلچسپی تھی۔ ان پھولوں کی بو عام طور پر لوگ پسند نہیں کرتے۔ مجھے پسند ہے۔ کہتے ہیں پھول کی خوشبو سے جوانی کی یاد تازہ ہو جاتی ہے۔ کنیر اور گیندے کے علاوہ ایسے پھول ہیں جن کی خوشبو سے مجھے اپنی ہی نہیں بعض دوسروں کی جوانی بھی یاد آجاتی ہے، لیکن کنیر اور گیندے کی بو مجھے اس لئے پسند ہے کہ اس سے مجھے اپنا بچپن یاد آتا ہے۔ جوانی کی "ملوث" یاد سے طفلی کی "معصوم" یاد میرے نزدیک زیادہ قابل قدر ہے۔ تعجب ہے کہ مسلمان بچوں کے ساتھ شوالے کے اندر مختلف سلوک کیوں نہیں کیا جاتا تھا۔ ممکن ہے اس وقت کے لوگ جو آج کل کے لوگوں سے یقیناً زیادہ مذہبی تھے اسکول میں یا اسکول سے قطع نظر بچوں پر مذہبی ٹھپا لگانا روا نہ رکھتے ہوں۔

ماسٹر صاحب رامائن بڑے والہانہ انداز سے پڑھتے اور اس کا مطلب اتنی ہی نرمی اور محبت سے اپنی زبان میں جو ٹھیٹھ پوربی سے بھی زیادہ ٹھیٹھ کوئی چیز ہوتی سمجھاتے۔ حاضرین جن میں دیہاتی مرد،

عورت، بچے ہوتے زمین پر ہاتھ جوڑے اس طرح اکڑوں بیٹھے ہوتے جیسے اس زمانے کے تھانے داروں کے سامنے مستغیث اور ملزم دونوں روزنامچے میں پولیس کا بیان اپنی زبان میں لکھاتے ہوتے۔ اس طور پر رامائن کی پوری داستان مجھے یاد ہوگئی تھی۔ جس کی وجہ سے دسہرے کی تقریب کا بڑے شوق سے انتظار کیا کرتا تھا۔ رامائن کا قصہ، شوالے کی فضا اور اس کی ایک خاص مہک، کنیر اور گیندے کے پیلے پھول، بچوں کا ہر مذہب یا پڑھائی لکھائی سے بے نیاز و بے خبر ہو کر محض دلچسپ مصروفیت کا دلدادہ ہونا میرے رگ و پے میں پیوست ہوگیا جس کا تصرف اب تک محسوس کرتا ہوں۔ داستان طویل اور مزے دار ہے۔ بچپن کی داستان کس کی اس طرح کی نہیں ہوتی۔

دیہات اور شوالے کی فضا میں جو ابتدائی تعلیم میسر آئی اس نے ذہن و دماغ کو اس طرح اپنی گرفت میں لیا کہ طنز و ظرافت یا وجود مدت العمر کے ادبی مشغلہ ہونے کے آج تک اس کا اتفاق نہ ہوا کہ طنز و ظرافت کا کوئی فقرہ ہندو معتقدات کے بارے میں زبان یا قلم سے نکل جائے۔ علی گڑھ آیا تو اس پر مزید مُہر لگ گئی اور شاید یہ دونوں کا تصرف تھا کہ حتی الوسع میں نے کسی مذہب پر نہ تو کبھی نکتہ چینی کی، نہ اس کا مذاق اڑایا۔

دیہات مندر اور مکتب کی تعلیم کے علاوہ انگریزی اسکول میں داخلہ لینے سے قبل جن مواقع مقامات اور مردانِ کار آگاہ سے میرا

سابقہ رہا شاید ہی کسی اور کا رہا ہو۔ بچپن میں میری صحت خراب رہتی تھی چنانچہ والدین کو جہاں کسی "تیر بہ ہدف" قسم کے طبیب، وید، ڈاکٹر، سیانے، فقیر، جوگی، بوڑھیاں، ملا یا مزار کی خبر ملی مجھے وہاں پہنچایا گیا اور علاج یا جھاڑ پھونک شروع کر دی گئی۔ کم لوگوں نے طرح طرح کی اتنی دوائیں کھائی ہوں گی لیپ لگائے ہوں گے، تعویذ باندھے ہوں گے۔ چڑھاوے چڑھائے ہوں گے، نقش گھول کر پیئے ہوں گے، مزارات پر حاضری دی ہوگی، جتنی میں نے آسیب سے نجات پانے کے لئے اتار کے درختوں میں جس کے لئے اتنے نقوش سلیمانی ٹھونکے گئے ہوں گے، جتنے میرے لئے۔

۱۹۱۵ء میں یہاں فرسٹ ایر (First Year) میں داخل ہوا جب سے آج تک کم و بیش چالیس بیالیس سال ان تمام چھوٹے بڑے انقلابات سے دوچار رہا جو علی گڑھ میں یا اس سے باہر، دور نزدیک پیش آتے رہے۔ علی گڑھ کو زیادہ مجھے کم، بہت کم! خیال کیا جاتا ہے کہ ... سال میں جیسے نشار ید اور عالمگیر تہلکے یکے بعد دیگرے برپا ہوئے اور جنھوں نے ہمارے ذہن اور زندگی کو جس سفاکی سے زیر و زبر کیا اس کی نظیر تاریخ انسانی میں نہیں ملتی۔ انسان اور انسانیت کو فکر و عمل کے احتساب کے لئے ایسی مہیب اور مہتم بالشان آزمائشوں سے اب تک سابقہ نہیں پڑا تھا۔

مغلیہ حکومت کے زوال کے بعد اپنی اپنی حیثیت منوانے اور اور تفوّق جتانے کا جذبہ ہر فرقے اور ہر صوبے میں اُبھرا۔ انگریزی حکومت کے استحکام کے ساتھ یہ اختلافات دبے رہے، مٹے نہیں۔ مذکورہ حکومت کے جانے کے دن آئے تو ان اختلافات نے زور پکڑا اور پھر جو کچھ پیش آیا وہ چھپا نہیں ہے!

علی گڑھ آیا تو پہلی جنگ عظیم شروع ہو چکی تھی۔ قطع نظر اس سے کہ اس جنگ کے اسباب کیا تھے اور اس کا اثر تمام دنیا پر کیا پڑا یہ کہنا بے محل نہ ہوگا کہ اس سے پہلے مسلمان حکومتیں دول یورپ کی ریشہ دوانی اور دراز دستی کی زد میں آ چکی تھیں۔ دراصل یہ آویزش صلیبی جنگوں سے شروع ہو کر پہلی جنگ عظیم پر ختم ہوئی تھی، گو فتنہ سامانی کا سلسلہ کسی نہ کسی شکل میں اب تک جاری ہے۔ اس دوران میں مشہد مقدس پر روسیوں کی گولہ باری، بلقان اور طرابلس کے معاربے، ترکوں کے خلاف ہندوستانی افواج کا سرزمین عرب پر اُتارا جانا، قسطنطنیہ پر اتحادیوں کا تسلط، یہ تمام واقعات مسلمانانِ ہند کو نہایت درجہ مایوس و مضطرب کرنے کے علاوہ یوروپین حکومتوں سے بالعموم اور انگریزوں سے بالخصوص بیزار و برہم کرنے میں معاون ہوئے۔ جس میں شبلی، محمد علی، ظفر علی خاں اور ابوالکلام آزاد کی شعلہ نوائیوں کو بھی بڑا دخل ہے!

اس صورتِ حال کی طرف شبلی نے اشارہ کیا ہے مثلاً:۔

کہاں تک ہم سے لوگے انتقام فتح ایوّبی
دکھاؤ گے ہمیں جنگِ صلیبی کا سماں کب تک!

یا اقبالؔ نے اس کا ذکر ان الفاظ میں کیا ہے۔

ہوگیا مانند آب ارزاں مسلماں کا لہو' یا
بیچتا ہے ہاشمی ناموس دین مصطفےٰ
مل رہا ہے خاک و خوں میں ترکمانِ سخت کوش!

دوسری طرف ان حادثات کو بھی ملحوظ رکھنا چاہیے جو براہِ راست مسلمانوں کو ہندوستان میں پیش آئے۔ غدر سے انیسویں صدی کے اختتام (سرسید کی وفات) تک سرسیّد مسلمانوں کے یکّہ و تنہا یاور و ناصر رہے۔ ان کی زندگی کا یہ دور تمام تر مسلمانوں کی آبادکاری اور ان کے مفاد و مقاصد کی ترجمانی اور تحفظ پر مشتمل رہا۔ وہ ایک طرف انگریز مصنّفین کے ظلم و زیادتی سے مسلمانوں کو محفوظ رکھنے میں اپنی بہترین بے پایاں صلاحیتیں صرف کر رہے تھے، دوسری طرف ابنائے وطن تھے جو سیاسی برتری کے لئے ہر طرح کی جدّ و جہد میں منہمک تھے۔ کم و بیش تیس سال تک سرسیّد اسی طرح کی مصیبتوں اور نزاکتوں کا مقابلہ کرتے رہے۔ ۱۸۷۵ء میں کالج کی بنیاد پڑی اور ۱۸۸۵ء میں کانگرس کی ابتدا ہوئی۔ ۱۹۰۶ء میں مسلم لیگ وجود میں آئی۔ اسی زمانے میں بنگال تقسیم ہوا جس نے ہندو بنگال کو سخت مشتعل کر دیا، نتیجہ یہ ہوا کہ ۱۹۱۱ء میں اس تقسیم کی تنسیخ عمل میں آئی۔ یہ پہلا اور بہت بڑا سیاسی دھچکا تھا،

جس سے مسلمان دوچار ہوئے۔

سنہ ۱۹۱۳ء میں مسجد کانپور کا حادثہ پیش آیا۔ اسی دوران میں مسلم یونی ورسٹی کی تحریک بروئے کار آئی اور ہز ہائی نس آغا خاں اور شوکت علی خاں کی قیادت میں اس کا غلغلہ تمام ہندوستان میں بلند ہوا۔ الحاق اور عدم الحاق، اور مسلم یونیورسٹی یا علی گڑھ مسلم یونی ورسٹی کا شاخسانہ اُٹھ کھڑا ہونے سے یہ پوری اسکیم (Scheme) معرض التوا میں پڑ گئی اور سارا جوش مایوسی میں تبدیل ہو گیا۔

سنہ ۱۹۱۴ء میں پہلی جنگ عظیم شروع ہوئی۔ سنہ ۱۹۱۵ء میں محمد علی اور شوکت علی کی نظربندی عمل میں آئی جو مذکورہ جنگ عظیم کے ساتھ سنہ ۱۹۱۹ء میں ختم ہوئی۔ اس کے بعد ہی تحریک خلافت کا آغاز ہوا۔ مہاتما گاندھی اور علی برادران کی سربراہی میں اس تحریک کو ہندوؤں سے زبردست تائید ملی۔ یہ ایک بہت بڑا سبب تھا، تحریک ترک موالات، میں مسلمانو کے سرگرمی اور خلوص سے شریک ہونے کا۔ ہندو مسلم اخلاص و اتفاق کا اس سے بہتر زمانہ آج تک پھر دیکھنے میں نہ آیا!

ہندوستانی افواج کو انگریزی حکومت سے علیحدگی کی ترغیب دینے پر مولانا محمد علی پر کراچی میں مقدمہ چلایا گیا اور سزا ہوئی۔ انگریزی حکومت سے کھلّم کھلّا ٹکر لینے کی جو مثال مولانا محمد علی نے پیش کی تھی اور جس بے باکی اور قابلیت سے اُنھوں نے عدالت میں مسلمانوں کی پوزیشن واضح کی تھی اس کی مثال بیسویں صدی کی تاریخ آزادی میں

اس وقت تک نہیں ملتی۔ ۱۹۲۴ء میں ترکوں نے خلافت کے خاتمے کا اعلان کر دیا جس سے ہندوستانی مسلمان نہایت دل گرفتہ ہوئے۔ کچھ دنوں بعد نہرو رپورٹ شائع ہوئی اس سے مسلمان اور زیادہ مایوس ہوئے۔ باہر کا رشتہ اس طرح ٹوٹا، اندر کی امیدیں یوں پامال ہوئیں! ترک موالات کی بنا پر لیڈروں کو جیل خانے بھیج دیا گیا تو ملک کی رجعت پسند قوتوں کو ابھرنے کا موقع ملا اور شدھی سنگھٹن نے زور پکڑا۔ اس وقت ہندوستان میں ایسا کوئی مخلص اور سربرآوردہ لیڈر جیل سے باہر نہ تھا جو اس تحریک کا انسداد کرتا۔ چنانچہ جو ہندو مسلم اتحاد ترک موالات کے زمانے میں بروئے کار آیا تھا وہ تقریباً ہمیشہ کے لئے نابود ہو گیا۔

۱۹۲۱ء میں کالج میں ترک موالات کا بڑا کاری حملہ ہوا تھا یہاں کے اکثر مخلص اور ہونہار طلبا نے ادارے کو خیرباد کہا اور مولانا محمود الحسن صاحب اور حکیم محمد اجمل خاں کے ہاتھوں جامعہ ملیہ کی تاسیس کا اعلان علی گڑھ کی جامع مسجد میں ہوا، ایک طور پر علی گڑھ کے حریف کی حیثیت سے۔ اس کے بعد ہی جامعہ کے توڑ پر مسلم یونیورسٹی قبول کر لی گئی، ان تمام پابندیوں اور کوتاہیوں کے ساتھ جو حکومت نے اس پر عاید کر دی تھیں۔ اور کچھ ہی پہلے عام مسلمانوں کے نزدیک قابل قبول نہ تھیں!

جامعہ اور مسلم یونیورسٹی دونوں کا اپنے اپنے اختیار کئے راستوں پر آگے بڑھنے کا زمانہ ایک ہی ہے۔ سب جانتے ہیں کہ زبردست دشواریوں کے باوجود قوم اور ملک میں جامعہ نے اپنی ساکھ قائم کی اور مسلم یونیورسٹی

نے سہولتوں کے ہوتے ہوئے اپنی ساکھ کھوئی۔ گو یہ حقیقت نظرانداز نہیں کی جاسکتی کہ دونوں کا ایک سطح پر موازنہ قرین انصاف نہ ہوگا۔ کارگزاری اور کارگردگی کے اعتبار سے علی گڑھ سن رُشد کو پہنچ چکا تھا۔ اس کی خدمات کی تاریخی اہمیت تھی۔ یونی ورسٹی کا درجہ حاصل ہوجانے پر اس کی خدمات اور ہماری توقعات کی نوعیت اور اہمیت بدل بھی گئی تھی اور بڑھ بھی گئی تھی۔ جامعہ کی حیثیت ایک ایسے ہونہار بچے کی تھی جس کی دوست، دشمن سبھی ہمت افزائی کرتے ہیں اور اُس کے تھوڑے کو بھی بہت قرار دیتے ہیں۔ جامعہ کو جہاں بہت سی دشواریوں کا سامنا تھا وہاں کچھ آسانیاں بھی میسّر تھیں جن میں ایک یہ تھی کہ ہم میں سے بیشتر خواہ اس کے پروگرام (Programme) پر اعتقاد رکھتے ہوں یا نہیں اس کو کامیاب دیکھنا چاہتے تھے۔ اس سے ان معنیوں کو تھوڑا کرکے دکھانا مقصود نہیں ہے جو جامعہ کو پیش آئیں۔ واقعہ یہ ہے کہ کارکنان جامعہ نے جامعہ کو ترقی دینے میں جس ایثار و استقامت کا ثبوت دیا وہ ایک ایسا کارنامہ ہے جو جامعہ کی تاریخ میں ہمیشہ فخر و مسرّت سے یاد رکھا جائے گا۔ ان باتوں کے باوجود ہم پر جو نئی اور نہایت اہم درجہ ذمہ داریاں یونی ورسٹی ہونے کی حیثیت سے عائد ہوتی تھیں ان کا حق ہم ادا نہ کرسکے۔

یونی ورسٹی ملتے ہی قومی سیادت و قیادت کا مرکز ثقل علی گڑھ سے منتقل ہوگیا۔ نتائج و عواقب کے اعتبار سے یہ بہت بڑی تبدیلی تھی۔

جس نے یہاں کی دیرینہ اہمیت کو ایک طور پر ختم کر دیا۔ اور بہت جلد علی گڑھ سیاسی و مذہبی لیڈروں کی گرفت میں چلا گیا۔ اس میں شک نہیں کہ بدلتے ہوئے سیاسی حالات کے ماتحت علی گڑھ کو وہ حیثیت دیر تک نصیب نہیں رہ سکتی تھی جس پر وہ شروع سے اب تک فائز رہا تھا لیکن یہ بات نظرانداز نہیں کی جاسکتی کہ اگر سیاسی قیادت جاچکی تھی تو کارکنوں کو چاہیے تھا کہ وہ یونی ورسٹی کو اچھا اور بڑا بنانے پر اپنی بہترین استعداد صرف کرتے، اس لیے کہ ایک اعلیٰ تعلیم گاہ قوم کے فکر و عمل کو جس قدر صحت مند اور تازہ کار اور اس کے مستقبل کو روشن و صحت مند رکھتی ہے کوئی دوسرا ادارہ رکھ نہیں سکتا۔ لیکن ہمارے اکابر سیاسی سرگرمیوں کے اس درجہ شیدائی ہو چکے تھے یا سیاسی ریشہ دوانیوں کے زد میں تھے کہ یونی ورسٹی کے صلاح و فلاح پر غور کرنے تک کے قابل نہیں رہ گئے تھے۔ نتیجہ یہ ہوا کہ یونی ورسٹی مقصد ہونے کے بجائے وسیلۂ مقصد بن گئی۔ سیاسی ریشہ دوانیوں اور سیاسی بالادستی کا اکیاز اصغاز اتفار سب کا۔ اور یہ کوئی معمولی سانحہ نہ تھا!

یہاں اس بحث میں نہیں پڑنا چاہتا کہ تعلیم گاہوں میں سیاست اور مذہب کا عمل دخل کیا اور کتنا ہو اور ہونا چاہیے بھی یا نہیں، میں تو صرف اپنا خیال ظاہر کر دینا چاہتا ہوں کہ علی گڑھ میں سیاسی مذہبی یا مذہبی سیاسی تحریکوں کو جس طرح ابھارا یا بھڑکایا گیا اس کا نتیجہ علی گڑھ کے حق میں اچھا نہ ہوا اور یہ شاید اس لئے کہ علی گڑھ کے بنیادی مقاصد

میں سیاست و مذہب کی تبلیغ نہ تھی۔ نیز یہ کہ اچھی تعلیم گاہوں کا تقاضا بھی یہی ہے کہ ان کو عملی سیاست کے شور و فتن سے دور رکھا جائے، بہت دور!

یونی ورسٹی بننے سے تقسیم ملک تک کا زمانہ ابتدا کے چند سالوں کے علاوہ افراتفری کا زمانہ ہے۔ یونی ورسٹی کے مفاد و مقاصد کے سوا تمام دوسرے مفاد و مقاصد کے حصول کی جدوجہد رہی۔ کبھی کبھی ایسا بھی محسوس ہوا جیسے بُرے دن گزر گئے، اور اچھے دن آئے۔ لیکن واقعتاً حالات بد سے بدتر ہوتے گئے، اور تقسیم ملک سے پہلے کے چند سال تو یونی ورسٹی میں ایسے دیکھنے میں آئے کہ پہلے کبھی نہ دیکھے تھے نہ سُنے۔ ایسی حالت میں بیرونی طاقتوں کا غلبہ پانا تعجب کی بات نہ تھی۔ پھر یہ بھی کوئی راز نہیں ہے کہ اس زمانے میں علی گڑھ کے سپید و سیہ کا انصرام ایسے ہاتھوں میں تھا جو نہ اندرونی انتشار کو قابو میں رکھ سکتے تھے نہ بیرونی فشار کو!

سلطنتِ مغلیہ کے زوال اور غدر کے عواقب کو کچھ مرورِ ایام سے اور کچھ سرسید کی قیادت کے طفیل مسلمان ایک حد تک بھلا چکے تھے اور رفتہ رفتہ عافیت، عزّت اور فراغت کی زندگی بسر کرنے لگے تھے۔ بچی کھچی کچھ زمین جائداد تھی، تھوڑی بہت چھوٹی بڑی نوکریاں تھیں، کچھ کاروبار تھا اور بہت کچھ ساکھ تھی۔ کام چل نکلا تھا۔ یہ حالت کم و بیش تیس چالیس سال تک قائم رہی جس میں انیسویں صدی کا آخری

اور بیسویں صدی کا ابتدائی زمانہ شامل کیا جا سکتا ہے۔ اس دوران میں وہ حالات و حوادث بھی پیش آتے رہے جن کی طرف گزشتہ سطور میں اشارہ کیا گیا ہے۔ یہاں تک کہ دوسری جنگ عظیم آئی اور گزر گئی اور ہندوستان آزاد ہو گیا۔ اب تک ہندوستان دو عالمگیر جنگ کی براہِ راست ہلاکتوں سے محفوظ رہا تھا۔ کسے معلوم تھا کہ یہ کمی ۱۹۴۷ء میں وہ خود اپنے ہاں ایک خونیں تقریب منا کر پوری کرے گا! اس کا اثر مسلم یونی ورسٹی اور مسلمانانِ ہند پر جیسا کچھ پڑا وہ محتاج بیان نہیں!

۱۸۵۷ء کے بعد ہندوستانی مسلمان جن حالات و حادثات سے دوچار رہے ان سے عہدہ برآ ہونے کے لیے انھوں کل ہند نوعیت کی جن تحریکات کو چلایا ان میں غالباً مدرسۃ العلوم علی گڑھ (ایم، اے، او کالج) ہی ایسا ادارہ تھا جس پر قوم کا پورے طور پر ہمیشہ بھروسا رہا۔ جس نے بحیثیت مجموعی قوم کی سب سے مفید اور دیر پا خدمات انجام دیں اور جس کی خدمات کو متفقہ طور پر تقریباً ہر حلقے میں سراہا گیا۔ جس سے مسلمانوں کو ہر سمت سے تقویت پہنچائی، ان کے حوصلے اور عزائم کو پروان چڑھایا۔ اور دور و نزدیک ان کی توقیر بڑھائی۔ اس کی تاریخ میں وقتاً فوقتاً طرح طرح کے نشیب و فراز بھی آئے جن پر بحث کی جا سکتی ہے لیکن اس کی خدمات کے بیش بہا ہونے میں کوئی کلام نہیں۔ خالص مذہبی یا نیم مذہبی ادارے پیش نظر نہیں ہیں!

سر سید مغلیہ سلطنت کی تباہی اور غدر کی ہولناکیوں سے برآمد

ہوئے تھے۔ اُن کی شخصیت اُن صلاحیتوں پر مشتمل تھی جن کو ایک طرف مٹتے ہوئے عہد کا قیمتی ورثہ اور دوسری طرف اس کی جگہ لینے والے صحت مند تصرفات کی بشارت کہہ سکتے ہیں! وہ ایک ایسے رشتے یا واسطے کے مانند تھے جو ایک عظیم ماضی کو اس کے عظیم تر مستقبل سے منسلک و مربوط رکھتا ہے، جس کے بغیر نہ تو کسی قوم کے تہذیبی شعور میں ربط و تسلسل باقی رہتا ہے نہ خود نسلِ انسانی اس منزلت پر فائز ہوسکتی ہے جس کی اس کو بشارت دی گئی ہے! مدرسۃ العلوم کا قیام انھیں صلاحیتوں کا تقاضا تھا جن کو سرسید اور اُن کے رفقائے کرام نے اپنی تحریر، تقریر، شاعری شخصیت اور عمل محکم اور مسلسل سے متشکل، مستحکم اور مزین کردیا۔

اس طور پر علی گڑھ مشرق اوسط کی اس طرزِ توحید فکر اور طریق بود و ماند کا ایک طرح سے امین بنا جس کا ظہور عرب سے ہوا اور جو صدیوں سے متمدن دنیا کا طرۂ امتیاز رہا تھا۔ اس طرز و طریق کو اس نے غیر نامی طور پر نہیں اپنایا تھا بلکہ اس میں ہندوستانی تہذیب کے ایسے قیمتی اور دل کش عناصر اس خوبی و خوب صورتی سے سموئے کہ ان کا ایک دوسرے سے جدا کرنا (اکثر پہچاننا) دشوار ہو گیا! اس کسر و انکسار میں علی گڑھ اپنی بیداری اور اپنی تخلیقی و تعمیری صلاحیتوں کی بشارت دیتا اور ثبوت پہنچاتا رہا۔ ہندوستان چین اور ایشیا کے دوسرے ممالک اپنی اپنی مخصوص تہذیبوں پر فائز رہے اور ان تہذیبوں کے گراں مایہ

ہونے میں کلام نہیں۔ کہنا صرف اتنا ہے کہ وہ تہذیب جس کا ذکر اوپر آیا ہے وہ بہت دنوں تک روح عصر کی حیثیت سے ایشیا، یورپ اور افریقہ کے مختلف رقبوں پر پرتوفگن رہی یہاں تک کہ صنعتی و سائنسی تہذیب نے اس کی جگہ لے لی یا کہیں کہیں اس کو بہت پیچھے ڈھکیل دیا!

میرا ذاتی خیال کچھ ایسا ہے کہ سرسید نہ تو مذہب کے ایسے کوئی جیّد عالم تھے، نہ سیاست کے ماہر یا شعر و ادب کے شیدائی۔ لیکن بقول ایک فاضل کے ایک غیر معمولی صفت ان میں یہ تھی کہ وہ جس موضوع پر جو کچھ لکھنا یا کہنا چاہتے تھے اس کے لئے تمام ضروری معلومات فراہم کرنے کی انتہائی کوشش کرتے جو مستند کام کرنے والوں کا امتیاز ہے۔ وہ بڑے مخلص، ہم درد، ذہین، دلیر، عالی حوصلہ، دور اندیش اَن تھک اور ناقابل تسخیر تھے۔ ان میں جہاں داری اور جہاں بنی دونوں کی جھلک ملتی ہے جو کبھی ہمارے اسلاف کی صفات تھیں!

غدر کے بعد جہاں تک ہندوستانی مسلمانوں کی تعلیمی، اخلاقی، معاشی اور سیاسی شیرازہ بندی کا سوال تھا وہ قائد امام عہد، یا روح عصر یقیناً تھے۔ وہ شاید کسی فن میں یگانۂ روزگار نہ تھے لیکن کتنے یگانۂ روزگار ان کے گرد جمع ہو گئے تھے، شاید جمع ہوئے بغیر نہیں رہ سکتے تھے! ان سب کی بیش بہا تحقیقی استعدادوں کو ایک مقصد پر مرکوز کر کے قوم و ملک کے لیے بابرکت بنانا سرسید کی غیر معمولی شخصیت کا

فیضان تھا! سرسید کو پہچاننے میں ہم نے دیر بھی کی اور نا التفاتی بھی، اب ان کو ہر موقع پر یاد کرنے پر اپنے کو مجبور پاتے ہیں۔

سرسید کے رُفقائے کرام سے ہم بخوبی واقف ہیں۔ اگر سرسیّد کی عظیم شخصیت اِن جی نیسوں (Geniuses) کو اپنے حلقۂ اثر میں لے کر ان کے بطون میں تپ سلگنے نہ پیدا کر دیتی تو کون کہہ سکتا ہے، متفرق اور منتشر رہ کر یہ قوم و ملک کی کیا خدمت کر سکتے۔ سرسید مسلمانوں کو مُلّاؤں کی گرفت سے نکالنا چاہتے تھے۔ یہی مہم اقبالؔ کے سامنے تھی دونوں کا زمانہ اور دونوں کا طریقۂ کار مختلف تھا۔ حال کو سُدھارنے کے لئے کبھی کبھی ماضی کو سُدھارنا پڑتا ہے۔ مذہب اور اخلاق کے معلّمین و مصلحین کو اکثر یہ منازل طے کرنا پڑے ہیں۔ اگلوں سے قطع نظر سرسیّد، شبلیؔ، اقبالؔ، مودودی سب نے یہی کیا۔ آیندہ بھی ایسے لوگ آتے رہیں گے اور یہ مہم جاری رہے گی۔ مذہب کی بنیادی اور فروعی باتوں میں امتیاز کرنے میں اکثر غلطی ہوئی ہے جس کی تلافی کی کوشش ہمیشہ کی جائیگی۔

قوم کی سیرت مسخ ہونے کا احتمال دو وقت خاص طور پر ہوتا ہے۔ ایک جب حکومت ہاتھ میں آتی ہے، دوسرے جب ہاتھ سے نکل جاتی ہے۔ ہر زمانے اور ہر ملک میں مصلح اور معلّم نے ان مواقع پر سخت جد و جہد کی ہے اور نادانوں یا خود غرضوں کے ظلم سہے ہیں، ناواقفوں یا بے وقوفوں کو مذہبی توہمات سے بچانے اور نکالنے کے لیے مذہب کی افہام و تفہیم میں سرسید یا کسی اور کا کہیں کہیں غیر محتاط ہو جانا تعجب کی بات نہیں!

سرسید کے نکتہ چینوں نے اس پر غور نہیں کیا کہ غدر مسلمانوں کے حق میں کیسا ہولناک حادثہ تھا۔ اور مسلمان کن تاریخی حوادث سے دوچار تھے۔

سرسید نہیں چاہتے تھے کہ ہندوستان میں مسلمانوں کا وہ انجام ہو جو اسپین میں ہوا۔ سرسید نے ہندوستان میں دوسرا اسپین اسٹیج (Stage) ہونے کا سدباب کیا۔ ذاکر صاحب نے غالباً تیسرا، دیکھئے اس بحر سے کب کیا اچھلتا رہتا ہے۔

میں نے سرسید کا عہد نہیں دیکھا۔ لیکن ذاکر صاحب کی زندگی اور ان کا زمانہ پورے طور پر نظر دل کے سامنے رہا ہے۔ اس سے اندازہ کر سکتا ہوں کہ سرسید پر کیا عالم گزرا ہوگا۔ جب غدر کے بھیانک نتائج ان کے سامنے تھے اور ہر بہانے ہر طرف مسلمان برباد اور ہلاک کیے جا رہے تھے۔ اور ذاکر صاحب پر کیا کیفیت طاری ہوئی ہوگی جب تقسیم ملک کے بھیانک نتائج ان کے سامنے آئے اور انھوں نے ہر طرف بالعموم اور دلی میں بالخصوص مسلمانوں کو کیسی بھیانک آزمائش سے گزرتے دیکھا۔ میں نے ذاکر صاحب کا عہد نہ دیکھا ہوتا تو سرسید کا اتنا قائل نہ ہوتا جتنا کہ اب ہوں۔ اس سے سرسید اور ذاکر صاحب کا اتنا موازنہ مقصود نہیں جتنا دونوں کے سامنے جیسی بے پایاں اور بے پناہ ذمے داریاں تھیں ان کی طرف توجہ دلانا مقصود ہے۔

سرسید نے مدرسۃ العلوم کو مذہبی ادارہ نہیں بننے دیا۔ اسلامی اور علمی ادارہ بنانے اور رکھنے کی برابر کوشش کرتے رہے۔ ایسا علمی اور

اسلامی ادارہ جو قومی رنگ و آہنگ سے استوار و آراستہ ہو۔ ذاکر صاحب نے پچاس سال بعد جامعہ ملیہ کے لئے بھی قریب قریب یہی نقشہ تجویز کیا سوا اس کے کہ انھوں نے حکومت کی امداد اور مداخلت سے جامعہ کو آزاد رکھا۔ اور اس اعتبار سے جامعہ کو امتیاز حاصل رہا اور تعلیمی تنظیم و تشکیل کے جو نئے اور قیمتی تجربے سامنے آئے وہ مسلّم ہیں۔

مدرستہ العلوم کی اس خصوصیت کو ملک کی تقسیم سے چند سال پیشتر تک بڑی قابلیت، بڑے حوصلے اور خلوص سے نباہا گیا۔ چنانچہ اس ادارے کی تاریخ میں ہندو، مسلمان، شیعہ، سُنّی، سکھ، قادیانی، پنجابی، بنگالی دکنی قسم کی کشمکش اور ناگواری کبھی نہیں پیدا ہوئی، باوجود اس کے کہ شروع سے آخر تک جتنے مختلف مذہب و مسلک کے طلبا اور اساتذہ اس ادارے میں یکجا رہے ہیں، کسی اور ادارے میں خواہ وہ ادارہ حکومت ہی کا کیوں نہ رہا ہو، نہیں رہے۔ چاہے وہ حکومت بدیسی رہی ہو چاہے قومی!

علی گڑھ سے باہر فرقے وارانہ جھگڑے اور صوبجاتی عصبیت کے جہاں تہاں اکثر مظاہرے ہوتے رہے لیکن کالج کی فضا اس طرح کی نحوست و نجاست سے ہمیشہ پاک رہی۔ مسلمان حکومتوں کی رواداری کی روایت کو بالعموم، اور اسلام کی وسعت نظر کی روایت کو بالخصوص، جس خوبی اور پابندی سے علی گڑھ نے نباہا وہ ہندوستان کی تعلیم گاہوں کی تاریخ میں بے نظیر ہے۔ یہی سبب ہے کہ علی گڑھ کے تعلیم یافتہ طلبا حکومت کے جن چھوٹے بڑے مناصب پر فائز رہے یا جہاں کہیں جب

حال میں رہے فرقہ وارانہ عفونت سے پاک رہے! اسلام میں فرقہ پرستی انسانیت کی توہین تصور کی گئی۔ ہندوستان میں علی گڑھ اس کا نمونہ رہا۔

سید جمال الدین احمد کی پین اسلامک تحریک (Pan-Islamic) عالمگیر اخوت اسلامی کی بھی سرسید نے تائید نہیں کی تھی، اور اپنے اس رویے سے وہ سیّد موصوف کے سخت عتاب کے مورد ہوئے۔ سرسید اس حقیقت سے آشنا تھے کہ ہندوستان اتنے فرقوں کی سرزمین ہے اور رہ چکا ہے کہ اب وہ یا تو ہر فرقے کی سرزمین ہے یا کسی فرقے کی نہیں اور جب کبھی یا جہاں کہیں اس میں فرقہ بندی (Apart heid) قسم کی تحریک اٹھائی جائے گی ملک کے صالح مقاصد کو نقصان پہنچے گا۔ اس نکتے کی توضیح سے کوئی فائدہ نہیں اس لیے اس کو کوئی ملک یا قوم قابل اعتنا نہیں سمجھتی۔

سرسید کا تعلیمی نیز علمی، دیانت و امانت کا تصور بلند و برگزیدہ تھا ان کو یقین تھا کہ مدرسۃ العلوم ایک دن یونی ورسٹی کے درجے تک پہنچے گا۔ اس لیے انھوں نے تعلیم اور علم کے اعلیٰ تصوّر کو کسی اور تصوّر حتیٰ کہ مذہبی تصوّر کا پابند نہیں کیا۔ خالص دینی یا مذہبی تعلیم کے وہ مخالف نہ تھے۔

سرسید کی تصانیف کا ہر طالب علم جانتا ہے کہ ان کو اسلام سے اور داعیٔ اسلام سے کس درجہ شغف تھا۔ رسولؐ پاک کی سیرت و شخصیت کی حمایت میں "خطبات احمدیہ" تصنیف کر کے سرسید نے ذاتِ اقدس سے جس بے پایاں شیفتگی کا اظہار کیا ہے اس کا اندازہ سرسید کے خطوط سے کیا جا سکتا ہے۔ میں سمجھتا ہوں کہ سیرتِ پاک پر "خطبات احمدیہ" سے بہتر کوئی دوسری

تصنیف سرسید سے پہلے نہیں ملتی۔ سرسید چاہتے تھے کہ علی گڑھ کے طلبا اسلامی تاریخ کی بہترین روایات اور مذہبی زندگی کی اعلیٰ قدروں کی پیروی کریں۔ مغربی علوم و فنون کے شناور ہوں اور ملک میں باعزت زندگی بسر کرنے اور مِل جل کر رہنے کے طور و طریق اپنائیں۔

ان مقاصد کے حصول کے لئے وہ انگریزوں سے لڑتے تھے، مُلّاؤں سے کفر کے فتوے پاتے تھے اور شاعروں سے طرح طرح کی پھبتیاں سُنتے۔ ہم سے آپ سے گڑگڑاتے تھے۔ اپنی ہر پونجی لگا رہے تھے۔ خواہ وہ معاش و ملکیت کی ہو، خواہ عزت و ناموس کی، خواہ راحت و عافیت کی، خواہ ذہن و ضمیر کی! کوئی کچھ نہ کرتا تو خود سب کرنے لگتے۔ خواہ وہ اعلیٰ درجے کا کام ہوتا خواہ معمولی۔ یہ کام مشعل کی روشنی میں کرنا پڑتا، خواہ جذبات کے سیل بے اماں میں، وہ سب کچھ کہتے، علی الاعلان کرتے! اور دیوانہ وار کرتے!

اپنے بے نظیر کارناموں کے اعتبار سے سرسید ایک فرد یا ادارے کی نہیں بلکہ ایک عہد کی حیثیت رکھتے تھے، ہندوستانی مسلمانوں میں شاید اتنی جید اور جامع حیثیات شخصیت پچھلی دو صدیوں میں نظر نہ آئے!

پچھلے اوراق میں علی گڑھ اور سرسید سے متعلق جن خیالات کا اظہار کیا گیا ہے ممکن ہے بعض عزیزوں اور بزرگوں کو بے ضرورت یا بے محل معلوم ہوں۔ میں نے ان کا تذکرہ اس لئے ضروری سمجھا کہ مدرستہ العلوم اور اس کے بانی سے متعلق میرے یہ عقائد وہ ہیں جن کا میری زندگی اور اس کے مختلف پہلوؤں پر بہت گہرا اور بہت اچھا اثر پڑا ہے۔ میرے ان اعترافات

کاکم سے کم یہ فائدہ تو ہوگا کہ علی گڑھ یا میرے یادونوں کے بارے میں صحیح رائے قائم کرنے کا قارئین کرام کو آسانی سے موقع مل جائے گا!

سرسید کے انتقال سے چند سال پہلے اردو ہندی کا فتنہ شروع ہو گیا تھا۔اس قضیے نے سرسید کو بڑی تشویش میں مبتلا کر دیا تھا۔ان کے بعد محسن الملک اس سے دوچار ہوئے، پھر مولوی عبدالحق، پھر ذاکر صاحب! میں فرسٹ ایر میں داخل ہوا تو مولانا اقبال احمد خاں سہیل کے توسل سے ذاکر صاحب سے ملاقات ہوئی۔جب سے اب تک زندگی کیسے کیسے نشیب و فراز

ہ نومبر ۱۹۵۵ء میں مولانا جوار رحمت میں پہنچ گئے! کس قدر شفیق و شریف النفس، کیسا ذہین و ذی علم اور فارسی شعر و ادب کا کس پائے کا باکمال ہم سے رخصت ہو گیا دوستوں کے لیے ان کے دل میں کتنی وسعت، کتنی نرمی اور نوازش تھی۔کیسی کیسی خوشگوار یادیں، شوخ بھی شریفانہ بھی، نئی پرانی ہمیشہ تازہ رہنے والی یادیں مرحوم سے وابستہ ہیں۔

اپنے نیازمندوں میں مولانا جن دو چار کو تادم آخر تقریباً چالیس سال تک، عزیز و محترم رکھا۔ان میں ایک راقم السطور بھی تھا جسے تو جیسے دکھی حال میں متردد یا مایوس سامنے دیکھ سکتے ہوں اور ہر طریقے سے جو ان کے بس میں ہوتا خوش کرنے یا تسکین و تقویت پہنچانے کی کوشش کرتے۔مرحوم کے اگرد جتنے لوگ تھے، خواہ اپنے ہوں یا پرائے، ان سے کوئی پوچھے کہ مرحوم کی مفارقت سے ان پر کیا گزر گئی! مرحوم تو اٹھ گئے۔ان کی یادوں کے حزیں اور رہ رہ کر امنڈنے والے ابوہ کو کہاں لے جاؤں، کیسے بھلاؤں، یا ان کو کیا جواب دوں!

سے گزری، لیکن اخلاص، یگانگت اور بے تکلفی کے تعلقات بڑھتے اور گہرے ہی ہوتے گئے۔ کبھی کبھی زندگی کے اوراق کو جہاں تہاں سے الٹ پلٹ کر دیکھتا ہوں تو یہ خیال آتا ہے کہ ذاکر صاحب کا بیچ نہ ہوتا، تو کیا ان اوراق کے نقوش ایسے ہی ہوتے جیسے کہ ہیں۔"

علی گڑھ میں ذاکر صاحب کی پوزیشن بڑی عجیب اور اہم رہی ہے کالج پر ترک موالات کا جو حملہ ہوا اس کو موثر اور بامقصد بنانے میں ان کا بہت زیادہ دخل رہا۔ اُس وقت کے طلبا میں وہ ہر اعتبار سے بڑی رفعت کی نگاہ سے دیکھے جاتے تھے۔ یہ اتنا ہی نہیں بلکہ ان کی زندگی پر نظر رکھنے والے جانتے ہیں کہ طالب علمی کے بعد جب وہ زندگی کی دوسری آزمائشوں سے دوچار ہوئے اُس وقت بھی وہ اپنے ساتھیوں میں ہر چھوٹے بڑے پر، اپنے منصب نہیں بلکہ اپنے اعلیٰ کردار اور کارکردگی کے اعتبار سے محترم مانے جاتے تھے۔ ان کے دو بڑے بھائی مظفر حسین خاں اور عابد حسین خاں (جو عین عالم شباب میں اس جہان سے اُٹھ گئے) اس کالج میں اپنے عہد کے اچھے اور نامور طالب علموں میں تھے۔ انھوں نے شرافت اور قابلیت کی جو روایات کچھ دن پہلے ہی چھوڑی تھیں ان کا چرچا کالج میں عام تھا! ذاکر صاحب اور ان کے یہ دونوں بھائی اسلامیہ ہائی اسکول اٹاوہ سے انٹرنس پاس کر کے علی گڑھ آئے تھے اور اس اسکول کے مشہور و محترم ہیڈ ماسٹر، سید الطاف حسین صاحب بی، اے (علیگ) کے سایۂ شفقت میں تعلیم و تربیت حاصل کر چکے تھے۔ جنگ طرابلس کے دوران میں ترکوں کے لیے ذاکر صاحب

اپنے اسکول میں جس جوش و انہماک سے چندہ جمع کرتے تھے اور جیسی ولولہ انگیز تقریر کرتے تھے وہ اب تک ان کے ساتھیوں کو یاد ہے!۔

بی اے کے امتحان میں ذاکر صاحب کی پوزیشن آئی تھی۔ اس زمانے میں ایم، اے، او کالج کا الحاق الہ آباد یونی ورسٹی سے تھا۔ ان سے قبل یہاں کے متعدد طلبا الہ آباد یونی ورسٹی میں بی اے کے امتحان میں اوّل آچکے تھے، لیکن جو بات ذاکر صاحب کو دوسرے طلبا سے ممتاز کرتی تھی وہ یہ تھی کہ یہ کورس کی کتابیں نہ خریدتے تھے نہ پڑھتے تھے۔ زیادہ وقت ادھر ادھر گھومنے یا جہاں تہاں بیٹھ کر خوش گپّی میں گزار دیا کرتے تھے، لیکن اس میں لٹن لائبریری اور یونین کے دارالمطالعہ کا روزانہ گشت ضرور شامل ہوتا۔ رات کو واپس آنے یا دن میں کہیں ملاقات ہو جاتی تو معلوم ہوتا کہ ہندوستان یا اس سے باہر کا کوئی علمی یا سیاسی مسئلہ اور کالج کا کوئی حادثہ، پرائیوٹ یا پبلک، یا ادبیات کا کوئی اشتہار ایسا نہ تھا جس کی ان کو خبر نہ ہو۔ یا سیر اردو فارسی اساتذہ کے دس پانچ منتخب اشعار ازبر نہ ہوں۔ ذاکر صاحب سے طالب علمی کے زمانے میں بھی ایسی کوئی لغزش سرزد نہ ہوئی جو طالب علموں سے اکثر ہو جایا کرتی ہے۔

ایم، اے، او کالج کے عہد میں طلبا اور کالج کے منتظمین میں مخالفت کی بہت کم نوبت آتی تھی۔ کبھی اس طرح کی کوئی بات پیش آجاتی تو یہ نہیں ہوتا تھا کہ جلسے جلوس، تار، تجاویز، نعرہ اسٹرائک اور فتنہ و فساد کا طوفان بپا ہو جائے۔ اختلاف نے طوالت پکڑی تو طلبا کے

سربرآوردہ نمائندے پرنسپل یا آنریری سکریٹری سے ملے۔ گفت و شنید ہوئی اور معاملہ رفت گزشت ہو گیا۔ ایسے مواقع پر ہمیشہ ذاکر صاحب طلبا کے وفد کے لیڈر ہوتے اور یہ اس بات کی ضمانت ہوتی کہ گفتگو اونچی سطح پر ہوگی اور بالآخر مفاہمت کی صورت پیدا ہو کر رہے گی۔ اس لیے کہ ذاکر صاحب پر جتنا بھروسا ساتھی طلبا کو تھا اتنا ہی منتظمین کالج کو تھا۔

عجیب اتفاق کہ ۳۰ - ۳۵ سال بعد تقسیم ملک سے کچھ پہلے جب کانگریس اور مسلم لیگ کی باہمی مخالفت نہایت درجہ تند و تلخ ہو چکی تھی صرف ذاکر صاحب ایسے شخص تھے جس پر دونوں فریق کامل اعتماد رکھتے تھے۔ مثالیں پیش کرنے میں طوالت ہے اس لیے نظر انداز کرتا ہوں ایسے عہد اور ایسی فضا میں اتنا اعتماد شاید ہی کسی اور کو نصیب ہوا ہو۔ آج بھی جب ملک دو حصّوں میں تقسیم ہو چکا ہے ذاکر صاحب کی شرافت، قابلیت، ایثار اور ایمان داری کے دونوں ملکوں کے عوام و خواص قائل ہیں!

تقسیم ملک کے بعد علی گڑھ کی آبادکاری میں ذاکر صاحب کو جن دقتوں اور نزاکتوں کا سامنا رہا اور جن پر انھوں نے جتنے کم عرصے میں خاموشی اور خوب صورتی سے قابو پا لیا وہ ایک ایسی داستان ہے جو شاید کبھی لکھی نہ جا سکے، لیکن عوامی گیتوں کی طرح ہمیشہ یاد رکھی جائے گی۔ ایسا معلوم ہوتا ہے جیسے قضا و قدر نے علی گڑھ کی نجات کے لئے ذاکر صاحب کا انتخاب کر لیا ہو۔ اور اسی مقصد کے لئے شروع سے آخر تک ان کی تربیت

کی ہو۔ طالب علمی کے زمانے میں وہ یہاں کے حالات سے آشنا ہو چکے تھے اور اُن کے دل میں علی گڑھ نے گھر کر لیا تھا۔ یہاں سے جُدا ہو کر جامعہ ملّیہ کا کام سنبھالا۔ مجھے کچھ زیادہ واقفیت نہیں ہے لیکن کچھ ایسا محسوس کرتا ہوں کہ تحریک ترکِ موالات کے بطن سے جتنی یا جیسی قومی تعلیم گاہیں وجود میں آئیں ان میں جامعہ کو جو اعتبار و امتیاز حاصل ہوا وہ شاید کسی اور ایسے ادارے کے حصے میں نہ آیا۔ اس کا سبب یہ ہے کہ کسی اور ادارے کو ذاکر صاحب کی شخصیت کا سردار نہ ملا۔ جس نے پچیس سال تک دنیا کے تمام دوسرے حوصلے یا ہوس سے منھ موڑ کر اور اس عمر میں منھ موڑ کر جب حوصلے یا ہوس یا دونوں کا خاصا غلبہ رہتا ہے ہر طرح کی مصیبت جھیل کر جامعہ کی خدمت میں اپنی بہترین صلاحیتیں صرف کر دیں!

علی گڑھ کے وائس چانسلر کی حیثیت سے ذاکر صاحب نے جو خدمات انجام دیں ان کا اندازہ کرنے کے لئے یہ بات ذہن میں رکھنی چاہیے کہ انھوں نے ایک درس گاہ کو نہیں بلکہ ایک تہذیب کو تباہ ہونے اور ایک روایت کو رُسوا ہونے سے بچا لیا۔ یہ کام آسان نہ تھا بالخصوص ایسی حالت میں جبکہ اُنھوں نے سیاسی اور مذہبی محرکات کو جن کے طفیل دشوار گزار مراحل بہت جلد اور بڑی آسانی سے طے ہو جایا کرتے ہیں بر سرِ کار لانے سے قطعاً اجتناب کیا۔ اس لیے کہ وہ جانتے تھے کہ تہذیب اور اعلیٰ روایات سیاسی محرکات کا نہیں، ریاضت، خدمت

اور انتظار کا ثمرہ ہوتی ہیں جس شخص نے جامعہ کے لیے ایک نئی روایات قائم کی اُسی نے علی گڑھ کی دیرینہ روایت کی حفاظت کی۔

سرسیّد نے اپنے عہد میں مسلمانوں کی آبادکاری بحیثیت مجموعی مدرسۃ العلوم کے وسیلے سے کی۔ حالات کو دیکھتے ہوئے میرا خیال ہے کہ ذاکر صاحب کو بھی ہندوستان کے مسلمانوں کی آبادکاری علی گڑھ ہی کے وسیلے سے کرنا پڑے گی۔ اس سلسلے میں ذاکر صاحب کا حسب ذیل بیان ملاحظہ ہو۔

"مجھے دکھائی دیتا ہے کہ ہندوستانی قومی زندگی کی تعمیر میں اس ادارے کا ایک بہت اہم مقام ہے۔ مجھے اس بات کا یقین نہ ہوتا تو میں جامعہ ملیہ کے کام کو چھوڑ کر جس کے ساتھ میری ساری ذہنی اور روحانی نشو ونما وابستہ تھی، علی گڑھ نہ آتا۔ میں آنے پر اور یہاں ٹھہرنے پر صرف اس لیے اپنے آپ کو راضی کرسکا کہ مجھے صاف محسوس ہوا کہ یہاں اہم قومی کام کا ایک نادر موقع ہے۔

کرشمہ دامن دل می کشد کہ جا اینجاست"

وہ کام ہندوستانی تعمیر اور ہندوستانی تعلیم دونوں کا بنیادی کام ہے۔ یعنی ایک سیکولر (Secular)[1] جمہوری ریاست میں ایک متحدہ قوم کی تعمیر کا کام اور اس کی زندگی میں چار کروڑ مسلمان شہریوں کا

۱؎ سیکولر (غیر مذہبی، جس میں مذہب کا لحاظ نہ رکھا جائے)

حصہ اور مقام۔ کتنا بڑا کام ہے اور کتنا دلکش کام۔ یہ مختلف تمدنی، اور تہذیبی عناصر کو باہم سمو کر ایک متوازن اور ہم آہنگ زندگی کی تعمیر کا کام جس میں ہر جز دوسرے جز کی رونق کو چمکائے اور ایک حسین و جمیل کل کی تشکیل میں مدد دے۔

ہمارے ملک کے سامنے ایک عظیم الشان کام ہے۔ ایک اچھی قومی زندگی کی تعمیر کا کام۔ اس میں ضرورت ہے کہ قوت کا ایک ایک شمہ خوشی خوشی اس کام میں لگا دیا جائے۔ علی گڑھ جس طرح آج کام کرے گا۔ علی گڑھ جس اسلوب پر سوچے گا، علی گڑھ ہندوستانی زندگی کے مختلف شعبوں کی خدمت کے لئے جو پیش کش دے گا، اس سے متعین ہوگا ہندوستانی قومی زندگی میں مسلمانوں کا مقام۔ ہندوستان علی گڑھ کے ساتھ جو سلوک کرے گا اس پر، ہاں بڑی حد تک اُس پر منحصر ہوگی وہ شکل جو ہماری قومی زندگی مستقبل میں اختیار کرے گی۔"

لکھنے کے میرے جو اسالیب ہیں (طنز و ظرافت وغیرہ) ان میں علی گڑھ کس طرح اور کس حد تک دخیل ہے۔ یہ سوال جتنا دلچسپ ہے اتنا ہی اہم اور مشکل بھی ہے۔ علی گڑھ ہو یا کوئی اور خطہ، محض اپنے نام اور جغرافیہ کی بنا پر قابل اعتنا حد تک کسی کو متاثر نہیں کرتا۔ بلکہ ہر ادارے کے قیام کے اسباب اس کی روایات، اس کی سرگرمیاں، اس کی فتح و شکست، اُس کے

چھوٹے بڑے اشخاص، سبھی بحیثیت مجموعی اثرانداز ہوتے ہیں۔ میں علی گڑھ آیا تو میرا سابقہ جہاں اور بہت سی باتوں سے ہوا، وہاں ایسے شخص سے بھی ہوا جو علی گڑھ کا ساختہ پرداختہ تھا اور اپنی قابلیت، اپنی خدمات اور اپنی شخصیت کے اعتبار سے بیسویں صدی کے نصف ثانی کے ہندوستانی مسلمانوں کا ویسا ہی نجات دہندہ ثابت ہونے کی صلاحیت رکھتا تھا جتنا انیسویں صدی کے نصف ثانی کے سرسید ثابت ہوئے۔ البتہ یہ یقین سے نہیں کہا جا سکتا کہ ذاکر صاحب کو اتنے اور ایسے رفقائے کار بھی مل جائیں گے یا نہیں جتنے اور جیسے سرسید کو مل گئے تھے یا ان کو کام کرنے کی اتنی مدت بھی ملے گی یا نہیں جتنی سرسید کو ملی تھی۔[1]

مسلم یونیورسٹی ایم، اے، او، کالج سے برآمد ہوئی لیکن بوجوہ وہ اتنی ہونہار اور شاندار ثابت نہیں ہوئی جتنا کہ ایم، اے، او کالج تھا۔ اس لئے وہ ان توقعات کو تو کیا پورا کرتی جو اس سے کبھی کی جاتی تھیں لیکن حکومت یا کسی اور نے پوری نہ ہونے دیں۔ وہ ان روایات کو بھی برقرار نہ رکھ سکی جو کالج کی ناموری کا باعث تھیں۔ بایں ہمہ یہ ادارہ جیسا کہ ہم سب جانتے ہیں ہماری علمی و تہذیبی حوصلہ مندی کی علامت یا بشارت تھا۔ اور یہ بشارت پوری ہوئے بغیر نہ رہ سکتی تھی! چنانچہ میرا خیال ہے کہ تقسیم ملک

[1] ۱۹۵۶ء میں علالت کی بنا پر ذاکر صاحب دفعتاً یونیورسٹی سے علیحدہ ہوگئے اور وہی پیش آیا جس کا اندیشہ تھا یعنی ان کو کافی فرصت اور وقت ملی گر یہ کی ضرورت نہ مل سکا! یہاں سے علیحدہ ہو کر بہار کے گورنر ہوئے۔ اب ہندوستانی جمہوریہ کے نائب صدر ہیں۔

کے بعد جب سے یونی ورسٹی ذاکر صاحب کی قیادت میں آئی اس پر وہ نقش و نگار ابھرنے لگے ہیں جو مدرستہ العلوم اور اس کے بانی کے نصب العین کی یاد تازہ کرتے ہیں، اور کہا جا سکتا ہے کہ تقریباً ایک تہائی صدی تک ایک گونہ بے ثمر رہ کر اس ادارے میں برگ و بار کے آثار تیزی سے پیدا ہونے لگے ہیں!

ذاکر صاحب کا تذکرہ کسی قدر تفصیل سے کیا گیا ہے۔ گزشتہ ۳۰۔۳۵ سال میں ان کے بارے میں جتنا اور جو کچھ وقتاً فوقتاً متفرق و منتشر طور پر میں نے لکھا ہے شاید کسی اور نے نہیں لکھا۔ میرا اُن کا جتنا قریب کا اور جتنا طویل ساتھ رہا ہے کم لوگوں کا رہا ہوگا اور مجھ سے زیادہ ان کے بارے میں رائے قائم کرنے کا موقع بھی شاید ہی کسی اور کو ملا ہو۔ اس سے بحث نہیں کہ وہ رائے صحیح ہے یا غلط! ذاکر صاحب کے بارے میں میں نے بہت سی ایسی باتیں اس انداز سے لکھیں کہ بعض بزرگوں نے میری چشم نمائی بھی خیر لائق ہیں تنبیہ ہوا لیکن اس پر ہنسی بھی آئی کہ دنیا میں ایسے لوگ بھی ہیں جو صرف یہ دیکھتے ہیں کہ کیا لکھا گیا، یہ نہیں دیکھتے کہ کون کس کے بارے میں لکھ رہا ہے! تکلف برطرف!!

میں ذاکر صاحب کو نہ ولی سمجھتا ہوں، نہ فرشتہ، نہ امام شریعت، نہ پیر طریقت، لیکن اتنا ضرور محسوس کرتا ہوں کہ بحیثیت مجموعی وہ فرزندان علی گڑھ میں بہت اونچے درجے پر فائز ہیں، بہت اونچے درجے پر۔

ہائی اسکول کو الوداع کہنے کے بعد عدالت دیوانی میں عارضی کلرکی ملی۔ اُس زمانے میں گورنمنٹ کے دفتر میں کلرک ہونا بھی بڑی بات تھی۔ کلرکی کرتا رہا اور کبھی کبھار ڈبل روٹی بھی کھا لیتا، لیکن خوشی سے پھول نہ سکا[1]۔ کس طرح سالہا سال کلرکی کی اور علی گڑھ کا طالب علم بھی رہا، کلرکی کے چکر میں کہاں کہاں گیا، کیا دیکھا، کیا گزری، اور اس کا اثر مجھ پر اور میری تحریر پر کیا پڑا بڑی طویل داستان ہے اور دلچسپ بھی۔ لیکن اس کو چھیڑے کون، اس لیے کہ پھر اس کا سمیٹنا بہت مشکل ہوگا۔ تمام زندگی میں یہی ایک موقع ایسا آیا تھا جب میں نے کلرکی کے نقد کو طالب علمی کے اُدھار پر ترجیح دی اور میرا عشق[2] بے خطر آتش نمرود میں کود پڑا۔ گو مجھے اس کا اعتراف ہے کہ میری عقل بھی کچھ اس طرح کی تھی کہ محوِ تماشائے لبِ بام ہونے میں بھی اس کو کافی خطرہ نظر آتا تھا۔ بہ ہر حال پھر میں نے تمام عمر نہ کبھی عشق کو منھ لگایا نہ آتش نمرود کے منھ لگا۔

میں بڑے تردد اور ناکسی کے عالم میں بریلی[3] سے (Line) لائن

۱۔ اکبر کا مشہور مصرعہ ہے۔

کھا ڈبل روٹی، کلرکی کر، خوشی سے پھول جا!

۲۔ اقبال کا شعر ہے۔

بے خطر کود پڑا آتشِ نمرود میں عشق
عقل ہے محوِ تماشائے لبِ بام ابھی!

۳۔ یہ گاڑی آج بھی اسی حلیہ و رفتار سے انھیں اوقات میں بریلی اور علی گڑھ (بقیہ ص ۶۸)

سے دس بجے رات کو علی گڑھ پہنچا تھا۔ کالج کے ہم سفر طلبا نے حال پوچھے بغیر صرف ہیئت و حالت دیکھ کر میری دلداری نہ کی ہوتی اور اپنے ساتھ لاکر اپنا ناشتہ کھلا کر اپنے کمرے پر، اپنی چارپائی اور بستر پر جگہ دے کر، خود کہیں اور جاکر ساتھیوں کے جھگھٹے میں ہوحق میں بسر نہ کردی ہوتی تو شہر جاکر معلوم نہیں کہاں قیام کرتا اور میرا کیا انجام ہوتا! ایک درماندہ اجنبی طالب علم کے ساتھ علی گڑھ کے ہم سفر طالب علموں کی یہ بے ساختہ دوستی اور دردمندی آج بیالیس سال بعد بھی میرے دل کو اس طرح شاداب اور شادماں کرتی ہے جیسے کل کا واقعہ ہو!

پڑھنے کو کالج میں داخلہ ملا اور رہنے کو کچی بارک میں جگہ ملی۔ اس زمانے میں جون میں داخلہ ہوجاتا۔ تعطیل کلاں برسات میں ہوتی اور کالج وسط اکتوبر میں کھلتا۔ نئے پرانے طلبا کے ملنے پر جتنی تفریحیں ہونے والی ہوتیں وہ جون سے وسط جولائی تک ختم ہوجاتیں۔ موسم کے اعتبار سے جون جولائی کا

(باقی صفحہ ۶۷ کا) کے درمیان سرگرم سیر رہتی ہے جیسی کبھی رہی ہوگی۔ وہی ڈبے یا ویسے ہی ڈبے وہی سیٹی، وہی گھرگھراہٹ جو آج سے چالیس بیالیس سال قبل تھی، جب میں پہلے پہل علی گڑھ آیا تھا! جیسے پوری گاڑی کسی آسیب کی زد میں ہو اور تا حشر اسی طرح آتی جاتی رہے گی۔ روحانیت کے کسی ماہر سے تحقیق کرائی جائے تو کچھ تعجب نہیں، اسی زمانے کے ڈرائیور، گارڈ اور کوئلہ جھونکنے والوں کی ارواح اسی ٹرین میں اسیر سفر مل جائیں!

مہینہ علی گڑھ میں جس آزمائش کا ہوتا تھا اُس سے کچھ اُسی عہد کے طلبا واقف ہیں، بالخصوص کچی بارک کے طلبا۔ یہ فطرت اور ارباب کالج کی ستم ظریفی تھی یا سازش، کہ داخلے اسی زمانے میں ہوتے تھے اور ہر نیا لڑکا آگ اور پانی کی آزمائش سے گزر کر ہمیشہ کے لئے موسم آزمودہ اور سرد و گرم چشیدہ ہو جاتا۔ ابتدا کے دو تین ہفتے بڑی تکلیف و تذبذب میں گزرے۔ کیسی کیسی مصیبتیں اُس زمانے میں جھیلیں! خیال آتا ہے تو اپنے آپ پر ترس بھی آتا ہے، ہنسی بھی آتی ہے اور فخر بھی ہوتا ہے! اگر اس سے پہلے کا ایک سال اُس سے بھی زیادہ کوفت و کلفت کا نہ گزرا ہوتا تو شاید علی گڑھ سے جوں کا توں واپس چلا جاتا۔

اُس زمانے میں (۱۹۱۵ء میں) کالج کی شوکت و شہرت پورے عروج پر تھی۔ کھیل میں، لکھنے پڑھنے میں، یونین کی سرگرمیوں میں، یورو پین وضع قطع، رئیسانہ طور طریقوں اور شریفانہ رکھ رکھاؤ میں، چھوٹے بڑوں کے آپس کے سلوک میں، غرض اُس وقت کے معیار سے زندگی کا ہر پہلو بابرکت اور بارونق نظر آتا تھا اور ایک طرح کی آسودگی، احترام اور آرزومندی کی فضا چپے چپے پر چھائی ہوئی تھی۔

جس کسی نے کچی بارک (سید محمود کورٹ) دیکھا نہ ہو وہ اندازہ نہیں کر سکتا کہ کچی بارک کیا چیز تھی! کوئی عمارت تھی، عبادت تھی، علامت یا حادثہ یہ سب تھی۔ ان کے علاوہ کچھ اور بھی! ایسی زار و زبوں عمارت اس وقت کالج کے رقبہ میں کہیں اور نظر نہ آتی تھی۔ معلوم نہیں کس کی بنی ہوئی کھرل

کی چھت، مٹی کی دیوار و در، نہایت درجہ نیچا، بودا، بوسیدہ برآمدہ جس کی کڑیاں جگہ جگہ سے گل بھی گئی تھیں اور کھسک بھی رہی تھیں۔ جن میں لکڑی کے آڑے ترچھے طرح طرح کے پیوند لگائے گئے تھے۔ جون کی گرمی اور آندھی میں ایسا معلوم ہوتا جیسے پوری بارک مٹیالی گرم و دری دھول اور دھند میں جھول رہی ہو۔ کانپتی، کوستی، کراہتی، کھانستی!

شام کو موسم کی سختی کم ہو جاتی تو لڑکے غسل کر کے صاف سفید کپڑے پہن کر باہر نکلتے اور ایک دوسرے کو چاہے وہ کتنے ہی فاصلے پر کیوں نہ ہوتا، پکار کر کوئی تفریحی جملہ کہتے یا فقرہ کستے، جیسے مبارکباد دے رہے ہوں کہ موسم کو زیر کر لیا ہے، یا جیسے دوسری جنگ عظیم میں لندن والوں کو سائرن (Siren) سے مطلع کیا جاتا کہ دشمن کے ہوائی جہاز سے فضا صاف تھی! رات گئے دیر تک طرح طرح کی چہل پہل اور دھوم دھام رہتی۔ ایک طرف اس زمانے کے علی گڑھ کا وہ طنطنہ، دوسری طرف یہ کچی بارک! ہر حیثیت اور ہر درجے کے گھرانوں کے لڑکے ان میں آباد تھے۔ لیکن باوجود طرح طرح کی تکالیف اٹھانے کے ایک متنفس نے بھی کبھی اس کی شکایت نہ کی کہ کچی بارک میں رہنا صحت، عافیت حیثیت، شان یا شرافت کے خلاف تھا۔ یہی نہیں بلکہ کتنے اس کی آرزو کرتے کہ کچی بارک میں جگہ مل جائے!

اس زمانے کی کچی بارک کی صبح و شام اور زمین و آسمان کا خیال کرتا ہوں تو تصور میں ریگستان کا وہ منظر آ جاتا ہے جہاں "خضر راہ"

ہیں اقبال نے کہا ہے :۔

"ریگ کے تودے پہ وہ آہو کا بے پروا خرام

وہ حضر بے برگ و ساماں، وہ سفر بے سنگ و میل!"

پھر کچھ ایسا محسوس ہونے لگتا جیسے ملّت مصطفوی کا اس جہان میں یہی نقشہ اور یہی نوید ہے! وہی بدویوں کا سا حال جو ریگستان کی ہر طرح کی سختی جھیلیں گے، لیکن منزل پر اتریں گے تو ہر چھوٹی بڑی نعمت کا حق اور ہر چھوٹے بڑے کا حق ادا کیے بغیر نہ رہیں گے!

ایک سال بارش کی شدت ہوئی اور کئی دن تک بند نہ ہوئی۔ خیال کیا جاسکتا ہے کہ کچی بارک کا کیا حال ہوا ہوگا۔ کبھی معلوم ہونے لگتا کہ

"ناچتے ہیں پڑے سر بسر در و دیوار"

اور کبھی محسوس ہوتا کہ :۔

"ہو گئے میرے دیوار و در در و دیوار!"

ہم سب کمروں سے نکل کر برآمدے میں کھڑے ہو گئے۔ سیّد محمود کورٹ مشرقی سے نعرہ بلند ہوا، اس کا جواب فوراً مغرب سے دیا گیا۔ طے کیا گیا کہ محصور ہو کر برسات کا مقابلہ کرنا ناکام رہا۔ اب میدان میں دادِ شجاعت دینی چاہیے سب موسلا دھار بارش میں جا کھڑے ہوئے کچی بارک کے وسیع صحن میں ڈنڈ اور دھوم مچی، تھوڑی دیر میں کیا دیکھتے ہیں کہ ٹول صاحب (کالج کے پرنسپل) گھوڑے پر سوار بھیگتے چلے آرہے ہیں۔ موصوف ایسے ہی کبھی سال چھ مہینے میں کسی بورڈنگ ہاؤس کے آس پاس سے گزر جایا کرتے۔ ان کا

اس طرح کا گزر کا بھی ایک حادثہ قرار دیا جاتا۔ پوچھا "کیا ہو رہا ہے"؟ ہم میں ایک بڑا ہی بے فکرا اور بے جھجک تھا آگے بڑھ کر بولا۔

"جناب والا، طوفان آزمائی ہے"! ٹول صاحب مسکرائے اور "مبارک ہو"! کہہ کر فوراً ہی گھر واپس چلے گئے جیسے کچھ ہوا ہی نہیں رہا تھا!

میں نے کچی بارک پر "گل منزل" کے عنوان سے کئی نمبروں میں اُس زمانے کے کالج میگزین (علی گڑھ منتھلی[1]) میں مضامین لکھے تھے۔ طنز و ظرافت کے انداز میں لکھنے کی یہ میری سب سے پہلی کوشش تھی۔ اسی طرح کے چند مضامین کچھ عرصہ بعد "سیاحت برما" کے عنوان سے لکھے جو "میگزین" میں شائع ہو کر

---

[1] کالج کے اس مشہور علمی رسالے کا نام "منتھلی" کے بجائے "میگزین" میری درخواست پر قرار پایا۔ اُردو ہی نہیں انگریزی حصے کی ادارت بھی طالب علمی کے زمانے میں میرے سپرد کی گئی تھی۔ ورنہ اس سے پہلے دونوں سکشنوں کے علیحدہ علیحدہ ایڈیٹر ممبران اسٹاف (Staff) سے مقرر ہوتے تھے۔ کالج آیا تو پروفیسر اکٹرلونی، اُن کے بعد پروفیسر اے۔ ایف رحمٰن حصہ انگریزی کے اور قاضی جلال الدین صاحب اردو کے نگراں اور ایڈیٹر مقرر ہوئے۔ میرے بعد طلبا کی جماعت سے انگریزی اور اردو کے علیحدہ علیحدہ ایڈیٹر اور سٹاف سے نگراں مقرر ہونے لگے۔ یہ قاعدہ آج تک جاری ہے۔ میں نے اردو کے انداز کے انگریزی مضامین بھی "بوہی مین" (Bohemian) کے نام سے لکھے تھے اس طرح کے لیکن ان سے بہت بہتر مضامین ذاکر صاحب نے (RIP) (رپ) کے نام سے تحریر فرمائے تھے جو بہت مقبول ہوئے۔ لکھنے کا حوصلہ، لکھنے کی مشق اور بھلا بُرا لکھنے کی شہرت، یہ سب مجھے "علی گڑھ میگزین" کے (بقیہ ص… پر)

مقبول ہوئے۔ یہ اُس سفر کے تجربات یا تاثرات تھے جو ڈیوٹی ڈیپوٹیشن (Duty Depulation) کے سلسلے میں کلکتہ، چاٹگانگ، میمیو کے دورے میں پیش آئے تھے۔ جو اصحاب اس عہد کے علی گڑھ سے واقف نہیں وہ اندازہ نہیں کر سکتے کہ ادب، زندگی، تنقید اور آرٹ کے کیسے کیسے فرعون اور موسیٰ اس وقت کالج میں موجود تھے۔ ان کا فرسٹ ایئر (First Year) کے ایک شکستہ حال طالب علم کی ہمت افزائی کرنا کتنا عجیب واقعہ تھا۔ اس کا ایک تعجب ہے کہ اُس زمانے میں میں نے تفریحی انداز کا مضمون کیوں لکھا اس لئے کہ یہ دَور مجھ پر بڑی سختی کا گزر رہا تھا اور سمجھ میں نہیں آتا تھا کہ میرا کیا ہونے والا تھا اور کیا کرنا ہوگا!

اب سوچتا ہوں تو کچھ ایسا محسوس ہوتا ہے کہ جس بات نے مجھ سے یہ مضمون لکھوایا جس نے مجھے زندگی اور ادب کے اس ڈھرّے پر ڈال دیا۔ وہی میری تقدیر تھی جو کچھی بارک کی صورت و معنی میں مجھ پر منکشف ہوئی۔ جو میری تحریر اور طور طریقوں میں جب، جہاں اور جس طرح چاہتی ہے جلوہ گر ہو جاتی ہے۔ نہ وہ مجھ سے جدا ہوتی ہے، نہ میں اُسے جدا کر سکتا ہوں! در اصل میں تمام عمر کچھی بارک ہی رہا اور اب بھی ہوں!

پہلے پہل مجھے کالج کی ظاہری شکل پسند نہ آئی۔ قدم قدم پر ایسے لوگوں سے سابقہ پڑتا جو طرح طرح کی اُردو، طرح طرح کے تلفظ اور لہجے سے بولتے تھے! اُس زمانے میں میرا کچھ ایسا خیال تھا کہ ہر جگہ اسی قسم کی اُردو بولی جاتی ہوگی جیسی جونپور کے ثقات بولتے تھے۔ علی گڑھ میں ہندوستان کے دور دراز گوشوں سے آئے ہوئے ساتھیوں کی اُردو سننے میں آئی تو کچھ ایسا

(باقی ص ۲ کا) طفیل نصیب ہوئیں۔ اتنا اور اس طرح کا نفع "میگزین" نے میرے علاوہ شاید ہی کسی اور کو پہنچا ہو۔

محسوس ہوا جیسے اپنے دیار کے اشخاص کے علاوہ دوسرے لوگ غیر متمدّن سے تھے! ظاہر ہے یہ تاثرات کلیتہً احمقانہ تھے، لیکن بہت دنوں بعد جب میں خاصا کم احمق رہ گیا تھا، سر اقبال مرحوم سے پہلے پہل شرف نیاز حاصل کرنے لاہور گیا، تو مرحوم کا اُردو کا لہجہ اور تلفّظ سن کر ایک لمحہ کے لئے دم بخود ہو گیا۔ تلفظ کے ناہموار ہونے سے زبان کتنی غیر معتبر معلوم ہونے لگتی ہے!

اُردو کا ذکر یہاں یقیناً بے محل ہے۔ لیکن اس سے مقصود اپنی ایک نفسیاتی اُفتاد کا اظہار ہے۔ لیکن صحیح یا غلط، اور معلوم نہیں کیوں اور کب سے یہ بات میرے دل میں بیٹھ گئی تھی کہ زبان کے علاوہ اُردو بہت کچھ اور بھی ہے! جیسے ایک قیمتی ورثہ، ایک قابل قدر روایت، ایک نادر آرٹ، ایک مسحور کن نغمہ، قابل فخر کارنامہ، کوئی پیمان وفا یا اِس طرح کی کتنی اور باتیں جو محسوس ہوتی ہیں لیکن بیان نہیں ہو پاتیں۔ چنانچہ کسی کو غلط اُردو بولتے سُنتا تو سمجھتا کہ بولنے والا قابل اعتنا نہ تھا یا کسی معذوری میں مبتلا ہے، تو ہماری ہمدردی کا مستحق ہے۔ رفتہ رفتہ جب یہ دیکھنے میں آیا کہ اُردو پر طرح طرح کے الزام لگائے جا رہے ہیں اور اس کو زک پہنچانے اور ختم کر دینے کے اہتمام ہو رہے ہیں تو معلوم نہیں کتنے حجابات آنکھوں کے سامنے سے دور ہو گئے اور اُردو کا جو اب حال ہوا ہے اس سے یقین آچلا ہے کہ اس کے بارے میں ابھی ابھی جس حسن ظن کا اظہار کر چکا ہوں وہ غلط نہ تھا۔

دوسری بات جو عجیب معلوم ہوئی یہ تھی کہ لوگ آپس میں مل بیٹھتے تو اکثر اس پر فخر یا رشک کرتے کہ فلاں صاحب شاعر ہیں یا فلاں شخص بڑی

اچھی اُردو بولتا ہے! میں نے جونپور میں اس کثرت سے شاعر دیکھے تھے کہ سمجھنے لگا تھا کہ ہر اُردو داں شاعر ہوتا ہے اور جو نہیں ہوتا وہ میرا ہی جیسا گیا گزرا ہوتا ہے! شاعر ہونا ایسی کوئی بات نہیں۔ پھر اس پر تعجب کیوں کیا جاتا ہے کہ فلاں شخص اچھی اُردو بولتا ہے!

ایک دن مولانا سہیل سے جو ابتدا سے میرے "نگہبان فرشتہ" کی حیثیت اختیار کئے ہوئے تھے اپنے یہ وسوسے بیان کئے۔ مولانا کمرے میں کھڑے تھے اتفاق سے کمرہ بھی مولانا ہی کا تھا۔ وہیں اکڑوں بیٹھ گئے۔ بولے "ارے بھائی، ٹکسالی اُردو ہمارے دیار کیا لکھنؤ تک میں نہیں بولی جاتی ہم سب تو کتابی اُردو بولتے ہیں۔ رہا شعروشاعری کا معاملہ تو یہ کچھ جونپور ہی پر موقوف نہیں، ہر جگہ اس کی گرم بازاری ہے۔ ہندوستان کے دور افتادہ خطوں میں اُردو کا شاعر ہونا پڑھے لکھے اور مہذب ہونے کی نشانی سمجھتے ہیں۔ لیکن یہ لازم نہیں کہ جو شخص اُردو کا شاعر ہو وہ صحیح اور اچھی اُردو بھی بول سکتا ہے! اچھا دیکھو کسی دن تم کو ٹکسالی اُردو سنواؤں گا۔ پھر کچھ تھک سے گئے اور اپنی چارپائی کا سہارا لے کر فرش پر بیٹھ کر دونوں پاؤں پھیلا دئے۔ بولے،" فارسی لے رکھی ہے؟" میں نے کہا "جی ہاں" کہنے لگے "دیکھو کلاس وغیرہ میں وقت ضائع نہ کرنا، میں پڑھا دوں گا۔ کون کون سے مصنف ہیں؟" میں نے دو ایک کے نام لئے تو بولے "لاحول ولاقوۃ، میں نہ پڑھاؤں گا کلاس ہی میں پڑھ لینا!"

کم لوگوں کو فارسی کے کلاسیکی (Classical) ادب پر اتنا عبور

ہوگا جتنا مولانا سہیل کو تھا۔ جن لوگوں نے فارسی میں ایم۔ اے، لے رکھا تھا اور مولانا کے دوست یا عقیدت مند تھے اُن کو خاقانی اور عرفی کے قصائد مولانا پڑھایا کرتے۔ وہ بھی اس طور پر کہ جاڑے کا موسم اور رات کا وقت ہوتا۔ مولانا سردی سے گھبراتے تھے اس لئے سر سے پاؤں تک اوُن اور روئی میں ملفوف لیٹے رہتے اور لحاف کے اندر سے بلا کسی تامل کے یا دوبارہ شعر پڑھائے بغیر مطلب بیان کرتے جاتے۔ یہی نہیں، بلکہ جہاں کہیں کتابت یا طباعت کی غلطی ہوتی اس کی تصیح بھی کرتے جاتے کوئی بات خواہ مخواہ یا بے تکی کہی گئی ہوتی تو مطلب بیان کرکے لاحول بھی پڑھ دیتے۔ غالب عرفی اور نظیری کی شاعری کے نکات اور نزاکتیں واضح کرنے میں مولانا کو کمال تھا۔ جہاں تہاں مماثل اشعار علامہ شبلی کے سناتے جاتے!

ذہن کی درّاکی میں سہیل صاحب کسی کو اپنے برابر نہیں سمجھتے تھے سوا ذاکر صاحب کے، گو دبی زبان سے یہ بھی کہہ دیا کرتے کہ یہ مولانا کی مسلسل خرابی صحت کے باعث تھا۔ شاعری میں علامہ شبلی کا اور تفہیم قرآن میں مولانا حمیدالدین فراہی کا نام بڑے احترام سے لیتے۔ ذاکر صاحب اور یہ مولانا کے ساتھ کالج میں کم و بیش چار سال رہے۔ دن رات کا اٹھنا بیٹھنا، کھانا پینا، بات چیت، سیر سفر، رنج و راحت میں ایک دوسرے کے شریک رہے۔ گفتگو یا مباحثے میں فارسی اور اُردو کے سربرآوردہ شعرا کے چیدہ اشعار مولانا کی زبان پر اتنے برمحل آتے کہ اکثر شعر ہی سُن کر محفل کا رنگ بدل جاتا!

یونین میں ایک موضوع پر دیر تک جوشیلی تقریریں ہوتی رہیں۔ مولانا سہیل بغیر درخواست اور اصرار کے تقریر نہیں کرتے تھے۔ ذاکر صاحب کا بھی یہی دستور تھا۔ اِصرار بڑھا تو مولانا آمادہ ہو گئے۔ تقریر اس شعر سے شروع ہوئی۔

قمریاں پاس غلط کردۂ خودمی دارند ورنہ یک سرو دریں باغ باندام تو نیست!

اُردو کا کیا ذکر طلبا میں فارسی کے ایسے اور اتنے سخن فہم موجود تھے کہ شعر سنتے ہی واہ، واہ سے مجلس گونج اٹھی کیوں کہ بحث میں حصّہ لینے والوں پر یہ شعر بڑی خوبی سے چسپاں ہوتا تھا۔ اس پر تقریباً آدھے گھنٹے تک مولانا کی کبھی حکیمانہ، کبھی شاعرانہ تقریر، یہ معلوم ہوتا تھا جیسے آج جیسی پُرلطف اور پُرمغز تقریر یونین میں کبھی نہ ہوئی ہو!

اسی طرح کا ایک اور واقعہ یاد آتا ہے۔ ایک موضوع کی مخالفت میں بڑے مزے کی تقریریں ہوئیں۔ محرّک کالج کے "سرو قداں، سیم تناں"، میں شمار ہوتے تھے۔ اُن کی تائید میں غالباً کوئی تقریر نہیں ہوئی یا ہوئی بھی تو بہت معمولی درجے کی۔ لوگ تقریباً طرح طرح کے آوازے کسنے لگے۔ خلافِ معمول مولانا نے تقریر کی اجازت مانگی اور محرّک کی تائید کرنے ڈائس (Dias) پر آئے اور شروع اس شعر سے کیا:۔

دلم بہ پاکیٔ دامانِ غنچہ می لرزد کہ بُلبلاں ہمہ مستند و باغباں تنہا!

حاضرین سے نعرہ تحسین بلند ہوا۔ دیر تک یہ عالم رہا۔ رائے شماری ہوئی! تو قریب قریب سب کے ہاتھ محرّک کی تائید میں اٹھے

جیسا کہ ذکر ہو چکا ہے غالب عرفی اور نظیری کے مولانا بڑے قائل تھے۔ اُن کے اور دوسرے اساتذہ کے اتنے اچھے اشعار ہم سب کو سناتے اور ان کی خوبیوں کو اس مبصرانہ اور دل نشین انداز سے واضح کرتے کہ محسوس ہونے لگتا جیسے شعر و ادب کا ذوق رکھنا بہت بڑی نعمت تھی! ظہوری کی نثر اور ذوق کی شاعری پسند نہ تھی۔ اس زمانے میں ذوق اور غالب کے حلقے قائم ہو گئے تھے جہاں ایک کی خامی اور دوسرے کی خوبی پر بڑے شد و مد سے بحث ہوا کرتی۔ مولانا نے وقتاً فوقتاً ذوق کی ایسی کرمی اور کبھی کبھی استہزائی اور تفریحی تنقید کی اور غالب کی شاعرانہ عظمت کا سکہ بٹھایا کہ کالج میں ذوق کا کوئی حمایتی نہ رہا اور جو کبھی تھا بھی وہ منہ چھپاتا پھرتا! شعر و ادب کے معاملے میں ذرا بھی بدمذاقی[1] دیکھی یا ساتھیوں کی زبان سے کوئی ایسا فقرہ نکل گیا جس میں زبان کی غلطی یا ذوق کی پستی پائی جاتی تو فوراً ٹوک دیتے۔ خفا کبھی نہ ہوئے اور جو باتیں سکھانے بتانے کی ہوتیں ان کو طرح طرح سے ذہن نشین کرانے کی کوشش کرتے۔ ان کی ذہانت کی بے اختیار داد اس وقت دینی پڑتی تھی جب وہ کسی دقیق مسئلہ کو کسی بڑی ہی معمولی یا مضحک مثال سے واضح کر دیتے تھے۔ عرفی کی طرح مولانا

---

[1] مولانا نے ایک بار فرمایا: "سجاد انصاری کہا کرتے تھے کہ اگر پڑھے لکھے شخص سے شعر و ادب کے بارے میں کوئی زیادتی وقوع میں آئے تو اُسے نالائقی کہنا چاہیے۔ ملا مولویوں سے ہو تو بدتوفیقی، اور عام لوگوں سے ہو تو بدمذاقی"!!

کی بھی اُفتادِ طبع "سینیر (Senior) شکنی" تھی اسی سبب سے وہ علم و ادب کے "منصب داروں" یا "سجادہ نشینوں" میں مقبول نہ تھے!

کچھ لوگ مولانا سے غزل لکھوا کر مشاعرے میں پڑھتے تھے۔ یہ ہمیشہ ہر جگہ ہوتا آیا ہے۔ ایسے حضرات مولانا سے وعدہ لے لیتے تھے کہ جس مشاعرے میں وہ غزل پڑھی جائے گی، مولانا اس میں شرکت نہ فرمائیں گے۔ اس لئے کہ اکثر ہوتا یہ کہ مولانا اس غزل کے متعلق کچھ ایسے فقرے بے خبری یا بے اختیاری میں فرما جاتے کہ پڑھنے والے کا بھانڈا پھوٹ جاتا۔ اس سلسلے میں ایک صاحب نے جو مولانا کے دوست بھی تھے، مولانا سے اچھا مذاق کیا۔ انجمن حدیقۃ الشعر کی طرف سے یونین میں مشاعرہ منعقد ہونے والا تھا۔ یہ صاحب مولانا سے ایک غزل اپنے لئے لکھوا کر لے گئے۔ باری آئی تو پڑھنے سے پہلے اِدھر اُدھر نیچے اوپر دیکھنے لگے، جیسے کسی کی تلاش مقصود تھی۔ صدر نے دریافت کیا کہ معاملہ کیا تھا تو بولے "حضور والا دیکھ رہا ہوں مولانا سہیل تو نہیں موجود ہیں!" سب سمجھ گئے اور یکبارگی بڑے زور کا قہقہہ بلند ہوا۔ تھوڑی دیر بعد خاموشی کا تسلّط ہونے لگا، تو صدر نے فرمایا "آج کا مشاعرہ.......... صاحب کے ہاتھ رہا!" اس پر پہلے سے بھی زیادہ زور کا قہقہہ بلند ہوا!

مولانا نیز ہم سب کو ذاکر صاحب مغرب کے جدید علوم اور نظریوں سے آشنا رکھتے تھے۔ لٹن لائبریری، یونین اور معلوم نہیں اور کہاں کہاں سے نئی نئی باتیں اور نئے نئے اشعار یاد کر لاتے اور ہم سب کو سناتے

ان پر مولانا تبصرہ کرتے اور صلے میں ہم سب کے لئے بہ طیب خاطر اور کبھی بادل ناخواستہ خوانچے والوں سے پھل، فیرینی یا کباب خرید دیتے! شعر و ادب کا صحیح و صالح ذوق پیدا کرنے، تنقید کا علمی انداز عام کرنے نیز گفتگو اور روزمرّہ کے مشاغل کے آداب میں شائستگی ملحوظ رکھنے کی مولانا نے ایک روایت قائم کر دی تھی!

انگریزی حکومت، انگریزی طور طریقوں اور خود انگریزوں سے ہمیشہ بیزار رہے۔ ایسا معلوم ہوتا ہے جیسے یہ بیزاری اُن کی فطرت میں داخل ہو گئی ہو۔ سبب یہ تھا کہ غدر کے بعد مسلمان علما اور شرفا پر انگریزی حکومت نے جو ستم ڈھائے اُس کا ان پر بہت اثر تھا۔ اس طرح کے واقعات کبھی کبھی بڑی حسرت والم سے سناتے۔ اُردو شاعری کو سیاسی نظمیں شبلی اور ظفر علی خاں نے دیں، لیکن غزل میں سیاسی طنز کے نوک و نشتر سہیل کا عطیہ ہے۔ مولانا محمد علی کی غزلوں میں بھی یہ رنگ جھلکتا ہے۔ سہیل میں یہ بات شبلی سے آئی۔ لیکن نشتریت کا التزام ارادی اور شعوری طور پر جتنا سہیل کی غزلوں میں ہے اتنا نہ شبلی کے یہاں ہے، نہ محمد علی یا حسرت کے یہاں!

حسرت سیاست میں اتنے عملی، غزل میں اتنے مجازی اور شخص کے اعتبار سے اتنے مخلص، بے تکلف اور بے محابا واقع ہوئے تھے کہ غزل میں سیاسی طنز کا رچا ہوا رنگ جو شبلی اور سہیل کا تھا دیر تک وہ اسے نباہ نہ سکتے تھے۔ طنز یوں بھی مشکل فن ہے پھر سیاسی طنز کو غزل میں سمونا ہو

تو دشواری کئی گنا زیادہ ہو جاتی ہے، اس لئے کہ ادب اور شاعری میں سیاست کا رنگ و آہنگ دینے میں احتیاط نہ برتی جائے تو وہ وقتی ہو کر کلام کو بے کیف اور آگے چل کر بے وقعت بنا دیتی ہے۔ غزل گوئی کو رسمی اور روایتی طرز سے نکال کر سیاسی طرز سے اس طرح آشنا کرانا کہ غزل اور طنز دونوں کا حق ادا ہو جائے ہشیل کا بڑا اہم اور قابل قدر کارنامہ ہے! اس رنگ میں ان کا ہمسر اب تک نظر نہ آیا۔ بعض ترقی پسند شعرا کی غزلوں میں یہ انداز جھلکنے لگا ہے، لیکن فیض کے علاوہ کوئی ایسا نہیں ہے جس کی غزلوں کے بارے میں کہہ سکیں کہ وہ سیاسی طنز کے اہم مطالبات کو پورا کرتی ہیں!

وطن، خاندان، ماحول، معتقدات، تعلیم و تربیت، رہن سہن کے اعتبار سے مولانا قطعاً مشرقی اور مذہبی واقع ہوئے تھے۔ بایں ہمہ علمی مسائل کو علمی نقطۂ نظر سے دیکھنے پرکھنے یا شعر و ادب میں اصلاح و ترقی کے رجحانات کو پہچاننے اور اس کی تائید کرنے میں کسی سے پیچھے نہ تھے۔ ہر مسئلے پر اظہار خیال کرنے میں اس کا لحاظ رکھتے کہ نقطۂ نظر وہ ہو جس کا مسئلہ مطالبہ کرتا ہو نہ یہ کہ ہم آپ کیا چاہتے ہیں! سجاد انصاری مرحوم کے ذوق ذہانت اور اسلوب نگارش کے بڑے معترف تھے۔ میں علی گڑھ آیا تو انصاری علی گڑھ سے جا چکے تھے۔ خط و کتابت اکثر رہی، ملاقات کبھی نہ ہوئی۔ مرحوم کی تحریریں مجھے بہت پسند تھیں۔ اور اب بھی ہیں۔ ان کے مضامین کی طباعت و اشاعت انصرام

میں نے بڑے شوق سے کیا تھا۔ مرحوم کا مشہور ڈرامہ "روزِ جزا" وفات کے مدتوں بعد تمام و کمال سہیل میں اور بقیہ مضامین اس سے قبل "علی گڑھ میگزین" میں شائع کر چکا تھا۔ مرحوم کے سارے مضامین بعض بزرگوں کے نزدیک مذہبی نقطۂ نظر سے قابلِ گرفت تھے، اس لئے مسلم یونیورسٹی کے نصاب سے خارج کر دیے گئے۔ یہ کوئی ایسا غیر معمولی حادثہ نہ تھا۔ اکثر مصنّفین اور ان کی تصانیف کو ہر دور میں اس طرح کے دن دیکھنے نصیب ہوئے ہیں، بلکہ اس سے بھی بُرے دن۔

پھر علی گڑھ پر ایک وقت ایسا آیا جب سیاست نے مذہب سے یا مذہب نے سیاست سے رشتہ جوڑ کر یہاں کی فضا کو اس قابل نہ رکھا

سلہ یہ ایک سہ ماہی ادبی رسالہ تھا جو میں نے انجمن اُردوئے معلّٰی کی طرف سے ۱۹۲۶ء میں نکالا تھا جو ۱۹۲۶ء تک باقاعدہ شائع ہوا۔ علمی حلقے میں اسے بڑی شہرت نصیب ہوئی۔ کہا جاتا تھا کہ اس وقت تک اُردو میں اس پایہ کا کوئی دوسرا رسالہ شائع نہیں ہوا تھا، کتابت، طباعت، مضامین، تصاویر، ہر اعتبار سے۔ علّامہ اقبال کا تازہ کلام، عبدالرحمٰن چغتائی صاحب کا، نیز یوروپین باکمالوں کی بنائی ہوئی مشہور تصاویر اس میں شائع ہوتی رہیں۔ مستند روسی ادیبوں کے افسانوں کے اُردو تراجم غالباً سب سے پہلے خواجہ منظور حسین صاحب نے اور ان کے بعد جلیل احمد قدوائی صاحب نے کئے تھے، ترکی ادب کے متعدد شاہکاروں کا اردو ترجمہ جو سید سجاد حیدر یلدرم مرحوم نے "سہیل" ہی کے لئے کئے تھے، اس رسالہ میں شائع ہوئے۔

کر علم وادب کی تحصیل وتحقیق اور سچائی کی جستجو کے ساتھ نوجوانوں کو صالح و صحت مند اقدار کو اپنا لے اور پھیلانے کی تلقین کی جا سکتی یا تربیت دی جا سکتی اور اس ادارے کی تاریخی بیش بہا روایات کو زیر و زبر ہونے سے بچایا جا سکتا۔ یہ حکایت بالکل لطیف نہیں ہے، اس لئے اس کو پھیلا کر بیان کرنے کی ایسی کوئی ضرورت بھی نہیں۔

بات دراصل یہ ہے کہ میرے جگر میں سارے جہاں کا درد کبھی نہیں رہا۔ میرے حوصلہ یا ہوس کی دنیا بہت محدود رہی۔ میں تو کھیل کود کر ہنس بول کر، آس پاس کے اپنے پرائے کے دکھ سکھ میں شریک ہو کر زندگی گزار دینا چاہتا تھا، اور یقین سا آچلا تھا کہ اس طرح کی زندگی علی گڑھ میں رہ کر یا علی گڑھ کے لئے بسر کر سکوں گا۔ لیکن ایک ایسا وقت آیا جب ناعاقبت اندیشی اور بے راہ روی کے ایسے مظاہرے دیکھے کہ غم و غیرت سے بے قرار ہو گیا! اس کا ذکر ضروری تھا اس لئے کہ اس حادثے نے میرے ذہن اور اسلوب تحریر کو بھی اس طرح متاثر کیا ہے کہ میں اس پر فخر نہیں کر سکتا۔

اقبالؔ کا مشہور مصرعہ مجھے اکثر یاد آیا ہے۔ ؎

جُدا دیں ہو سیاست سے تو رہ جاتی ہے چنگیزی!

سوچتا ہوں کہ دین اور سیاست کو ایک دوسرے سے جُدا رکھنے پر جس چنگیزی کا سامنا ہوگا وہ قابل قبول ہے یا دین کو سیاست سے جوڑنے میں جس چنگیزی کا سابقہ ہوگا وہ ق۔ بل

ترجیح ہے!

ایک دن مولانا نے مجھے ساتھ لیا۔ فرمایا "چلو تم کو دلّی کی زبان سنواؤں" چنانچہ ساتھ ہولیا، کچھ دیر تک کچّی پکّی بارکوں کے غلط کمروں میں اعتماد کے ساتھ داخل ہوتے رہے جیسے وہ کمرے اور اس میں رہنے والے مدّت سے جانے پہچانے ہوئے تھے۔ مولانا کو دیکھ کر کمرے کا رہنے والا تعظیماً کھڑا ہوجاتا تو مولانا لاحول پڑھتے ہوئے فوراً باہر آجاتے۔ یہ بتانا دشوار ہے کہ مولانا ارادتاً اپنی غلطی پر لاحول بھیجتے یا اضطراراً کمرے والے پر! بالآخر فضل الرحمٰن قدوائی (فجّی مرحوم) کے کمرے پر پکّی بارک پہنچے۔ پوچھا "آغا حیدرحسن نہیں آئے؟" مرحوم نے ملازم بھیج کر کہیں سے آغا صاحب کو بلوایا۔

موصوف دلّی کے رہنے والے ہیں۔ علی گڑھ میں تعلیم پائی، اب حیدرآباد میں رہ بس گئے۔ خوش اطوار، خوش گفتار، خوش لباس، سب سے الفت واحترام سے پیش آنے والے، شریفانہ رکھ رکھاؤ، نفاست اور نزاکت جیسے ان پر ختم ہوگئی ہو۔ دلّی کی زبان بالخصوص بیگمات کی۔ دِلّی کے کوچے، دلّی والوں کی سیر و تفریح، شادی غمی، طور تہذیب، رسم درواج، پہننے اوڑھنے، اٹھنے بیٹھنے سے جتنے یہ واقف ہیں شاید ہی کوئی ہو۔ اُس زمانے میں دِلّی کے میر باقر علی داستان گو سے ہم سب نے کئی داستانیں سُنی تھیں اور آغا حیدرحسن کی زبان سے دِلّی کے شریف گھرانوں کے معمولاتِ زندگی کی روئیداد بھی۔ خوش گفتاری اور داستان گوئی کا موازنہ کیا، لیکن

اتنا ضرور کہوں گا کہ جتنا لطف میر باقر علی کی داستان گوئی میں آیا اس سے کہیں زیادہ آغا حیدر حسن کی گفتگو میں آتا تھا۔ آغا صاحب کا تفصیلی تعارف کرانا آسان نہیں ہے، گو دل بہت چاہتا ہے اس لئے کہ اب شاید نہ دِلّی کی تہذیب دیکھنے میں آئے، نہ وہاں کی زبان سُننے میں اور ان ہستیوں اور اُن سرگرمیوں کے بارے میں کیا کہیے جن سے دِلّی عبارت تھی!!

مولانا نے میری طرف اشارہ کرکے کہا "بھئی آغا حیدر، ان کو دِلّی کی زبان سنوانے لایا ہوں، فجّی صاحب نے کہا: "آغا دہلی کے شرفا اور خواتین کی زبان 'کرخنداروں' کی نہیں!" اس زمانے میں مولانا سہیل کا کسی سے فرمائش کر دینا کہ "عرض ہنر کرو" مخاطب کی بڑی عزت افزائی تھی، یوں بھی آغا حیدر حسن مولانا کا بڑا احترام کرتے تھے۔ پھر تو آغا صاحب نے "گل افشانی گفتار" ہی نہیں "انداز گل افشانی گفتار" کا وہ رنگ دکھایا کہ میں دنگ رہ گیا، اور یہ سب اس طور پر نہیں جیسے کوئی رٹی ہوئی تقریر سنا رہا ہو بلکہ جیسے ہم آپ روزمرّہ کے واقعے پر بے تکلف بات چیت کر رہے ہوں! گفتگو میں عربی فارسی کا مشکل یا غیر مانوس لفظ نہیں، تلفظ میں کوئی تکلف یا نمائش نہیں، انگریزی کا لفظ یا فقرہ جیسے حاشیۂ خیال میں نہ آتا ہو، پھر زبان میں کس درجے نرمی اور روانی، لہجے میں کتنی حلاوت، باتوں میں کبھی شائستہ شوخی کبھی شوخ شائستگی جیسے حسرت کی غزل! انگریزی کے جو الفاظ عام ہوگئے ہیں ان کے بھی اتنے خوبصورت اور ہلکے پھلکے مترادفات جو شاید بیگمات دہلی ہی گھڑ سکتی تھیں، اس نرمی،

سہولت اور شائستگی سے آغا صاحب کی زبان پر رواں ہوتے تھے جیسے ریشم پر موتی غلطاں ہوں!

کچھ دنوں بعد سید آلِ عبا قادری مارہروی سے ملاقات ہوئی۔ یہ کالج میں اعجوبۂ روزگار تھے۔ ظرافتِ لسانی اور علم مجلس میں اپنا جواب نہ رکھتے تھے۔ بڑے بڑوں کی کور دبتی تھی۔ کالج ڈرامے ٹک سوسائٹی کے بے نظیر اداکاروں میں شمار ہوتا تھا۔ لکھنؤ کے ہر طبقے کی زبان پر اتنا عبور تھا کہ خود حضرات لکھنؤان کے اس کمال کا اعتراف کرتے تھے، یہ سارے اوصاف ان پر اس درجہ غالب آگئے تھے کہ اکثر یہ اندازہ لگانا دشوار ہو جاتا کہ سنجیدہ گفتگو کر رہے ہیں یا تفریحاً ایکٹنگ، مدتوں حیدر آباد میں بسلسلۂ ملازمت رہے۔ پھر دہلی آل انڈیا ریڈیو کے عملے میں آگئے۔ اب بھی وہی انداز ہیں۔ ملاقات ہو جاتی ہے تو کالج کا زمانہ بے اختیار دبے طرح یاد آنے لگتا ہے۔ سیّد صاحب کے مضامین کا مجموعہ شائع ہو چکا ہے، جن صاحبوں کو مطالعے کا اتفاق ہوا ہے وہ اندازہ کر سکتے ہیں کہ آغا صاحب اور سیّد صاحب نے اُس زمانے کے دہلی اور لکھنؤ کے ماحول و معاشرت کی کیسی دلکش عکاسی کی ہے۔ آغا صاحب کے مضامین "بے پر کی" کے عنوان سے آج سے تقریباً ۳۵۔۳۶ سال قبل ہیں نے علی گڑھ "میگزین" کی طرف سے شائع کئے جو بہت پسند کئے گئے تھے!

غالباً ۱۹۱۶ء کا زمانہ تھا۔ ایک دوست کو خط لکھا تھا کہ علی گڑھ

کی دو باتوں سے میں بہت متاثر ہوا۔ ایک یہاں کا کرکٹ میچ دوسرا جنازے کا قبرستان لے جانا۔ ایک کا ہمہمہ، دوسرے کا حزن، کالج میں ایک طالب علم کا انتقال ہو گیا تھا۔ اس کی میت کو جس محبت اور احترام کے ساتھ کالج کے قبرستان تک لے گئے وہ سماں اب تک حافظے میں تازہ ہے۔ جب سے آج تک ایم۔ اے۔ او۔ کالج کی بہت سی رسم و روایات میں تبدیلی راہ پا چکی ہے لیکن میت کو گورستان تک پہنچانے اور سپردِ خاک کرنے میں جو رکھ رکھاؤ پہلے دیکھنے میں آتا تھا آج بھی وہ قائم ہے۔ نمازوں میں بھی پہلی سی رونق نظر آتی ہے۔ جس سے یہ احساس ہوتا ہے کہ ہمارے نوجوانوں میں مذہب و اخلاق کی دی ہوئی پہلی سی طمانیتِ قلب چاہے باقی نہ رہی ہو لیکن مذہب و اخلاق سے ایسی بیگانگی بھی نہیں آئی۔ آج کل وہ جن حالات و حوادث سے دوچار ہیں اس کی وجہ سے ان کے دلوں میں مذہب و اخلاق کا احترام اور زیادہ جاگزیں ہو گیا ہے۔

مذہب کا دخل سیاسی اغراض کی بنا پر بھی ہو سکتا ہے جس کا دھندا کہیں اور نہیں تو ایشیائی ممالک میں کافی ہے لیکن بالعموم یہ شیوہ لیڈروں کا ہوتا ہے نوجوانوں کا نہیں جو بالطبع مخلص اور معصوم ہوتے ہیں اور ''اغراض'' سے زیادہ ''اقدار'' سے متاثر ہوتے ہیں۔ لیکن اس ستم ظریفی کا کیا علاج کہ سیاسی لیڈروں کی گرفت میں نوجوان سب سے پہلے اور سب سے موثر طور پر آتے ہیں۔ مسلمان یوں بھی مذہب کی گرفت سے

بڑی مشکل سے باہر ہو پاتا ہے اس لئے کہ اس کی دنیا اور دین ایک دوسرے سے علیحٰدہ نہیں رکھے گئے ہیں اور یہ بات اس درجہ اُس میں رس بس گئی ہے کہ وہ اکثر مذہب واخلاق کی پیروی بے ارادہ بھی کرنے لگتا ہے صحت مند نفسیاتی پرداخت میں اس بے ارادہ پیروی کو بھی دخل ہوتا ہے۔

۱۹۱۵ء میں طلبا اور اساتذہ کی تعداد نسبتاً بہت کم تھی۔ ان سے دور اور نزدیک کا رشتہ رکھنے والے مسلمان خاندان بھی آس پاس اس کثرت سے آباد نہ تھے جتنے تقسیم ملک سے چند سال پہلے تک تھے۔ اس لئے وفات کے سانحے بھی نسبتاً کم ہوتے تھے لیکن ہونے تو چرچا زیادہ ہوتا تھا جس طالب علم کی وفات کا ذکر اس وقت کر رہا ہوں اس کا جنازہ بڑی دقعت اور محبت کے ساتھ قبرستان لے گئے تھے۔ کم وبیش دو ہزار طلبا کا مجمع، اُن کے ساتھ اساتذہ اور دوسرے بہت سے لوگ ترکی ٹوپی، سیاہ ترکش کوٹ، اور سپید پاجامے میں ملبوس، سر جھکائے خاموش، ہموار قدموں سے مجمع قبرستان کی طرف بڑھ رہا تھا، جیسے اس سے زیادہ عقیدت واحترام، حسرت وحرماں اور راضی برضا رہنے کا کوئی اور موقع نہیں ہو سکتا تھا۔ جیسے میت کا احترام علی گڑھ کے طالبعلم جتنا جانتے تھے کوئی اور نہ جانتا تھا۔ جیسے یہ احترام ایک فریضہ تھا جس کے ادا کرنے میں ہر شخص اپنی نظر میں اپنے آپ کو گرامی محسوس کرتا تھا۔

میری طالب علمی کے زمانے میں علی گڑھ میں کرکٹ کے بڑے

زبردست میچ (Match) ہوئے۔ ہندوستان کی تقریباً ساری مشہور ٹیمیں آئیں اور دونوں طرف نامور کھلاڑی اور بولر (Bowler) بر سرِ کار دیکھے گئے۔ چار سال تک مسلسل علی گڑھ کی فیلڈ (Field) پر علی گڑھ کی جیت ہوئی ۱۹۱۵ء سے پہلے کا کرکٹ کا ریکارڈ (Record) اس سے بھی زیادہ شاندار رہا تھا۔ اس طرح کرکٹ کے کارناموں کی ایک قابلِ قدر روایت چلی آ رہی تھی۔ اور علی گڑھ کرکٹ کی فتوحات نے ایک حد تک ٹریڈیشن[له] (Tradition) کی حیثیت اختیار کر لی تھی۔

یہ آرزو بہت دنوں تک رہی اور اب بھی کچھ کم نہیں ہے، کہ علی گڑھ کرکٹ کی پوری داستان ان لوگوں کی مدد سے مرتب کر لی جاتی تو بڑا اچھا ہوتا جنھوں نے معرکے کے کھیلوں میں خود حصّہ لیا تھا یا اپنے پیشرؤوں سے مشہور میچوں کے حال سُنے تھے۔ ابھی ایسے لوگ زندہ ہیں جو اس کام میں مدد دے سکتے ہیں۔ اسی طرح کرکٹ کا ایک میوزیم Museum ہونا چاہیے جس میں ہر سال کی ٹیموں کے نام، اُن کے گروپ فوٹو، ٹرافیز (Trophies) مل سکیں تو مشہور کھلاڑیوں کے بَلّے۔ لیگ گارڈ (Leg guard) ہوستانے۔ ٹوپی۔ بلیزر۔ ان کی تصاویر۔ ان کی کھیل کی زندگی

له ٹریڈیشن (Tradition) روایات کا ایک پشت سے دوسری پشت کی طرف منتقل ہونا۔ نقلِ روایات۔

کے ناقابل فراموش واقعات یا لمحات۔ اُس عہد کے اسکورنگ بک-Scoring book) اور اس طرح کی دوسری چیزیں میوزیم کی زینت بنائی جاسکتی ہیں۔ کس کو معلوم اس طرح کے کتنے نوادر کن گوشوں سے برآمد ہوں۔ اور اس کتاب اور اس میوزیم کا ہمارے طلبا پر نسلاً بعد نسلٍ اچھا اثر پڑے گا۔

۱۹۱۸ء میں ہزہائی نس بھوپال (پرنس حمید اللہ خاں صاحب) کی کپتانی کا دور ختم ہو چکا تھا اور کالج کے کرکٹ فیلڈ (Field) یا کرکٹ نیٹ (Net ،) پر جس طرح کے آداب ملحوظ رکھے جاتے تھے وہ صرف علی گڑھ کا حصہ تھا۔ کرکٹ میچ ہو رہا ہو یا نیٹ پریکٹس (Net Practice) ناممکن تھا کہ سوا کیپٹن کے جو ضرورت کے احکام یا ہدایات نافذ کرتا تھا۔ کسی اور کو "مجال دم زدن" ہو، اور یہ کچھ کھیل کے میدانوں ہی پر موقوف نہ تھا بلکہ یونین (Union) ڈائننگ ہال۔ مشاعرے وغیرہ میں بھی کم وبیش اسی طرح کا نظم ملتا تھا۔

یہاں یہ بتانا مقصود نہیں ہے کہ اس زمانے میں لڑکے فرشتے ہوتے تھے یا غلام اور آقا کی طرح زندگی بسر کرتے تھے۔ حریفانہ چشمک سازی اور صف آرائی، کبھی کبھی دھول دھپا، یہ سب تھا۔ ٹیموں میں پارٹی بندی بھی رہتی تھی جو اپنا رنگ دکھاتی تو جہاں تہاں زک بھی اٹھانی پڑتی۔ لیکن بحیثیت مجموعی ناروا باتیں حدود سے تجاوز نہ کرنے پاتیں۔ اس سلسلے میں ایک واقعہ سُنیے۔ کرکٹ ٹیم ٹور (Tour) پر جانے والی تھی۔ ایک کھلاڑی اور کپتان سے کسی بات پر اختلاف آرا ہوا۔ کھلاڑی نے بطور

ٹو (Tour) پر جانے سے انکار کر دیا جس سے ٹیم (Team) کی طاقت کو نقصان پہنچنے کا اندیشہ پیدا ہو گیا۔ معاملہ کسی طرح رو براہ ہوتا نظر نہ آیا تو انگریز پرنسپل سے رجوع کیا گیا۔ موصوف نے کیپٹن کو ایک حکم نامہ بھیجا کہ اس کھلاڑی کو ٹیم کے ساتھ لے جاؤ کسی میچ میں کھیلنے نہ پائے اور ہر میچ میں آخر تک اسکورر (Scorer) کے پاس بیٹھ کر کھیل دیکھنے سے "لطف اندوز" ہو۔ اس فیصلے کی حرف بحرف تعمیل کی گئی۔

کرکٹ میچ کا اجتماع کتنا ستھرا اور شاندار ہوتا تھا۔ ہر طالب علم یونیفارم (Uniform) میں ملبوس ہوتا۔ یہ کہنے کی ضرورت نہیں کہ کلاس میں، کسی تقریب میں، یا ہوسٹل سے باہر کسی طالب علم کا بغیر یونیفارم کے پایا جانا ناممکن تھا۔ یہ بات علی گڑھ میں اس درجہ عام تھی اور اس سختی سے اس کی پابندی کی جاتی کہ اگر کسی موقع پر اپنے ہی کسی ساتھی کو کسی دوسرے لباس میں اچانک دیکھ لیتے تو جھجک جاتے تھے کہ وہی تھا یا کوئی اور۔ عیدین کے موقع پر جب یونیفارم کی قید اٹھا دی جاتی تو ہندوستان کے گوشے گوشے سے آئے ہوئے طلبا اپنے اپنے مخصوص لباس میں نظر آتے۔ یہ ایک عجیب دلکش نظارہ ہوتا۔ ایسا نظارہ جو علی گڑھ کے سوا شاید کہیں اور دیکھنے کو نہ ملے ایسا معلوم ہوتا جیسے کالج کی مسجد، بورڈنگ ہاؤس اور سڑکیں غالب کے اس شعر کی مصوری کر رہی ہوں:۔

ہیں بسکہ جوش بادہ سے شیشے اچھل رہے　　ہر گوشۂ بساط ہے سر شیشہ باز کا

لڑکے کرکٹ لان (Lawn) کے تین سمت کھڑے، بیٹھے یا

ٹہلتے ہوئے میچ دیکھتے تھے۔ کالج یونیفارم میں لڑکوں کا یہ اجتماع ایسا معلوم ہوتا تھا جیسے ایک نیچی اونچی، آڑی ترچھی دیوار چلی گئی ہو جس کے نچلے حصے پر سپیدی کردی گئی تھی، وسط سیاہ تھا اور بالائی حصہ سُرخ۔ نوجوانوں کا ایسا شائستہ شریفانہ زندگی کی صالح توانائیوں سے بھرپور اجتماع کم لوگوں نے کہیں اور دیکھا ہوگا۔ پھر اپنے کھلاڑی کرکٹ کے اعلیٰ درجے کے یونیفارم زیب تن کئے ہوئے فیلڈ (Field) میں اطمینان اور وقار سے اترتے تھے تو تو ایسا معلوم ہوتا جیسے آج کا دن صرف ہمارے کارناموں کا دن ہے۔

اس سلسلے میں ایک واقعے کا ذکر دلچسپی سے خالی نہ ہوگا۔ علی گڑھ کی ٹینس ٹیم (Tennis team) میچ کھیلنے باہر گئی یہ میچ ایک مشہور کالج کی ٹیم سے تھا۔ اتفاق یہ کہ جن کھلاڑیوں کے ساتھ میچ ہونے والا تھا، وہ ٹینس کے یونیفارم میں نہ تھے جو اُس زمانے میں سپید فلالین یا زین کا پتلون اور سپید ہی فلالین یا ٹوئل کی قمیص پر مشتمل تھا۔ علی گڑھ کی ٹیم کے ایک کھلاڑی نے اس بنا پر کھیلنے سے انکار کردیا کہ مقابل کے کھلاڑی مناسب یونیفارم میں نہ تھے۔ ان کا کہنا یہ تھا کہ وہ اس کو گوارہ نہیں کرسکتے کہ علی گڑھ کی ٹیم کسی ایسی ٹیم کے ساتھ ٹینس کھیلے جہاں ٹینس کا احترام ملحوظ نہ رکھا جاتا ہو۔ بڑی مشکلوں سے اس نزاکت پر قابو پایا گیا۔

اسی طرح کا ایک اور لطیفہ ہے پرکٹی ہارک کے ایک سینیر (Senior) طالب علم میرے وطن سے آئے جہاں اُن کے والد گورنمنٹ کے ایک ذمے دار عہدے پر مامور تھے۔ گھر والوں نے میرے لئے یونیفارم کا کپڑا

بیٹھا تھا۔ بورڈنگ ہاؤس پہنچ کر انھوں نے پہلا کام یہ کیا کہ میرے کمرے پر تشریف لائے، گھر والوں کی خیریت تفصیل سے سنائی اور بتایا کہ یونیفارم کا کپڑا لائے ہیں۔ میں نے بے اختیار پوچھا "کہاں ہے؟" مسکرائے اور بڑے اطمینان اور شفقت سے فرمایا "کمرے پر ہے" معاً مجھے اس کا احساس ہوا کہ میری یہ حرکت ریفریشر (Refresher) نووارد کی تھی۔ بولے "4 بجے کمرے پر آؤ، میرے ساتھ چائے پیو، کپڑا بھی مل جائے گا!" یہ توقّف مجھے بڑا شاق ہوا۔ اس زمانے میں کم سے کم میرا یہ حال تھا کہ یہ معلوم ہوجائے کہ کوئی ساتھی یا شخص گھر والوں سے مل کر آیا ہے یا وہاں سے میرے لئے کچھ لایا ہے تو طبیعت بے قابو ہوجاتی اور جب تک وہ آدمی یا چیز نہ مل جائے چین نہ آتا تھا۔

بارے وہ وقت آیا اور میں ان کے کمرے پر پہنچا۔ دروازے پر آکر پذیرائی کی، دوسروں سے تعارف کرایا، کھیلنے اور پڑھنے کے بارے میں پوچھتے رہے۔ بالآخر مجھ سے نہ رہا گیا میں نے کہا "کپڑا مرحمت ہو، میں جانا چاہتا ہوں۔" بولے "ضرور ضرور!" نوکر کو آواز دی آیا تو بکس کی کنجی اس کے حوالے کی اور کپڑا نکلوایا۔ میں نے چاہا لے کر کمرے سے بھاگ کھڑا ہوں بولے "ذرا ٹھہرو۔ نوکر چائے کے برتن ہٹا دے۔ وہ کپڑے (صرف ۲ گز سرج!) لے کر تمہارے ساتھ جائے گا!" میں چاروں خانے چت تھا! لیکن شاید چت ہونے میں ایک آدھ خانہ باقی تھا، اس لئے کہ اپنے کمرے پر پہنچا تو ایک اور سینیئر (Senior) رونق افروز تھے۔ میں نے

نوکر سے جھپٹ کر کپڑے لے اور بکس کھول کر رکھنے لگا! نوکر واپس جانے لگا تو سینیر صاحب نے مجھے مخاطب فرما کر بآواز بلند فرمایا "مولانا"، نوکر کو دے دیتا ہوں۔ روپیے بعد میں تڑاتے رہئے گا! اب میں بے شمار خانوں چپت تھا!

اِس زمانے میں اس واقعے کو سُن کر کون نہ ہنسے گا۔ مگر کروں کیا کہ اس طرح کی باتوں سے میں نے کچھ سیکھا بھی۔ جیسے یہی کہ تمام عمر کیسا ہی کوئی موقع و محل کیوں نہ ہو خود اعتماد سا رہا۔ اپنے سے بھی، دوسروں سے بھی!

کرکٹ یونیفارم کے بارے میں جو بات میں نے بیان کی ہے وہی کرکٹ کے سازو سامان پر بھی صادق آتی تھی۔ اس سے امارت کا اظہار یا تعلّی مقصود نہیں۔ بتانا یہ ہے کہ کرکٹ کا حال چائے اور شراب کا سا ہے۔ دونوں شروع سے آخر تک

زخاک تیرہ دروں تا بہ شیشۂ حلبی

ہر منزل پر پوری احتیاط اور احترام چاہتے ہیں۔ ذرا بھی چوک ہوجائے تو "محرم رازِ درونِ میخانہ" فوراً بتادے گا کہ کہاں بے حرمتی ہوئی۔ چائے اور شراب کی مانند کرکٹ بھی بڑی سخت گیر محبوبہ ہے۔ دیوی اپنے پجاریوں کی کسی لغزش کو ممکن ہے معاف کر دیتی ہو، چائے شراب اور کرکٹ کبھی نہیں معاف کرتے!

میچوں میں ہارنے کا بھی خدشہ ہوتا ہے لیکن اس زمانے میں کم سے کم مجھے کبھی اس کا اندیشہ نہیں ہوا کہ میچ میں علی گڑھ ہار جائے گا۔ کیسے

کیسے مشاق اور منجھے ہوئے کھلاڑی تھے، جو بغیر کسی تذبذب کے پورے اعتماد کے ساتھ کتنا خوبصورت اور توانا کھیل کھیلتے تھے۔ ہر اسٹروک (Stroke) جیسے جنتر سے نکلا ہوا تار یا کڑی کمان کا تیر۔ کبھی نہ چوکنے والے فیلڈرس (Fielders)۔ پنجاب کے ایک معمّر اولڈ بوائے (Old-boy) اور اپنے زمانے کے غالباً کرکٹ کیپٹن کالج آئے ہوئے تھے۔ ایک شام ڈنڈا ٹیکتے ہوئے نیٹ پریکٹس (Practiee) دیکھنے آگئے۔ ایک صاحب کے کھیلنے کا انداز دیکھتے ہوئے گرجے "دیکھا کتنی ہانکتا ہے بگڑا کھیل۔ کرکٹ ہے!" پریکٹس ختم ہوئی تو لڑکے کو پاس بلایا بولے۔ "کیوں، ماں کا دودھ پینے کے بعد پھر دودھ میسّر نہ آیا؟" دیر تک بڑی شفقت سے مختلف اسٹروکس (Strokes) کے انداز بتاتے رہے، لیکن دودھ پینے پر بھی زور دیتے رہے!

ان میچوں میں تماشائی جتنی برمحل داد دیتے تھے اتنے ہی چبھتے ہوئے فقرے کستے تھے۔ لیکن سب سے بڑی بات، جو اس وقت ایک فریضے کے طور پر ملحوظ رکھی جاتی اور فطرت ثانیہ کے طور پر وقوع میں آتی، یہ تھی کہ مجمع اچھے اسٹروک (Strokes) اچھی بولنگ (Bowling) اور اچھی فیلڈنگ (Fielding) کی فی الفور داد دیتا تھا، بغیر کسی تخصیص کے کہ کھلاڑی اپنا ہے یا غیر۔ مقابل کا اچھا کھلاڑی آؤٹ (Out) ہو جاتا تو اظہار افسوس بھی خلوص کے ساتھ کرتے۔ یہ بات اب بہت کم دیکھنے میں آتی ہے۔ اکثر و بیشتر اپنوں کی تعریف کرتے ہیں اور مخالف پر بے محل

اور بے جا آوازے کستے ہیں۔ چاہتے یہ ہیں کہ ادنیٰ قیمت پر اعلیٰ سے اعلیٰ درجے کی چیز حاصل کر لی جائے۔ اور وہ لوگ جو اعلیٰ نتائج کے لئے اعلیٰ صفات کام میں لاتے ہیں۔ ان کو زک پہنچائی جائے۔

یہ اسپرٹ (Spirit) اب عام ہے، اگو بحیثیت مجموعی دوسرے مقامات سے علی گڑھ میں اب بھی کم ہے۔ اب تو بعض مقامات پر یہ حادثہ اکثر ہوتا رہتا ہے کہ ریفری (Referee) کے فیصلے سے اختلاف کر کے غریب کو زدوکوب کر دیتے ہیں۔ پہلے کھیل۔ کھلاڑی تماشائی سبھی ریفری کی حفاظت میں ہوتے تھے۔ اب۔ ریفری پولیس کی حفاظت میں ہوتا ہے۔ ذاکر صاحب کا یہ کہنا مجھے بہت پسند آیا کہ اسپورٹس مین شپ Sportsmanship کا تقاضا یہ ہے کہ جس ٹیم (Team) کے خلاف تماشائیوں کی طرف سے ناروا باتیں سرزد ہونے لگیں اس کی مقابل ٹیم کو چاہیے کہ کھیلنے سے انکار کر دے اور اس وقت تک راضی نہ ہو جب تک مجمع اس بات کی ضمانت نہ لے کہ وہ دونوں ٹیموں کے ساتھ یکساں سلوک کرے گا۔

ایم۔ اے۔ او۔ کالج کی ہاکی ٹیم Hockew team بھی اپنے زمانے میں ہندوستان کی سب سے اچھی ٹیموں میں شمار ہوتی تھی۔ میرا خیال ہے کہ ہندوستان کا مشہور سے مشہور کوئی ٹورنامنٹ (Tournament) ایسا نہ تھا جسے یہاں کی ہاکی ٹیم نے مسلسل نہ جیتا ہو۔ کرکٹ اور ہاکی کی جتنی مشہور ٹروفیز (Troph:es) کا

لہ ٹروفیز Trophies یادگار فتح، نشانات فتح، مجسمہ وغیرہ یا اور کوئی مستقل چیز۔

ذخیرہ علی گڑھ میں ہے شاید ہندوستان کی کسی دوسری یونیورسٹی میں نہ ہو۔ علی گڑھ کرکٹ کی طرح یہاں کی ہاکی ٹیم بھی مدتوں ہندوستان میں ناقابل تسخیر سمجھی گئی۔ مسلم یونیورسٹی کے عہد میں ٹینس (Tennis) کو ترقی ہوئی۔ فرداً فرداً یہاں کے کھلاڑیوں نے اچھا خاصا نام پیدا کیا۔ جن میں غوث محمد خاں سالہا سال "انڈیا نمبر ایک" رہے۔

اور باتوں سے قطع نظر کھیل میں شہرت حاصل کرنے کے اعتبار سے مسلم یونیورسٹی کا ریکارڈ۔ ایم۔ اے۔ او۔ کالج کے ریکارڈ کے مقابلے میں تقریباً ناقابل التفات ہے۔ گو یہ بات مسرت سے خالی نہیں کہ ذاکر صاحب کی وائس چانسلرشپ (Vice-Chancellorship) میں جہاں اور بہت سی ترقیاں عمل میں آئیں وہاں ہاکی اور فٹ بال کو بھی یہ امتیاز نصیب ہوا کہ وہ ہندوستان کی تمام دوسری یونیورسٹیوں کے مقابلے میں اوّل آئیں۔ مسلم یونیورسٹی کے پورے عہد میں ہاکی اور فٹ بال کا یہ ریکارڈ (Record) قابل لحاظ ہے۔

ایم۔ اے۔ او۔ کالج اور اس کے کچھ دنوں بعد تک عام طور سے کرکٹ ہاکی فٹ بال اور ٹینس کو دوسرے کھیلوں کے مقابلوں میں ممتاز سمجھا گیا۔ اور ایک طور پر اسپورٹ مین شپ (Sportsmanship) کا تصوّر انھیں کھیلوں سے وابستہ رہا۔ آج کل معلوم نہیں کتنے کھیل، کُل ہند، ہی نہیں بلکہ عالمی، حیثیت اختیار کر چکے ہیں۔ لیکن یہ بات ضرور کھٹکتی ہے کہ کھیلوں کی تعداد اور دھوم دھام جتنی بڑھتی جا رہی ہے اتنی ہی اسپورٹسمین

شپ گرتی جارہی ہے اور ٹھیک بھی ہے "کثرت اور وسعت" سے معیار بالعموم گرتا ہے، اونچا نہیں ہوتا۔ یہی بات شعروادب میں بھی دیکھی جاتی ہے جو مدتوں سے "اعوامی بنواور بناؤ" کا تختۂ مشق بنا ہوا ہے۔ کھیل ہو یا تعلیم یا ڈسپلن یہ سب اندرونی ضبط و نظم سے ترقی کرتے ہیں۔ بیرونی امداد یا استبداد سے ان میں تنزل آتا ہے ترقی نہیں!

کھیل کے بعد کالج کی زندگی میں یونین (Union) کو بڑا دخل تھا۔ یونین کے وائس پریسیڈنٹ (اب پریسیڈنٹ) کا درجہ کرکٹ کیپٹن اور انگریزی کے اچھے مقرر کی حیثیت فرسٹ الیون (First-eleven) کے اچھے کھلاڑیوں کے برابر تھا۔ اردو کے اچھے مقرر کا درجہ انگریزی کے اچھے مقرر سے کم سمجھا جاتا تھا۔ ممکن ہے اس کا سبب یہ بھی رہا ہو کہ اس زمانے میں اور مدتوں بعد تک انگریزی کی منزلت زیادہ رہی۔ اس کے ساتھ یہ بات بھی قابل لحاظ ہے کہ اردو میں ٹھکانے کی تقریر کرنے والوں کی تعداد انگریزی میں تقریر کرنے والوں سے بہت زیادہ تھی۔ اس لئے جب تک کوئی شخص غیر معمولی طور پر اردو کا اچھا مقرر نہ ہوتا اسے کوئی خاص اہمیت نہیں دی جاتی تھی۔

جس عہد کا ذکر کر رہا ہوں اس میں انگریزی کے سب سے اچھے مقرر ذاکر صاحب اور اردو کے مولانا سُہیل تھے۔ اور دونوں زبانوں میں ذاکر صاحب۔ عام خیال یہ تھا اور صحیح تھا کہ انگریزی یا اردو کا کیسا

ہی زبردست مقرر کیوں نہ آجائے ذاکر صاحب اور سہیل صاحب علی گڑھ کی نمائندگی بہتر سے بہتر طور پر کریں گے۔ تقریر کے کیسے کیسے معرکے ان دونوں نے اپنی طالب علمی کے زمانے میں سر کئے جب اچھی تقریر کرنا، قطع نظر اور باتوں کے، بہت بڑا اور اتنا ہی مشکل فن سمجھا جاتا تھا۔ اور خود کالج میں اچھی تقریر کرنے والے کافی تعداد میں موجود تھے۔

۱۹۱۵ء یا ۱۹۱۶ء میں آل انڈیا مسلم ایجوکیشنل کانفرنس کا سالانہ اجلاس اسٹریچی ہال میں منعقد ہوا تھا۔ مسلم اسکولوں کی طرف سے تقریری مقابلے میں حصہ لینے کے لئے پانی پت سے طلباء کی جو ٹیم (Team) آئی تھی اس میں خواجہ غلام السیدین صاحب (موجودہ مشیر تعلیم۔ حکومت جموں وکشمیر) بھی تھے۔ شکل وشباہت پر امتداد زمانہ کا اثر پڑا بھی ہے تو صرف اتنا جتنا کسی کیمرے کی مدد سے بڑی تصویر کو چھوٹی یا چھوٹی کو بڑی کر دینے سے پڑ سکتا ہے۔ آواز البتہ اُن کے اسکول ہی کے کسی ماسٹر کی آواز سے جب لڑکوں کو پڑھا نہیں دھمکا رہا ہو لگا کھاتی تھی، سیدین صاحب کا بیان ہے کہ عربی حروف کو صحیح مخارج اور ورزشی انداز سے ادا کرنے کی جو مشق اس وقت چڑھی ہوئی تھی انقلاب روس در روزگار سے باقی نہ رہی تھا

سیدین صاحب کی تقریر کا وہ سماں یاد ہے۔ اسٹریچی ہال سامعین سے بھرا ہوا تھا۔ کہیں کہیں سے چھلک بھی گیا تھا۔ اسکول کے ایک بچے کا اس خوبی، روانی اور دلیری سے علی گڑھ میں تقریر کرنا عجیب سی بات

معلوم ہوتی تھی۔ ہر شخص تعریف کر رہا تھا۔ سامعین میں ایسے لوگوں کی تعداد کافی تھی جو ان کے والد خواجہ غلام الثقلین مغفور، سابق طالب علم کالج سے واقف تھے اور اکثر کی زبان پر یہ کلمہ تھا کہ باپ کا نام اور کام بیٹے کے حصے میں آئیگا ایک صاحب جو حلیے سے خاصے مردم بیزار معلوم ہوتے تھے بولے "کچھ سمجھ میں نہیں آتا نامور اور نیک نام مسلمانوں کی اولاد اچھی خاصی نالائق پیدا ہونے لگی ہے۔ یہ لڑکا کیوں اور کیسے!

ایک صاحب تقریر سنتے سنتے ساتھی سے کہنے لگے "بھئی واللہ کتنا چھوٹا لڑکا کتنی اچھی تقریر کر رہا ہے۔ اس ہال میں ایک سے ایک زبردست بولنے والا موجود ہے لیکن اس پر کسی طرح کا ہراس طاری نہیں۔ میں ہوتا تو منہ سے ٹھکانے کا ایک فقرہ نہ نکل سکتا" ساتھی نے کہا "چپ ہو جاؤ۔ اب بھی ٹھکانے کا کون سا فقرہ زبان فیض ترجمان سے نکل رہا ہے۔ لڑکے کو کیا معلوم کہ ہال میں اچھی تقریر کرنے والے موجود ہیں اس کو تو صرف تمہاری موجودگی کا علم ہے!

اسی زمانہ کے آس پاس اسٹریچی ہال میں مسز سروجنی نائیڈو کی تقریر ہوئی۔ بجلی کی روشنی کا انتظام بھی انھی دنوں ہال میں پہلے پہل ہوا تھا۔ رات کے وقت تقریر ہوئی تھی۔ طلبا اور اسٹاف (Staff) کے علاوہ علی گڑھ اور گرد و نواح کے اضلاع کے اشراف اور اکابر شریک ہوئے تھے۔ کتنا جگمگاتا، پُر رونق، شائستہ مجمع تھا۔ مسز نائیڈو تقریر کرنے کھڑی ہوئیں تو ذرا دیر مجمع اور ماحول کا جائزہ لیا، ان تمام "شیوہ ہائے بتاں" کے ساتھ

جن کو کوئی نام نہیں دیا گیا ہے اور ان کے ساتھ بھی جن کو نام دیا گیا ہے، تھوڑی ہی دیر میں تقریر کا یہ عالم تھا کہ جس طرف موصوف کی نگاہ اٹھ جاتی تھی یا رُخ پھر جاتا واقعی کچھ اس طرح کا رنگ نظر آنے لگتا جس کے بارے میں کہا گیا ہے:

الٹتی ہیں صفیں گردش میں جب پیمانہ آتا ہے

مولانا سہیل نے اس موقع کی تصویر جس نظم میں کھینچی ہے وہ علی گڑھ والوں میں سے بہتوں کو اب تک یاد ہوگی۔

اتنی مختصر لیکن ہر اعتبار سے مکمل اور دلکش نظم[1] یا نغمہ مولانا سہیل بھی

---

[1] وہ نظم یہ ہے۔

بہ شب چو مہرِ خاوراں ز روئے خود نقاب زد — نہ تاجِ سروری بہ فرقِ ماہتاب زد
شب از نشاطِ خرمی بگفتہ رخصت ماتمی — زمانہ فال بے غمی بہ عیش کامیاب زد
یکے خرد بہ سنگ زد رحیق لالہ رنگ زد — یکے بہ چنگ چنگ زد یکے دم از رباب زد
یکے چو لالہ جام زد یکے چو سرو گام زد — طرب صلائے عام زد کہ فتنہ سر بخواب زد
یکے بہ چنگ دار غنوں بہ سیر باغ شد بروں — یکے بخانہ اندروں بہ بابِ زن کباب زد
یکے چوں سرو بوستاں بہ صحن باغ شد چماں — یکے بیاد دوستاں پیالۂ شراب زد
کنوں بہ چشم روشنی چو جلوہ زد ستر وجنی — فلک بہ سطح سوسنی بساط ماہتاب زد
تبسمش تکلمے تکلمش ترنمے — سہ زدائر ملالے بہ جان شیخ و شباب زد

شکست رنگ ساحری چو زد نوائے شاعری
نمودہ سحر سامری اگر در خطاب زد

پھر کبھی نہ لکھ پائے۔ مسز نائیڈو نے بھی اس نظم اور مولانا شبلی کو تادم آخر ہر موقع پر یاد رکھا۔

تقریر ختم ہوئی تو کالج کے پرنسپل ٹول صاحب جو صدارت فرمارہے تھے بڑے اعتماد و اخلاص کے ساتھ اٹھے اور

Thank you very much indeed Mrs. Naidu

کہہ کر بیٹھ گئے، مجلس برخاست ہوگئی! ہم سمجھتے تھے کہ اس تقریر کے جواب میں موصوف کچھ کہیں گے اور کچھ دیر تک کہتے رہیں گے۔ لیکن ان کی اس مختصر کلامی سے ہم سب متحیر رہ گئے! چنانچہ ایم۔ اے۔ او کالج میں جب کسی بات کو ٹوکنا کرنا یا بغیر کسی التفات کے طنزاً یا مزاحاً ختم کردینا ہوتا تھا تو ٹول صاحب کا یہ فقرہ دُہرایا جاتا، جو مدتوں کالج میں زبان زد رہا۔ صاحبانِ ذوق اس کا استعمال اس لطف اور برجستگی سے کرتے کہ جس پر یہ سر کیا اس کے لیے خفیف اور خاموش ہوجانے کے سوا چارہ نہ ہوتا۔ بڑے سے بڑے بور (Bore) (وبال جان!) کو اس فقرے سے پسپا کردیتے تھے۔

شاید اسی سال یا اس کے بعد سید حسین مرحوم اولڈ بوائز Old boys کے سالانہ اجتماع کے موقع پر علی گڑھ تشریف لائے اور تقریر فرمائی۔ مسز نائیڈو بھی تشریف لائی تھیں۔ سید حسین صاحب کی تقریر کے بارے میں اتنا کہہ دینا کافی ہوگا کہ خود مسز نائیڈو کا وہ عالم ہوا جو ہم سب کا موصوفہ کی تقریر سن کر ہوا تھا۔ تا بہ دیگراں چہ رسد! اس وقت تک یہ کہا جاتا تھا کہ اولڈ بوائز میں مولانا محمد علی اور سید حسین انگریزی کے سب سے ممتاز مقرر تھے

کالج اور یونیورسیٹیوں میں طلبا کی یونین (Union) کو جو حیثیت آج کل حاصل ہے وہ پہلے نہ تھی۔ نیز طلبا نے جو مسائل اب اپنائے ہیں، اور کون سے ایسے مسائل ہیں جو اپنانے سے رہ گئے ہیں ان کی طرف پہلے کبھی وہ اس درجہ مائل نہ تھے۔ اس پر نہ ماتم کرنے کی ضرورت ہے نہ فخر، اور جس بات پر نہ ماتم کرنا لازم آتا ہو نہ فخر، اس پر غور کرنا بھی کچھ اتنا ضروری نہیں رہ جاتا۔ یہ زمانے کے نشیب و فراز ہیں جن سے

ہم ہوئے تم ہوئے کہ میرؔ ہوئے

سبھی ساز و ستیز کرتے آئے ہیں اور کرتے رہیں گے۔ کہنا یہ تھا کہ اس زمانے کے یونین سے کس طرح کے کردار نمود پاتے تھے اور زندگی اور شعر و ادب میں ان کا کیا مقام ہوتا۔ اور اب کس طرح کے کردار ابھرتے ہیں اور زندگی میں کیا مرتبہ حاصل کرتے ہیں!

پہلے زمانے میں طلبا سیاسی اور مذہبی لیڈروں کے ہاتھ میں اتنے نہ تھے جتنے اب ہیں۔ گو اس بارے میں خود لیڈر کچھ اس طرح کی فریاد کرتے پائے گئے ہیں:۔

چاہتے ہیں سو آپ کریں ہیں ہم کو عبث بدنام کیا

اور اکثر دیکھنے میں بھی یہ آیا ہے کہ جس بار نے لیڈر پر بھی گرانی کی اس کو یہ "ناتواں" طالب علم اٹھا لیتے ہیں۔ ایم۔ اے۔ او۔ کالج میں نعروں کی کوئی وقعت نہ تھی۔ اب نعرے کی طاقت مسلّم ہے۔ ظاہر ہے پہلے ہم محکوم و منکوب تھے، اب قومی اور انفرادی آزادی کا شعور پیدا ہو گیا ہے، شاید

اسی لئے یہ نعرہ و نعرین! لیکن، اس سے بھی انکار نہیں کیا جاسکتا کہ آج سے پہلے ہمارے نوجوان خاندان کی اعلیٰ روایات کو ایک قیمتی ترکہ سمجھ کر اس کی پیروی یا اس کا احترام کرتے تھے اور معمولی سے معمولی خاندان بھی ایسا نہ تھا جو کسی صالح و صحت مند روایت کا کسی نہ کسی حد تک حامل نہ ہو۔ رفتہ رفتہ یہ بات ختم ہو گئی، چنانچہ اب ایسا معلوم ہوتا ہے جیسے کوئی ایسی قیمتی متاع باقی نہ رہ گئی ہو جس کے تحفظ یا ترقی کے لئے کسی کو اپنی بہتر صلاحیتیں بروئے کار لانے کی فکر ہو۔ چاہے وہ طالب علم ہو چاہے ممبر اسٹاف!

دوسری بات یہ ہے کہ گزشتہ زمانے میں نوجوانوں کو ریاضت کرنے اور نتیجے کا انتظار کرنے کی تلقین کی جاتی تھی اور اس پر عمل کیا جاتا تھا۔ اس سے اُن میں بے صبری، بے اعتمادی یا غیر ذمے داری کے جذبات پیدا نہیں ہونے پاتے تھے۔ نوجوانوں کو اپنی طرف کھینچنے کا سب سے آسان اور زود اثر نسخہ یہ ہے کہ ان کو جارحانہ بلکہ مجرمانہ اِقدام کی دعوت دی جائے۔ گذشتہ بیس پچیس سال سے اُن کو یہی راستہ دکھایا گیا ہے۔ اس میں اشتراکیت مذہبیت، قومیت سب نے حسب توفیق حصّہ لیا ہے۔ ظاہر ہے جہاں انقلاب کو دعوت دینے اور بغاوت کرنے کا اذنِ عام ہو وہاں ریاضت اور انتظار کو کون قابلِ التفات سمجھے گا! جہاں محاسبہ ختم ہوا مجادلہ شروع ہو جائے گا!

یہاں ایک اور مسئلہ قابل توجہ ہے۔ انسان کی صالح و صحت مند زندگی کا مدار اس پر ہے کہ اس کے ہاں اقدار کی اہمیت کیا ہے۔ اور

اقدار کے لئے ضروری ہے کہ ان میں استقلال ہو اور وہ ہوا کے ہر جھونکے سے زیر و زبر نہ ہوں۔ یا اقدار نتیجہ ہوتے ہیں مدتوں کے تجربے اور ریاضت کا۔ زندگی کی کشتی کو طرح طرح کے طوفانوں سے محفوظ رکھنے کے لئے اقدار ہی کام کرتے ہیں جو لنگر اور ناخدا کرتے ہیں۔ آج سے پہلے زندگی میں وہ مرکز گریز "سرعت اور شدت نہیں تھی جو اب ہے اور یہ آئی ہے عقل چکرا دینے والی اس صدی کی ان ایجادات سے جنھوں نے زندگی کی آنے والی صدیوں کو مہینوں اور ہفتوں میں سمیٹنا شروع کر دیا ہے مستقبل کو حال میں کھینچ لانے کی مدت جتنی مختصر کرتے جائیں گے اتنی ہی جلد جلد حال ماضی میں منتقل ہوتا رہے گا اور ماضی کی قدر و قیمت کم ہوتی جائے گی۔ جہاں اور جب یہ صورت حال ہو گی، وہاں زندگی میں اختلال راہ پائے گا اور غیر یقینی بڑھے گی۔ آج کل ہم اسی دور سے گزر رہے ہیں۔

میرا کچھ ایسا بھی خیال ہے کہ سرمایہ و مزدور، زمیندار اور کسان ظالم و مظلوم اور متعلقہ مسائل کی اتنی مذمت کی گئی ہے کہ اب ہر کس و ناکس خواہ وہ مستحق ہو یا نہیں، غیر شعوری طور پر سمجھنے لگا ہے اور اس پر یقین رکھتا ہے کہ وہ مدد کا مستحق (ناجائز مدد کا خاص طور پر) ہے اس میں امیر، غریب، مقتدر، غیر مقتدر، مرد عورت، نوجوان بوڑھے، کسی کی قید نہیں، چنانچہ اپنی دشواریوں کو محنت اور ایمانداری سے دور کرنے کے بجائے تقریباً ہر شخص یہ ماتم یا شکایت کرتا نظر آتا ہے کہ دوسرے اس کا حق غصب کر رہے ہیں۔ جیسے کسی خواہش کا پیدا ہو جانا اس کے پورا کئے جانے کے لئے سند جواز ہو۔ اور جس شخص کی

اس طرح کی خواہش پوری نہ کی جا سکے اس کو حق حاصل ہے کہ وہ سوسائٹی پر لعنت بھیجے اور قانون اپنے ہاتھ میں لے لے۔ اس طرح سے ہمارے ہر سوچنے کے انداز سے ہمارے ہر چھوٹے بڑے میں ذمہ داری کا احساس کم اور ناحق کوشی کا بڑھتا جا رہا ہے جس کا اثر ہماری قومی سیرت اور ہمارے شعر و ادب میں بھی نمایاں ہے جس سوسائٹی کا یہ حال ہو وہاں خیر و برکت کی توقع کون کر سکتا ہے!

اُس زمانے میں یونین کا احترام ان مسائل اور افراد سے زیادہ اہم خیال کیا جاتا تھا جو یونین میں زیر بحث آتے یا اس میں حصہ لیتے محض موضوع بحث یا مقرر کی شخصیت یا پارٹی کی طاقت فیصلہ کن نہ ہوتی۔ 'زندہ باد' اور 'مردہ باد' کے نعروں سے کام نہیں چلتا تھا۔ اس سے یہ نتیجہ نکالنا درست نہ ہوگا کہ یونین میں بحث مباحثے کی حیثیت محض "آرٹ برائے آرٹ" تھی اور اب اس کی سرگرمیاں زندگی کے ٹھوس یا تلخ حقائق کی ترجمان ہیں۔ پارٹیوں کی کشاکش اس عہد میں بھی تھی اور کہاں نہیں ہوتی، لیکن پہلے یہ کالج کے اعلیٰ مقاصد کے تابع ہوتی تھیں اور ان کی تگ و تاز بالعموم کالج کے اندر محدود ہوتی۔ یونین یا کالج کو کسی ذاتی یا بیرونی مقاصد کا آلہ نہیں بنایا جاتا تھا۔

ایک واقعہ کا تذکرہ بے محل نہ ہوگا۔ اس سے اندازہ کیا جا سکتا ہے کہ علی گڑھ کے طلبا کی سیرت و شخصیت کا اثر یونین اور یونین کا طلبا پر کتنا گہرا تھا۔ یونین کے الیکشن (Election) میں اس شخص کا ناکام رہنا یقینی تھا جو اپنی ذاتی قابلیت یا اچھی سیرت کے سوا کسی اور سہارے کا متلاشی

ہوتا، یہ تقریباً ناممکن تھا کہ کوئی شخص محض اس بنا پر منتخب ہو جائے کہ وہ ہندو، مسلمان، شیعہ، سنی، سندھی، پنجابی یا کسی ذی اقتدار طبقے سے تعلق رکھتا تھا۔ کالج میں داخل ہوا تو ایک الکشن کا بڑا چرچا تھا جو کسی رئیس کے روپئے، اثر و اقتدار سے جیتا گیا تھا۔ اس کا ردِ عمل ایسا ہوا کہ پھر اُمرا کے طبقے سے کوئی امیدوار کابینہ تک کے لئے منتخب نہ ہو سکا، اور نوبت یہاں تک پہنچی کہ اس طبقے کا کوئی فرد یونین کے عہدے کے لئے کھڑا ہوتا سب سے پہلے اسے "ترک نسب" کا اعلان کرنا پڑتا۔

ان باتوں کے اظہار سے یہ ثابت کرنا مقصود نہیں کہ اس زمانے میں یونین کا الیکشن بے عنوانیوں سے پاک ہوتا تھا۔ زندگی کی کوئی خوبی یا خرابی ایسی نہیں ہے جو تمدنی زندگی کے پہلے دن سے آج تک کسی شکل میں کسی نہ کسی حد تک چھپی یا کھلی ہر جگہ موجود نہ ہو۔ البتہ یہ ضرور ہے کہ اس زمانے میں ان بے عنوانیوں کی نوعیت ایسے فتنے اور فضیحتے سے پاک ہوتی جن سے ادارہ یا قوم کی نیک نامی پر حرف آتا ہو۔ بحیثیت مجموعی میں اس درس گاہ کی صحت مند یا غیر صحت مند فضا کی نشانی اس میں تلاش کرتا ہوں کہ یونین کے الیکشن میں امیدوار کس چیز کا سہارا پکڑتے اور کامیاب ہوتے ہیں۔ اپنی ذہنی اور اخلاقی برتری اور ادارے کی علمی اور اخلاقی منزلت کا، یا مذہب و مسلک کے اختلافات اور ذاتی یا بیرونی اغراض و مقاصد کی حمایت کا۔ ظاہر ہے ان دونوں میں بہتر صورت کون سی ہے۔

ایک دفعہ کا ذکر ہے یونین کا الیکشن زوروں پر تھا۔ ایک پارٹی کمزور

پڑ رہی تھی جس کا "جنرل اسٹاف" (General staff) بڑے تردد میں مبتلا تھا کہ صورت حال پر کس طرح قابو پایا جائے۔ آخر میں ایک صاحب جن کی حیثیت پارٹی کے ذہن و دماغ کی تھی اس مہم کو سر کرنے نکلے۔ انھوں نے فریق مخالف کے ایسے لوگوں کو تاکا جو بڑے جوشیلے کارکنوں میں تھے۔ اور اپنے امیدوار کی حمایت میں سب کچھ جس میں عقل سلیم بھی شامل تھی داؤ پر لگا دینے کے لئے آمادہ تھے۔ وہاں پہنچ کر انھوں نے اپنے ہیرو کا قصیدہ پڑھنا شروع کیا اور حریف کے امیدوار کی شان میں کچھ اشتعال انگیز کلمات کہے۔ نتیجہ یہ ہوا کہ فریق مخالفت کے ایک کارکن نے ان کے ایک چانٹا رسید کر دیا۔ اس کی خبر چشم زدن میں سارے کالج میں پھیل گئی اور اس "نازیبا حرکت" پر نفرت و نفرین کا ایسا طوفان برپا ہوا کہ فریق مخالف الیکشن ہار گیا۔

جیسا کہ عرض کیا جا چکا ہے، اس عہد میں تقریر کے فن کو بڑا امتاز درجہ دیا جاتا تھا۔ ہندوستان میں جتنے اچھے بولنے والے تھے ان میں سے بیشتر کی تقریر سننے کا علی گڑھ میں اتفاق ہوا۔ لیکن آج شاید کسی کو یقین نہ آئے کہ یونین کے وائس پریسیڈنٹ، سکریٹری یا کالج کے بعض طالب علم مقرروں کی جو تقریر ان مواقع پر کسی نہ کسی حیثیت سے ہوتی وہ ایسی اچھی ہوتی کہ مہمان بے اختیار داد دیتا اور یقیناً اس لئے نہیں کہ ایک طالبعلم نے تقریر کا اچھا نمونہ پیش کیا تھا بلکہ جو تقریر کی گئی تھی وہ فنی اعتبار سے مکمل ہونے کے علاوہ سنجیدہ اور پُر مغز تھی۔ کالج کے زمانے میں ممبران اسٹاف

(Staff) سے کہیں زیادہ تعداد میں طلبا اچھے مقرر تھے۔

کالج میں طلبا کے علاوہ اسٹاف میں دو اصحاب کو انگریزی میں تقریر کرنے کی شہرت حاصل تھی۔ ایک تاریخ کے پروفیسر اے۔ ایف رحمٰن بی۔ اے (آکسن) ممبر لیجسلیٹو کونسل اور ممبر پبلک سروس کمیشن جن کا نام "میگزین" کے سلسلے میں آچکا ہے۔ جلپائی گوڑی (بنگال) کے بڑے اونچے اور متمول گھرانے سے تعلق رکھتے تھے۔ گورنمنٹ نے "سر" کے خطاب سے بھی نوازا تھا۔ دوسرے پروفیسر انعام اللہ خاں جو انگریزی اور منطق پڑھاتے تھے۔ اولڈ بوائے کی حیثیت سے عبدالرحمٰن صدیقی (سندھی) کا نام بڑی عزت اور محبت سے لیا جاتا تھا۔ علی گڑھ سے شیفتگی پیدا کرنے میں صدیقی صاحب کا مجھ پر بڑا احسان ہے۔ کچھ دنوں کے لئے غالباً آنریری سکریٹری کے پرسنل سکریٹری ہو گئے تھے۔ بڑے قابل، دلیر، ذہین، طباع اور نرم و نازک نقشے کے خوش رو نوجوان تھے۔ انگریزی میں لاجواب تقریر کرتے تھے۔ اس عہد کی جماعت احرار سے تعلق رکھتے تھے اس لئے کالج کا یورپین اسٹاف ان سے بدگمان رہتا۔ بایں ہمہ ان کی عزت بھی کرتا تھا۔ گھومتے پھرتے کبھی بورڈنگ ہاؤس میں آنکلتے تو طلبا اُن کے گرد جمع ہو جاتے۔ صدیقی صاحب ہر ایک سے لطف و محبت کا کوئی فقرہ ضرور کہتے اور واقعی بڑے بھائی کی طرح شفقت فرماتے۔

وہ علی گڑھ پر نکتہ چینی کرنے میں بھی تامل نہیں کرتے تھے۔ لیکن اُن جیسا علی گڑھ کا شیدائی بھی میری نظر سے نہیں گزرا۔ ان میں ایک بات

جو میں نے بڑی عجیب اور دل نواز پائی وہ یہ تھی کہ علی گڑھ کے اعلیٰ اور اوسط طبقے سے قطع نظر جن کی وہ اکثر خبر بھی لے لیا کرتے تھے۔ یہاں کے دھوبی، بلورچی، بھنگی، بیرہ، حجام، چپراسی، ڈاکیہ، خوانچہ فروش سے وہ جتنی محبت کرتے تھے اور اُن کو یاد کرتے تھے شاید کسی علی گڑھ والے نے کبھی کیا ہو۔ جہاں کہیں ہوتے اور علی گڑھ کا کوئی مل جاتا تو وہ اپنے زمانے کے چھوٹے بڑے لوگوں کا نام بہ نام حال پوچھتے اور ہر ایک کے بارے میں کوئی نہ کوئی لطیفہ ضرور سناتے۔

انعام اللہ خاں صاحب بہار کے رہنے والے تھے، بڑے شریف النفس سادہ مزاج، لیکن اتنے ہی جذباتی۔ کوئی نہیں کہہ سکتا تھا کہ کس بات پر کس سے کب بے حد خفا یا بے حد خوش ہو جائیں گے۔ مجھ پر بڑے مہربان تھے کھانا کھلانے یا یوں کہیے کہ انڈے کا خاگینہ کھلانے کا بڑا شوق تھا جو تلا ہوا کم جھلسا ہوا زیادہ ہوتا تھا۔ دسترخوان کا کام اسٹیٹسمین (Statesman) کے اوراق سے لیتے جن کو بچھاتے وقت بڑی سنجیدگی سے کہہ دیا کرتے کہ صحیح انگریزی لکھنے کی آرزو ہے تو اسٹیٹسمین ضرور پڑھا کرو۔ معلوم نہ ہو سکا کہ اس کہہ دینے سے معذرت کا حق کس کی طرف سے ادا ہو جاتا تھا میزبان، دسترخوان یا اسٹیٹسمین کی طرف سے۔ پان کثرت سے کھاتے تھے، اور بڑے اصرار سے کھلاتے تھے، جس میں کتھے چونے کی تہمت کے علاوہ صرف چھالیے کا ایک ٹکڑا ہوتا، وہ بھی اتنا بڑا کہ پان اس کو ملفوف نہ کر پاتا تھا۔ اس سے پان کے سائز کا بھی اندازہ کیا جا سکتا ہے۔ یہ پان کا رنگ

صابن کے خالی ڈبے میں رکھے ہوتے۔ لباس نہایت معمولی درجے کے کپڑے کا ہوتا ضرورت سے زیادہ لمبی شیروانی سیاہ سوسی کا ٹخنگا پاجامہ۔ دایئں بایئں جھومتے چلتے اسی انداز سے ترکی ٹوپی کا پھندنا ہچکولے کھاتا۔ بے اختیار قہقہہ لگا کر ہنستے اور کبھی کبھی معلوم نہیں بیچ آن پڑتا کہ یکایک بریک Brake لگا دیتے اور کسی دوسرے عالم میں پہنچ جاتے۔ یہ وقت مخاطب کے لئے اندیشہ ناک ہوتا۔ اکثر فضا جلد ہی نکھر جاتی لیکن ایسا نہ ہوتا تو کسی نہ کسی بہانے ورنہ آنکھ بچا کر رخصت ہو جانے ہی میں خیریت ہوتی۔

اپنے عہد کے بڑے ممتاز اور مقبول معلموں میں سے تھے۔ نواب زادہ لیاقت علی خاں مرحوم کے کچھ دنوں اتالیق رہے۔ اپنی ٹم ٹم پر ان کو کالج لاتے تھے۔ جس کی خصوصیت یہ تھی کہ وہ ٹم ٹم کم تھی ٹم ٹم کا فریم زیادہ تھی ہر طرح کے گدے پوشش سے قطعاً بے نیاز جیسے تیاری سے پہلے ہی پروفیسر صاحب نے بنانے والے کی دکان سے منگالی ہو، یہ گاڑی ٹھیک وقت پر مغربی کمپٔی بارک کی پشت پر سے بے تحاشا گرد اڑاتی گزرتی تھی۔ باگ اور کوڑا پروفیسر صاحب کے قبضے میں ہوتے تھے اور گھوڑا اپنے قبضے میں۔ واقعہ یہ ہے کہ کوڑا اور باگ دونوں بے ضرورت تھے اس لئے کہ گھوڑے کی رفتار، سمت، رکنا، روانہ ہونا سب بجلی کی ٹرینوں کی مانند تھا یعنی کھڑے کھڑے بھاگنے لگیں، ورنہ رک گیئں۔

بھاگتی ہوئی ٹم ٹم اور اس پر بیٹھی ہوئی سواریاں دور سے ایسی معلوم ہوتی تھیں جیسے دیسی آتشبازی کا ایک بہت بڑا چکر سا ہوتا ہے۔ جس میں

طرح طرح کے اناز، چرخیاں پٹاخے گولے جہاں تہاں ڈھکے بند ھے رہتے ہیں۔ فلیتہ داغ دینے پر اس چکر اور اس کے متعلقین و متوسلین کا جو حال ہوتا ہے وہی اس ٹم ٹم کا نظر آتا۔ کوچوان کے نام سے ۵-۶ سال کا ایک لڑکا بھی گاڑی میں ایک طرف لٹکا نظر آتا تھا جیسے سفر میں لوگ بستر سے ٹین کا لوٹا لٹکا لیتے ہیں۔ لاغر اندام، سیاہ فام جسم پر ایک ناتمام لنگوٹی، اتر کر گھوڑے کی لگام پکڑ لیتا تو ایسا معلوم ہوتا جیسے گھوڑے کے منہ پر دانے کا توبڑا چڑھا دیا گیا ہو۔

انعام اللہ خاں صاحب انگریزی اور منطق پڑھاتے تھے۔ پرانے انداز کی مرصع و مقفیٰ انگریزی بڑی روانی اور طنطنے سے بولتے تھے۔ منطق کے نوٹ لکھاتے اور زبانی سنتے۔ ایک دفعہ مجھ سے منطق کے کلاس میں ناراض ہو گئے۔ بات یہ ہوئی کہ سبق سنانے کی میری باری آئی۔ منطق مجھے پسند نہیں اس لئے کہ میری منطق اکثر دوسروں کی منطق سے جدا ہوتی ہے۔ رٹنے سے یوں گھبراتا ہوں کہ اس میں مجھے تشابہ بہت لگتا ہے یعنی غزل پڑھتے پڑھتے اللہ رسول کا ذکر آجائے تو مناجات شروع کر دیتا ہوں۔ حال ہوا یہ کہ میں نے لکھائے ہوئے نوٹ میں اپنی طرف سے پیوند لگانے شروع کر دیئے۔ وہ بھی اس طرح کہ اکثر پیوند کا سائز (Size) اصل سے بڑھ جاتا اور پیوند بھی جگہ جگہ سے خستہ و خوار۔ اس پر یک لخت کتاب بند کر دی اور بڑی سنگلاخ انگریزی اور خشمناک لہجے میں فرمایا "دیکھو جی۔ یا تو انعام اللہ خاں سے اچھی انگریزی لکھو اور بولو یا پھر انعام اللہ خاں کی انگریزی رٹو۔

بیچ کا کوئی راستہ نہیں۔" یہ تنبیہ اپنی کلاس کے طالب علموں کو وقتاً فوقتاً دیتے رہے۔ پروفیسر صاحب کے لئے اردو ترجمے کا کام میں نے جس قدر کیا اور موصوف سے جتنی تحسین حاصل کی وہ کسی اور کو نصیب نہیں ہوئی۔ کہا کرتے تھے تمھاری اردو میں مجھے اپنی انگریزی کا مزا آجاتا ہے۔ میں دم بخود ہو جاتا تو انڈے کھلانے کی دعوت دے دیتے۔ طالب علمی اور ڈائننگ ہال کے زمانے میں یہ سودا میرے لئے بڑی کشش رکھتا تھا۔

پروفیسر اے۔ ایف رحمٰن بڑے شرمیلے شائستہ اور شریف انسان تھے۔ متانت اور تہذیب جیسے ان پر ختم ہو گئی ہو۔ نظر نیچی رکھتے گفتگو کرتے اور کلاس میں لکچر دیتے تو گویا منہ سے پھول جھڑتے۔ قیمتی اور اچھے سلے ہوئے سوٹ پہنتے تھے۔ تقریر لباس اور دوسرے طور طریقوں میں اکثر طلبا ان کی ریس کرتے تھے۔ جس طرح اپنے کو سلے دیتے رہتے تھے ویسے ہی دوسروں کے مراتب ملحوظ رکھتے تھے بے تکلف اور بے محابا اپنے ہم چشموں سے بھی نہ ہوتے تھے۔ انگریزی شیریں اور شائستہ لہجے میں بولتے تھے اور کبھی کوئی ایسا لفظ یا فقرہ منہ سے نہ نکالتے جس کے ثقہ یا معیاری ہونے میں شبہ ہوتا۔ ایسا معلوم ہوتا تھا جیسے انگلستان میں انھوں نے میل جول صرف طبقۂ اشراف ہی سے رکھا تھا۔ رہن سہن، وضع قطع، رکھ رکھاؤ کی جو سطح اپنے لئے پہلے دن سے آخر تک قائم رکھی۔ لڑکوں کے اصرار پر یونین کے مباحثوں میں شریک ہونے کے لئے اکثر آجاتے۔ ایسے موقع پر طلبا پروفیسر انعام اللہ خاں کو

کسی نہ کسی طرح راضی کر کے یونین لاتے اور مباحثے کو ترتیب اس طرح دیتے کہ دونوں ایک دوسرے کی مخالفت میں تقریر کریں۔

ایسے مواقع پر بحث میں حصہ لینے کے لئے کالج کے تمام اچھی تقریر کرنے والے طلبا موجود ہوتے اور پوری تیاری کے بعد تقریر کرتے، اس لئے کہ اس تقریر کا اثر بڑا پائیدار اور دور رس ہوتا۔ کالج کے تمام طلبا اس شوق سے اور کثرت سے یونین میں جمع ہوتے جیسے آج کل کسی مشہور فلم دیکھنے کے لئے سینما ہاؤس (Cinema house) پہنچتے ہیں۔ بحث کی ابتدا بالعموم انعام اللہ خاں صاحب کرتے۔ اس میں مصلحت یہ تھی کہ آخر میں ان کی جوابی تقریر بھی سننے میں آئے۔ جب موصوف اصلی "موڈ" (Mood) اور پورے "فارم" (Form) پر ہوتے، پروفیسر رحمن اپنی تقریر میں کسی پر نکتہ چینی نہ کرتے لیکن امور تنقیح طلب کی وضاحت اس طرح کرتے کہ فریق مخالف کے تمام اعتراضات کا جواب آجاتا۔ انعام اللہ خاں صاحب کی انگریزی تو ادق ہوتی ہی، اس سے زیادہ جرم ثقیل میتھالوجی (علم الاصنام) کے وہ حوالے ہوتے جو وہ اپنی طنز و ظرافت کو موثر بنانے کے لئے ملٹن اور ڈانٹے وغیرہ سے بے تکلف دیتے چلے جاتے تھے۔

مسٹر رنیل انگریزی کے بڑے قابل پروفیسر تھے۔ دوسرے انگریز پروفیسر بھی ان کی زبان دانی کے معترف تھے۔ اس زمانے میں انگریزی بولنے کا شوق اس درجہ عام تھا کہ جو طالب علم رنیل صاحب

۔کے کلاس یا ٹیوٹوریل گروپ میں ہوتا اس کے بارے میں یہ حسن ظن عام ہوتا کہ اس کی انگریزی اچھی ہے۔ قاعدے قانون کے خود بڑے پابند تھے۔ اور دوسروں سے پابندی کرانے میں کسی طرح کی رو رعایت گوارا نہ کرتے۔ اس کے صلے یا پاداش میں دو ایک دفعہ کچھ ناخوش گواریاں بھی پیش آئیں لیکن بحیثیت مجموعی رنیل صاحب کا وقار طلبا میں جوں کا توں رہا۔ ڈائننگ ہال کی نگرانی کا کام بھی کبھی کبھی سپرد ہو جاتا اور جس دن اس کی بھنک مل جاتی کہ رنیل صاحب کھانے کے وقت ڈائننگ ہال آئیں گے اس دن ڈائننگ ہال، سروس روم (Serviee Room) باورچی خانہ، مانیٹر، طلبا، سب ہی "اٹینشن (Attention) ہو جاتے اور اس قاعدے کا ڈائننگ ہال ہوتا کہ ہم سب یہ محسوس کرتے کہ کسی انگریزی لنچ یا ڈنر میں شریک ہیں!

اتفاق سے ایک دن کلاس دیر سے پہنچے۔ لڑکے جا چکے تھے۔ دوسرے دن آئے تو کہا جب تک تم کو یہ نہ معلوم ہو جایا کرے کہ میں رخصت پر ہوں یا مر گیا اس وقت تک میری کلاس نہ چھوڑا کرو۔ اور یہ انھوں نے صحیح کہا۔ کلاس وہ اسی پابندی سے لیا کرتے۔ یوروپین اسٹاف نے متفق ہو کر استعفیٰ دے دیا تھا رنیل صاحب شام کی گاڑی سے علی گڑھ چھوڑنے والے تھے، اس دن بھی انھوں نے حسب معمول کلاس لی اور پوری توجہ سے آخری منٹ تک پڑھاتے رہے۔ گھنٹہ بجا اور کلاس سے جانے لگے تو کتاب بند کی اور بولے "حضرات خدا حافظ"۔ اور یہ پہلا موقع تھا جب

ہم سب نے محسوس کیا کہ رنیل صاحب کی آواز کسی قدر گلوگیر تھی۔

ہم سب کے اصرار پر ایک دن مباحثے میں شریک ہونے آئے۔ تقریباً آدھ گھنٹہ بولے۔ اس درجہ رک رک کر اور فقروں کو تول تول کر کہ یہی تقریر اوسط درجے کا مقرر زیادہ سے زیادہ دس منٹ میں کر ڈالتا۔ سامعین سے قطع نظر خود مقرر کے بشرے سے اس کا اظہار نہ ہوتا تھا کہ وہ ہمارے نہیں تو اپنے ہی اکتانے کا احساس رکھتے ہیں۔ تقریر ختم کی تو معذرت کا کوئی فقرہ تک نہیں کہا۔ کچھ دنوں بعد اپنی تقریر کا تذکرہ خود کیا اور فرمایا "اس رات سوا میرے تم سب میری تقریر سے اکتانے لگے تھے۔ میں اس لئے نہیں اکتایا کہ مجھے اپنی ذمہ داری کا احساس تھا۔ میں جانتا ہوں کہ طلبا میرے کہنے کو صحیح مانتے ہیں اس لئے میں احتیاط رکھتا ہوں کہ جو بات کہوں یا لکھوں وہ ہر اعتبار سے صحیح اور مناسب حال ہو۔ استاد کی بتائی باتیں ہر طالب علم نہیں تو کسی نہ کسی طالب علم کے دل میں بغیر اس کے ارادے کے گھر کر لیتی ہیں۔ اس لئے استاد کو بڑا محتاط رہنا چاہیے"!

تین چار گھنٹے تک اچھی تقریروں، برجستہ پوائنٹس آف آرڈر (Points of or) اور شوخ شائستہ نوک جھونک کا سلسلہ قائم رہتا۔ جلسہ ختم ہو جاتا اور لڑکے جائے قیام کی طرف مراجعت کرتے تو ہر بولنے والے کی تقریر کے نقص و ہنر پر اس خوبی سے رائے زنی کرتے کہ آپ جلسے میں نہ بھی شریک ہوئے ہوں تو ان کے ریمارکس Remarks سُن کر یونین کی پوری کارروائی سے واقف ہو سکتے تھے۔ اس طرح یونین

نے اپنی خدمات کی ایک قیمتی روایت قائم کردی تھی جس کا نتیجہ یہ تھا کہ یونین میں کبھی کوئی ایسی بات گوارا نہیں کی گئی جو کالج کے مفاد ومقاصد کے منافی ہوتی!

بعض دوسرے اساتذہ کا ذکر بھی بے محل نہ ہوگا۔ عربی کے مشہور جرمن مستشرق ڈاکٹر ہارووٹز (Dr. Horwitz) میرے علی گڑھ آنے سے قبل یورپ واپس جاچکے تھے۔ ان کے بعد یکے بعد دیگرے پروفیسر اسٹوری (Prof. Storcy) ڈاکٹر ٹریٹن (Dr. Tritton) اور ڈاکٹر شپیز (Dr. Ottspies) آئے۔ موخرالذکر دونوں اصحاب یونیورسٹی پروفیسر کی حیثیت سے تشریف لائے تھے۔ ان سب نے عربی کے ہندوستانی ہمعصر اساتذہ سے بڑی محنت وعقیدت سے استفادہ کیا اور اب یورپ کی بعض بلند پایہ یونیورسٹیوں اور کتب خانوں کے جیّد مستشرق مانے جاتے ہیں۔ آج کون اسے سنے یا مانے گا کہ یورپ کے یہ مشہور عالم فضلا علی گڑھ ہی کے فیض یافتہ ہیں!

مولانا عبدالحق حقّی بغدادی عربی کا درس غالباً برکت علی خاں لکچر روم میں دیا کرتے۔ وہی وقت اسٹریچی ہال میں ٹول صاحب کے اکنامکس کے لکچر کا ہوتا۔ مولانا حقی کی کلاس میں چار پانچ ہی طلبا ہوتے جو بہت قریب بیٹھے ہوتے لیکن مولانا پڑھاتے اس بلند آواز سے تھے کہ وکٹوریہ گیٹ تک آواز صاف سنائی دیتی۔ ٹول صاحب پرنسپل تھے مگر انھوں نے کبھی کوئی تعرض نہ کیا۔ کلاس میں ہم کو بسا اوقات گھبراتے دیکھ کر

کبھی کبھی تھوڑی دیر لکچر دینا بند کر دیتے پھر شروع کر دیتے بالآخر موصوف نے اپنے ہی لکچر کا وقت بدل دیا۔ ایک دفعہ البتہ فرمایا ”میں مولانا کے طاقتور پھیپھڑوں پر رشک کرتا ہوں“۔ ایک طالب علم نے کہا ”جناب والا ہم بھی یہی کرتے ہیں۔ لیکن اپنے اُن ساتھیوں کے کان کے پردوں پر بھی جو مولانا کے درس میں ہوتے ہیں!“ لٹول صاحب نے زہر خند فرمایا ہم سب دم بخود رہ گئے اس لئے کہ لٹول صاحب کے سامنے لب کشائی ہر شخص کے بس کی بات نہ تھی تاوقتیکہ وہ کوئی مہامسخرا نہ ہوتا یا غیر معمولی کھلاڑی یا یونین کا مقرر!

استوری صاحب عربی کے استاد ہونے کے علاوہ غالباً لٹن لائبریری کے چیئرمین بھی تھے۔ موصوف ہر سہ پہر کو گھوڑے پر سوار لائبریری کا کام دیکھنے آتے اور سائیس ساتھ ہوتا۔ ایک دن کیا دیکھتے ہیں کہ گھوڑا لائبریری کے برآمدے کے زینے سے نیچے نہیں اترتا۔ استوری صاحب ہر طرح کی کوشش کر رہے تھے لیکن گھوڑا زینے کے پاس آکر رک جاتا اور پھر ٹس سے مس نہ ہوتا۔ ایسا تماشہ کب دیکھنے کو ملتا تھا۔ طلبا کا ایک ہجوم اکٹھا ہو گیا۔ عجب دھما چوکڑی مچی ہوئی تھی۔ کسی نے صاحب سے فرمائش کی گھوڑے کی پیٹھ پر سوار ہو جایئے۔ ہم لوگ نیچے سے گھوڑے کی لگام کھینچتے ہیں۔ چنانچہ یہی کیا گیا۔ گھوڑے نے زور لگایا تو سب کے سب لگام تھامے برآمدے میں کھنچتے چلے آئے۔ اس پر پورے مجمع نے قہقہہ لگایا تو گھوڑا بدکا اور استوری صاحب

اور زیادہ شرمندہ اور پریشان ہوئے۔ بالآخر ایک صاحب نے سب کو ڈانٹا اور ایک طالب علم کو دوڑایا کہ صاحب کے سائیس کو فوراً بلاکر لاؤ۔ سائیس آیا تو نہایت اطمینان سے اپنے کندھے پر سے جھاڑن اٹھا کر گھوڑے کی دونوں آنکھوں پر رکھی اور بڑی آسانی سے برآمدے سے اتار لایا۔ ایک شوخ لڑکے نے اسٹوری صاحب کو مخاطب کرکے کہا۔ جناب والا "سیئی علم دریاؤ ہے"! موصوف کو اس کہاوت کا مفہوم طرح طرح سے سمجھایا گیا لیکن نہ سمجھے نہ پھر کبھی گھوڑے پر سوار ہو کر لائبریری تشریف لائے!

مسٹر آکٹر ٹونی (Mr. David Auchtertonic) فلسفہ اور انگریزی کے پروفیسر تھے۔ ہمارے گروپ نے شیکسپیر کے ڈرامے بی۔اے میں تین انگریز پروفیسروں سے پڑھے اور ان کی ٹیوٹوریل کلاس میں رہے یعنی پروفیسر رینل (Prof. D. Reynell) پروفیسر آکٹر ٹونی اور پروفیسر پرویس (Prof. S.O. Purvis) جن کی ہیئت عمر اور ڈیل ڈول دیکھ کر سارا کالج پروفیسر پرویس کے بجائے پاپا پرویز کہتا تھا۔ پروفیسر آکٹر ٹونی کے بارے میں کوئی یقین سے نہیں کہہ سکتا کہ ان کا موڈ انگلستان کے موسم کی مانند کب کیا ہوجائے گا۔ ہماری سائڈ کے ٹیوٹر تھے۔ ٹیوٹر کو اُس زمانے میں کم و بیش وہی اختیارات حاصل تھے جو آج کل پروووسٹوں کو ہیں۔ فرق اگر ہے تو غالباً اتنا کہ اس عہد کے طلبا بورڈنگ ہاؤس کے معاملات میں شاذونادر اپنے ٹیوٹر کا سامنا کرتے۔ بہت کچھ

رفت وگزشت تو مانیٹر کر دیتا کبھی کبھی اس سے آگے اسسٹنٹ ٹیوٹر تک پیشی ہو جاتی۔ ٹیوٹر کا سامنا طالب علمی کی زندگی کے "سانحات" میں ہوتا۔ اس کا ایک سبب ٹیوٹر کا بالعموم یورپین ہونا تھا۔ دوسرے یہ کہ آج کل کی طرح طلبا کو خارجی اثرات اور سیاسی لیڈروں کی تائید حاصل نہ تھی۔ دوسری طرف اپنے طرزِ عمل کی سخت جواب دہی کرنی پڑتی تھی۔

اس زمانے میں رات میں تھیٹر دیکھنے کے لئے شہر کا علیحدہ پاس ملتا تھا! ور اجازت ایک دن پہلے لینی پڑتی تھی۔ ایک صاحب کے کوئی عزیز آگئے۔ انھوں نے تھیٹر چلنے کی فرمائش کی۔ طالب علم آکسٹر لونی صاحب کی خدمت میں حاضر ہوا اور صورت حال بتا کر پاس کا طالب ہوا۔ موصوف نے فرمایا کہ ایک دن پہلے کیوں نہیں درخواست کی۔ طالب علم نے وجہ بتائی اور مجبوری کا اظہار کیا اس لئے اور کہ وہ عزیز دوسرے دن چلے جانے والے تھے رد و قدح ہوتی رہی، بالآخر آکسٹر لونی صاحب نے بڑے شریفانہ انداز سے اپنی مجبوری کا اظہار کیا اور یہاں تک فرمایا کہ تم کو کل آنے کی ضرورت بھی نہ ہوگی میں پاس لے کر خود تمہارے کمرے آؤں گا۔ قصہ مختصر، پاس نہ ملا۔ اور یہ خبر ساری سائڈ میں پھیل گئی۔ طلبا نے اس ڈسپلن آموزی کا ایک لطیفے سے جواب دیا۔

قصہ یہ ہوا کہ ایک دن سائڈ ہی کے ایک صاحب آکسٹر لونی کے یہاں پہنچے اور بڑے روہانسے لہجے میں بولے "جناب والا، ہم کو دوسری سائڈ کے ساتھی طعنہ دیتے ہیں کہ آکسٹر لونی صاحب تمہارے ساتھ سینس نہیں

کھیلتے حالانکہ دوسری سائڈ کے ٹیوٹر برابر ایسا کرتے ہیں۔ آکٹرلونی صاحب نے ٹینس کھیلنا تو درکنار شاید کبھی ٹینس دیکھی بھی نہ تھی۔ لیکن بغیر کسی تامل کے فوراً تیار ہوگئے۔ فرمایا کچھ مہلت دو تاکہ میں ایک ریکٹ خرید لوں اور ٹینس کا یونیفارم بھی تیار کرالوں۔ ایک ہفتے کی مہلت طے ہوئی۔ یہ زمانہ ختم ہوتے ہی عمدہ ٹینس یونیفارم میں ملبوس ایک قیمتی انگلش ریکٹ لئے ہوئے ٹھیک وقت پر موصوف ٹینس کورٹ پر پہنچ گئے۔ سائڈ بھر کو پہلے سے خبر کردی گئی تھی کہ آکٹرلونی صاحب اپنے کھیل کا مظاہرہ کریں گے۔ اس لئے سارے طلبا کورٹ کے چاروں طرف موجود تھے۔ آکٹرلونی صاحب کا سب نے چیرز کے ساتھ خیر مقدم کیا، موصوف بھی بہت خوش ہوئے اور فوراً کھیلنے پر آمادہ ہوگئے۔

جس طرح کوئی اناڑی نمازی عیدبقرعید کی نمازوں میں تکبیروں کی تعداد و ترتیب نہ سمجھتا ہے نہ یاد رکھتا ہے اس لئے ہاتھ باندھنے چھوڑنے اسی طرح رکوع میں جانے یا نہ جانے کے لئے کن انکھیوں سے ساتھی نمازیوں کی نقل و حرکت دیکھتا رہتا ہے اور ویسا ہی کرتا ہے۔ آکٹرلونی صاحب بھی کورٹ میں ایسا ہی کرتے رہے۔ گیند سامنے یا آس پاس سے نکل جاتی تو ان کا ریکٹ چلتا۔ سروس (Service) ایک بھی صحیح نہ کرسکے۔ اس لئے کہ ایسا کرنے میں کچھ ایسا بل پڑجاتا کہ گیند کا سابقہ ریکٹ کی تانت کی بجائے تمامتر اس کے فریم یا دستے سے ہوتا۔ تماشائیوں کی دلچسپی کا حال تھا کہ تقریباً تین چوتھائی ہنسی سے بے قابو ہوکر اپنے اپنے کمروں

کی طرف بھاگ گئے۔

کئی دن یہی حال رہا، آکٹرلونی صاحب بڑی پابندی سے آتے اور دلچسپی و تندہی سے کھیلتے۔ اب تمام کھلاڑی گھبرائے اور مصیبت سے نجات پانے کی تدبیریں سوچنے لگے۔ ایک دن کھیل ہونے کے بعد تھوڑی دیر کے لیے خوش گپی کا موقع ملا تو ایک صاحب نے آکٹرلونی کے کھیل کی تعریف کرتے ہوئے کہا جناب والا یہ ٹینس بڑی سخت گیر محبوبہ ہے! آکٹرلونی صاحب مسکرائے اور فوراً جواب دیا جبھی تو میں نے اس کو تمام عمر منہ نہیں لگایا! بات ختم ہوگئی۔ آکٹرلونی صاحب پھر تشریف نہ لائے! اور سب کی جان میں جان آئی۔ لیکن یہ کوئی فیصلہ نہ کرسکا کہ اس کھیل میں جیت کس کی ہوئی، طلبا کی یا آکٹرلونی صاحب کی؟

آکٹرلونی صاحب کی پنسل اکثر لاپتہ ہو جاتی۔ اس کے لیے ترکیب یہ نکالی تھی کہ پنسل کے ایک مختصر ٹکڑے کو بڑے لمبے دھاگے سے باندھ دیا تھا۔ اس پنسل کو لیے ہوئے ہر کمرے یا برآمدے میں آتے جاتے رہتے اور جو کچھ نوٹ کرنا ہوتا کرلیا کرتے۔ اگر پنسل کہیں چھوٹ جاتی تو اس کی تلاش میں سرگرداں نہ ہوتے بلکہ میز تک جس کے پائے سے دھاگے کا دوسرا حصّہ بندھا ہوتا، واپس آتے دھاگے کو کھینچنا شروع کردیتے اور پنسل آموجود ہوتی! یہ کبھی نہ کرتے کہ دھاگے کے سہارے پنسل تک پہنچ جاتے اور اسے اٹھالیتے۔ کھینچنے میں پنسل کہیں اٹک جاتی تو اسے چھڑا آتے اور واپس آکر پھر دھاگا کھینچنے لگتے۔ یہاں تک کہ پنسل میز تک واپس

آجاتی اور اپنی جگہ پر رکھ دی جاتی۔ اپنے کتے سے جو بالکل معمولی دیسی قسم کا تھا۔ بڑی محبت کرتے تھے، وہ مر گیا تو باغ کے ایک گوشے میں دفن کرا دیا۔ قبر پختہ بنوادی اور یہ کتبہ اردو میں لکھوا کر نصب کرا دیا "بھائی تجھ سا کبھو نہ ہوا"۔ غالباً انگریزی فقرے کا ترجمہ ہے:۔

"A brother like three was never born"

باہر گھومتے پھرتے کبھی نظر نہ آئے۔ اپنی کوٹھی ہی کے اندر رہتے یا کلاس لینے آجاتے۔ بڑی محبت اور کھلے دل کے آدمی تھے۔ داؤ پیچ جیسے جانتے ہی نہ ہوں۔ لیکن جہاں ڈسپلن کا معاملہ آجائے آکسٹلونی صاحب کو اُن کے راستے سے کوئی بھی اِدھر اُدھر نہیں کر سکتا تھا۔ گھنٹہ بجتے ہی کلاس میں داخل ہوتے اور ختم ہوتے ہی کتاب بند کر دیتے۔ کمی بیشی کی ان کے ہاں گنجائش ہی نہ تھی۔ پڑھانے کے سوا کلاس میں ایک لمحہ بھی اِدھر اُدھر کی بات نہ کرتے نہ کسی کو کرنے دیتے۔ یہ وتیرہ اُس زمانے کے ہر انگریز پروفیسر کا تھا۔ طالب علموں کی بڑی عزت و محبت کرتے تھے لیکن نہ ان کو اپنا آلہ کار بناتے نہ ان کے آلہ کار خود بنتے۔ یہ صفت اب تعلیم گاہوں میں عنقا ہے۔ اور لطف یہ ہے کہ اس کا کسی کو غم بھی نہیں!

پاپا پرویز سب سے نرالے تھے۔ چوڑی چکلی ہڈی، المباتڑنگا قد، پاٹدار آواز، تقریباً سن رسیدہ۔ ہمہ وقت شراب میں سرشار رہتے۔ کلاس میں بعد لوی صاحب کے بعد سب سے زیادہ بلند آواز میں اس جوش و خروش سے پڑھاتے جیسے شراب کا نشہ زائل نہ ہوا ہو بلکہ بڑھتا جا رہا ہو۔ لیکن

آفریں ہے اس شخص پر کہ معذوری کے باوجود شیکسپیر کے نکات جس خوبی سے واضح کرتے کوئی دوسرا یا تو کر نہیں سکتا تھا، یا کرنا نہیں چاہتا تھا۔ سب سے پہلے لفظی ترجمہ کرتے یہاں تک کہ If (اگر) اور But (مگر) تک کا ترجمہ کر ڈالتے۔ پھر ہر فقرے کے محل اور موقع کی توضیح کرتے اس قدر دم سے جیسے شراب ہی نہیں کسی آسیب کی زد میں ہوں! نظر برابر کتاب پر جمی رہتی، کلاس کی طرف کبھی نہ دیکھتے، مسلسل بولتے چلے جاتے۔ جیسے کبھی پھر بولنے کا موقع نہ آئے گا۔ شراب اور اوقات درس دونوں کے یکساں سختی سے پابند تھے۔ ساتھی یوروپین اور دوسرے اساتذہ سے ربط ضبط نہ تھا۔ معمولاً کسی سے بات چیت کرتے یا اِدھر اُدھر دیکھتے بہت کم پایا گیا۔ اپنے لئے شراب ہی کی قربان گاہ کا انتخاب کیا اور بالآخر اسی کی نذر ہوگئے!

انٹرمیجیٹ میں میرے مضامین قدیم روم و یونان کی تاریخ اور وہاں کا جغرافیہ تھے جن کے لکچرر قاضی جلال الدین صاحب مرادآبادی تھے۔ موصوف ایک زمانے تک علی گڑھ منتھلی کے اُردو سیکشن کے ایڈیٹر اور نگراں بھی رہے تھے۔ بڑی محبت و شفقت سے پیش آتے۔ اسٹاف میں آگیا تو مدتوں ساتھ کام کرنے کی بھی عزت و امتیاز حاصل رہا۔ بڑے ذہین ظریف زندہ دل اور کنبہ پرور تھے۔ مایوس و ملول نہ دیکھے گئے نہ کسی اور کو محفل میں مایوس و ملول رہنے دیتے۔ اساتذہ اور طلبا میں یکساں مقبول و محبوب تھے۔ قاضی صاحب کے بغیر ہر تقریب سونی معلوم ہوتی۔

خوب سوجھتی تھی۔ تفریحی اور ہجویہ نظموں میں اپنا جواب نہ رکھتے تھے بعض شاعری اور شاعروں کی ایسی نقل کرتے کہ ہنستے ہنستے بُرا حال ہو جاتا۔ موصوف کو جتنے چٹکلے، لطیفے اور کہاوتیں یاد تھیں شاید ہی کسی اور کو ہوں۔ جن کو وہ ایسے موقع پر سناتے کہ کیسا ہی افسردہ دل ہوتا پھڑک اٹھتا۔ دعوت کے موقع پر بہت جلد اور بڑے مزے کی نظم لکھ ڈالتے۔ ان کی ظرافت و طنز دونوں کے ہدف میزبان اور اشیائے خورونوش خاص طور پر ہوتیں!

جغرافیہ پڑھانے میں ملکوں، شہروں، دریاؤں، پہاڑوں، جھیلوں کے ٹیڑھے میڑھے طویل الذیل ناموں کو ایسے دلچسپ فقروں، مصرعوں اور مکالموں میں کھپا دیتے کہ ان ناموں کو بھول جانا ناممکن تھا۔ تمام دنیا کے نقشوں کو بھی اسی طرح قابو میں لاتے تھے۔ مقررہ کشش اور شوشوں کو گھٹا بڑھا کر اس طرح لکھتے کہ مخصوص نام یا فقرے سے مخصوص نقشہ تیار ہو جاتا۔ مثلاً بابر بڑا شریر لڑکا ہے۔ اس کو اس طرح لکھتے یا اس کا طغرہ بناتے کہ وہ ہندوستان کا خاکہ بن جاتا۔ نقشہ کھینچنے میں ایسا باکمال مشکل ہی سے کہیں نظر آئے گا۔ آنکھ پر پٹی کیوں نہ باندھ دی جائے جس ملک دریا جھیل یا پہاڑ کا نام لے دیجیے اس کا نہایت صحیح خاکہ بے تکلف اور بہت جلد کاغذ یا تختۂ سیاہ پر کھینچ دیتے! اُس زمانے میں ہندوستانی لکچرر کو بڑی معمولی تنخواہ ملا کرتی تھی۔ ایک موقع پر کسی ناواقف نے دلطن میں سوال کر دیا: قاضی صاحب آپ کو علی گڑھ میں تنخواہ کیا

ملتی ہے ؟ بڑے استغنا لیکن تھوڑی سی تمہید کے بعد جواب دیا، بھئی اللہ کا شکر ہے ڈاکٹر ضیاء الدین اور میری تنخواہ مل کر ایک ہزار روپئے ماہوار ہو جاتے ہیں۔ البتہ ڈاکٹر ضیاء الدین کا نام آہستہ سے بہت ہی روا داری میں لیا اور اللہ کا شکر اور ہزار روپئے بلند آواز سے کہے تھے!

اس طرح کی طباعی نے ان کی ذہانت کو ایک تفریحی یا فلسفیانہ مشغلے کی طرف پھیر دیا۔ الفاظ کی الٹ پھیر اور ان سے معنی اخذ کرنے کے ایسے ایسے نئے اصول گھڑے یا پرانوں کو زیر و زبر کیا کہ بعضوں نے ان کے ہاتھ چومے اور بقیہ نے اپنے سر پکڑ لئے! اس مہم میں راقم السطور ان کا دست راست تھا اور جہاں کہیں ایسے الفاظ کے لئے اصول وضع کرنے یا معنی پہنانے کی ضرورت ہوتی جو کسی طرح قابو میں نہ آتے تو مجھ سے مشورہ کرتے اور میں توجیہہ و تلبیس کے ایسے نوادر پیش کرتا کہ اپنے وقت کا بڑے سے بڑا عطائی بھی امراض یا مذہب کی نہیں کر سکتا تھا۔ میرے مشورے سے ایسے الفاظ کے لئے ایک نیا کھاتا کھول دیا گیا تھا جس کا نام "گھپلا کھاتہ" تھا۔ میرا کہنا یہ تھا کہ بالآخر اس ڈکشنری کے نام رکھنے کا مرحلہ پیش آئے گا اس وقت تک کوئی موزوں تر نام دستیاب نہ ہو سکا تو لغت ہی کا نام گھپلا کوش یا گڈھپ کوش رکھ دیا جائے گا۔ ہندی میں شاید فرہنگ یا لغت کو کوش ہی کہتے ہیں۔ فارسی میں بھی آیا ہے، در عمل کوش ہر چہ خواہی پوش! چنانچہ اس کھاتے میں وہ تمام الفاظ درج کر دئے جاتے جن کی تعبیر و توجیہہ پر نہ قاضی صاحب

کا ضمیر مطمئن ہو تا نہ مجھے اپنی بخشائش کی اُمید باقی رہ جاتی !! ایک خیال یہ ضرور تھا کہ ممکن ہے امتداد زمانہ سے دونوں ہموار ہو جائیں !

قاضی صاحب کا انقلاب آفریں انکشاف یہ تھا کہ انگریزی الفاظ کی بیشتر تعداد اُردو سے سرقہ کی گئی ہے۔ اُردو ہی نہیں بلکہ اُن تمام زبانوں سے جن سے اُردو کا لگاؤ ہے۔ ہندوستان ہی کی زبانوں سے نہیں۔ جن سے قاضی صاحب اور میں واقف تھے۔ بلکہ فارسی و عربی سے بھی۔ فرماتے تھے کہ انگریز پہلے پہل ہندوستان میں داخل ہوئے تو نیم متمدن اور انگریزی ایک کم مایہ زبان تھی۔ چنانچہ اُردو کے جو لفظ جہاں سُنتے اس کو فوراً اپنے تلفظ میں کسی نہ کسی طرح ڈھال کر اپنا لیتے۔ جیسے آج کل تاریخیں اور تہذیبیں ڈھال اور اپنا لی جایا کرتی ہیں۔ جن لوگوں نے قاضی صاحب کو دیکھا ہے وہ موصوف کی طرفہ طرازیوں سے بھی آشنا ہوں گے۔ ان کی ڈکشنری سے مثالیں پیش کرنا طوالت کا باعث ہوگا۔ یوں بھی اس کے بہت سے الفاظ زبان زد ہیں۔ آپ کے تحمل و درگزر کے پایاں ذخیرے پر بھروسہ کرتے ہوئے دو ایک مثالیں لسانیاتی عبرت کے لئے پیش کرتا ہوں۔ مثلاً ٹریژرر Treasurer) خازن کی تادیل اسی طرح کی تھی کہ یہ عموماً تنخواہوں اور بلوں میں کاٹ چھانٹ کیا کرتے ہیں۔ اس لئے ٹریژرر کا یہ عہدہ تریے فقرر کے لئے! پراکٹر Proctor) چوں کہ ڈسپلن کے معاملے میں کسی کی رو رعایت نہیں کرتا اس لئے یہ ماخوذ ہے بڑا اکھٹر سے ڈپٹی Deputy) وہ جو ڈپٹتا ہے، سپرنٹنڈنٹ Superintendent ر

سوپر ڈائنٹ رکھنے والا۔ اُن کے زمانے میں زبانی امتحان وائوا ووسی (Viva Voce) کا مسلم یونیورسٹی ممتحن کو معاوضہ نہیں دیتی تھی۔ اس لئے اس کی تاویل یوں کی گئی تھی "واہ واہ دیسے ہی" (Decoration) ڈیکوریشن نکلا تھا۔ دیکھور سے شان سے۔ پروفیسر ماخوذ تھا۔ بڑر د (پڑا) صفر سے (بصنعت مغلوب) وغیرہ!

اس تفنن کا المیہ یہ ہوا کہ جب یونیورسٹی کی ملازمت سے سبکدوش ہو کر وطن واپس تشریف لے گئے تو اسی لغت کو شائع کرنے کے لئے اپنا ایک پریس کھولا اور جلالی ڈکشنری کے نام سے اسے چھاپنا شروع کیا۔ ہم سب نے اپنے آپ پر تفریح کرنے کے بعد موصوف سے درخواست کی کہ یہ سب بے فکری اور تفریح و تفنن کا ایک مشغلہ تھا اس کو چھاپنے اور شائع کرنے سے محنت و زیرباری کے علاوہ جگ ہنسائی کا بھی سامنا ہوگا۔ لیکن موصوف نہ مانے، کچھ اجزا چھاپ بھی ڈالے۔ بالآخر قضا و قدر کو بیچ میں پڑنا پڑا یعنی قاضی صاحب کو ہم سب سے اور ان کے در نکلنے پریس کو اپنے سے جدا کر دیا۔ ورنہ.... زمینِ چمن گل کھلاتی ہے کیا کیا

کے کیسے کیسے جوبے ہمارے سامنے آتے۔

یونیورسٹی کے بر روئے کار آنے کے بعد چند سال تک کالج کی روایات کا تھوڑا بہت عمل دخل رہا۔ لیکن اس میں کسی شعوری کوشش کا دخل نہ تھا اس لئے کہ اس کے قیام کے ساتھ ہی اثر و اقتدار کے لئے اعیان و اکابر

لہ پورا شعر یوں ہے۔ زمینِ چمن گل کھلاتی ہے کیا کیا بدلتا ہے رنگ آسماں کیسے کیسے

میں کچھ اس طرح کی آویزش شروع ہوئی کہ کسی کو یونیورسٹی کی بہتری و ناموری کا دھیان تک نہ رہا۔ طرح طرح کی خرابیاں پھیلیں۔ یونی ورسٹی پر تحقیقاتی کمیشن بٹھایا گیا اور نوبت یہاں تک پہنچی کہ یونیورسٹی کے علمی، فنی اور تہذیبی رجحانات اور سرگرمیوں نے مذہبی سیاسی جدل و جدال کے لئے جگہ خالی کردی۔ اس سے یونین بھی متاثر ہوئی اور اس کی وہ حیثیت باقی نہ رہی جہاں علمی سطح پر ہر مکتبِ خیال کے افراد آزادی کے ساتھ مباحثے میں شرکت کرتے، بلکہ یک طرفہ فیصلوں کا مرکز بن گئی اور اعلیٰ علمی مباحثوں کی جگہ سیاسی اور وقتی مسائل و مناقشے پر ریزولیوشن پاس کرنا اس کا کام رہ گیا۔ یونین کے اراکین اچھے مباحثے ترتیب دینے اور یونین کے صحت مند تقاضوں کو پورا کرنے کے بجائے سیاسی لیڈروں کو تشریف آوری کی دعوت دینے، ان کو لائف ممبر (Life Member) بنانے اور ان کی "آنکھ کا تارا" بننے کے لئے آپس میں ایک دوسرے سے سبقت لے جانے کی کوشش میں سرگرداں رہنے لگے۔

ضمناً یہاں ایک تبدیلی کا ذکر کروں گا۔ کالج کے زمانے میں اور اس کے کچھ دنوں بعد تک یونین میں کسی مہمان کا خیر مقدم کیا جاتا تو تلطف و تکریم کے اچھے سے اچھے اور زیادہ سے زیادہ کلمات مہمان کے لئے کہے جاتے۔ ان باتوں کا ذکر لطف و احترام سے کیا جاتا جس سے مہمان کا تعلق خاص ہوتا۔ مہمان کی پذیرائی کا مفہوم یہ ہوتا کہ اس کی عزت اپنی عزت، اس کی خوشی اپنی خوشی، اور اس کی خفت

تھی۔ اپنے بارے میں جو کچھ کہتے اس میں انکسار اور وقار ہوتا اور تقریر بہت مختصر ہوتی۔ شریف گھرانوں میں کوئی مہمان آتا ہے تو ہم سب جانتے ہیں کہ مہمان کے ساتھ کیا سلوک کیا جاتا ہے۔ لیکن رفتہ رفتہ یونین کا یہ رنگ نظر آنے لگا کہ مہمان کوئی ہو، موقع کچھ ہو، مہمان کا خیر مقدم "در مدح خود می گوید" کے رزمیہ اور رجز یہ سے کیا جانے لگا وہ بھی اس عزّہ اور عزلوے جیسے زمانہ قدیم کے میدان جنگ میں ایک طرف کا پہلوان دوسری طرف کے پہلوان کو دعوتِ حرب وضرب دے رہا ہو۔ دوسرا پہلوان غریب مہمان ہوتا چنانچہ یونین میں مہمان کی پذیرائی، خودستائی اور خودنمائی کا حیلہ بن گئی۔ اکثر یہاں تک دیکھنے میں آیا کہ سامعین مہمان سے زیادہ میزبان یا میزبانوں کی گرمیٔ گفتار سے مستفید ہوتے رہے۔ ظاہر ہے خودستائی اور خودنمائی اس شخص یا جماعت کا شیوہ ہوتا ہے جسے اس عیب کے سوا کسی دوسرے ہنر کا سہارا نصیب نہیں ہوتا۔ تقسیم ملک کے بعد شکر ہے کہ یونین کی زبونی کا یہ دور جلد ہی ختم ہو گیا اور

سلہ مثلاً یونین کے تعارف میں اکثر یہ توصیفی کلمے استعمال کئے جاتے This mighty Union (یہ توانا اور قادر مطلق یونین!) ضمناً یہاں یہ کہہ دینے میں کوئی مضائقہ نہیں کہ طالب علم تو پھر طالب علم ہیں۔ ہم آپ جیسے "حق بخشوائے" لوگ بھی معمولی سی یہ بات نہیں مانتے کہ "مستند تعریف وہ ہے جو دوسرے ہماری کریں نہ یہ کہ ہم خود اس بارے میں زحمت گوارا فرمایا کریں"۔ لیکن کون ہے جو اس "عیب یا عیاشی" میں مبتلا نہیں!

وہ اپنی دیرینہ قابل قدر روایات کی پیروی پر مائل ہوگئی ہے۔

یونین کے بارے میں جو باتیں بیان کی گئی ہیں ان پر کڑھنا بے سود ہے کڑھنے دینا بھی اچھا نہیں۔ زندگی اور زمانے کے طور طریقے ہمیشہ یکساں نہیں رہتے۔ البتہ یہ ضرور ہے کہ بعض امور اور ادارے ایسے ہوتے ہیں جن میں تبدیلی آتی تو ہے لیکن بہت دیر میں اور آہستہ آہستہ۔ ان کی خوبی اور قدر و قیمت کا راز ہی یہ ہے کہ وہ بہت دیر میں تبدیلی قبول کرتے ہیں اسی ذیل میں یونی ورسٹی اور یونین آتے ہیں جہاں ان روایات اور اقدار کی تعمیر و تشکیل ہوتی ہے جو ہماری قومی سیرت کا سنگِ بنیاد ہوتے ہیں۔ یہ روایات اور اقدار بہت دنوں میں ظاہر ہو رہی ہیں اس لئے بہت دیر تک قائم رہتی ہیں اور قائم رکھی جاتی ہیں، دوسری طرف سیاست کا کاروبار ہے۔ جہاں ہر طرح کی تبدیلی ہر آن رونما ہوتی ہے۔ اس طور پر یونی ورسٹی اور سیاست کا اتحاد بے جوڑ اور ناواجب مانا گیا ہے۔ لیکن آج کل کوئی ایسی سرگرمی دیکھنے میں نہیں آتی جس کا دور یا نزدیک کا رشتہ سیاست سے نہ ہو بالخصوص ادنیٰ سیاست سے!

آج سے پہلے یونین کا اصل مقصد تعلیمی، تفریحی اور تہذیبی تھا اور وہ ایک طور پر یونی ورسٹی یا کالج میں تعلیم پانے والوں کی تربیت گاہ بھی تھی اور تفریح گاہ بھی۔ ملک کی سیاسی فضا کے ساتھ یونین کی فضا بھی بدلی اور جلد ہی یونی ورسٹی اور یونین دونوں سیاسی تہلکوں میں جا پڑے یہاں تک کہ ایک ایسا وقت آیا جب یہ بتانا دشوار ہوگیا کہ تعلیم گاہوں

اور بازاروں میں کون کہاں سے شروع ہوتے ہیں اور کہاں ختم ہوتے ہیں۔ یونین میں طلبا یہ سیکھتے ہیں کہ اپنی بات کس صفائی اور صداقت سے کہی جائے اور دوسرے کی بات کس تحمل اور کشادہ جبینی سے سنی جائے، نیز تقریر کے فنی آداب کیا ہیں اور کس طرح برتے جاتے ہیں۔ یونین کا موازنہ کھیل کے میدان سے کیا جا سکتا ہے۔ جس طرح کھیل کے میدان میں مقابل کھلاڑیوں کو اپنے اپنے ہنر دکھانے کے یکساں مواقع ملنے چاہئیں ٹھیک اسی طور پر یونین میں ایک دوسرے کے نقطۂ نظر کو سمجھنے اور سمجھانے کے یکساں مواقع ملنے چاہئیں۔ بحث و مباحثے کا یہی انداز اور روایات پارلیمنٹری (Parliamentary) کہلاتی ہے۔ اچھی تقریر کرنا میں فن بھی سمجھتا ہوں اور فضیلت بھی۔ فن کو فضائل سے مستحکم اور مزین رکھنا تعلیم گاہوں کے اعلیٰ مقاصد میں ہونا چاہیے۔

گزشتہ اوراق میں آدم جی پیر بھائی منزل کا تذکرہ کرتے ہوئے بتایا گیا تھا کہ اس منزل کے نچلے ایک حصے میں جو ماریسن روڈ کی سمت کھلتا تھا مولانا سید سلیمان اشرف صاحب مرحوم (متوطن بہار) استاد دینیات تا زیست مقیم رہے، اس وجہ سے یہ مقام تقریباً ۳۵۔۔۳۰ سال تک مربع افاضل و اکابر رہا۔ سید محمود کورٹ مغربی کے اسسٹنٹ ٹیوٹر وارڈن (Assistant tutor warden) کی حیثیت سے اس عمارت کے بقیہ نچلے حصے میں جس کا رُخ دکھن کی طرف تھا میرا کئی سال تک قیام رہا۔ اس طرح مولانا کو بہت قریب سے دیکھنے کا موقع ملا۔ مرحوم مجھے نہایت

عزیز رکھتے تھے۔ میں نے مرحوم کی وفات پر ایک مضمون بھی لکھا تھا جو "گنجہائے گرانمایہ" میں شامل ہے۔ مرحوم نے یونین کے مباحثے میں کبھی حصہ نہ لیا لیکن مرحوم کی تقریر کا والہانہ اور خطیبانہ انداز اس زمانے میں بہت مقبول تھا۔

مرحوم کی بعض خوبیوں کا میں بڑا معترف ہوں بڑے ملنے کی شخصیت تھی۔ کسی کا "رعب نہیں مانتے تھے" چاہے اس میں کتنا ہی نقصان کیوں نہ اٹھانا پڑتا۔ لیکن اپنے ساتھیوں، طلبا نیز غریب اور کم حیثیت لوگوں سے بڑے خلوص اور شفقت سے پیش آتے۔ اپنی تقریروں اور تصانیف سے اس درس گاہ کی شہرت میں بڑا اضافہ کیا۔ یونیورسٹی کی مسجد میں عصر اور مغرب کے درمیان اپنے طور پر یعنی بغیر کسی معاوضے کے تفسیر کا درس دیتے۔ اس میں شرکت کے لئے کوئی مجبور نہ تھا۔ لیکن طلبا، اساتذہ اور دوسرے لوگ بڑے شوق اور پابندی سے اس میں شریک ہوتے۔ بعض تو اس طرح جیسے تراویح سننے کا التزام رکھتے ہیں۔ طلبا زیادہ ہوتے ہر شخص کلام پاک کا اپنا نسخہ ساتھ لاتا تھا۔

بغیر کسی طرح کے جبر کے، محض اپنے شوق سے، کلام پاک کا درس لینے کے لئے ایسے طمانیت افزا اوقات میں جیسا کہ عصر و مغرب کے درمیان ہوتا ہے بالخصوص اس زمانے میں جب یہ ادارہ بعد کی غیر صحت مند سرگرمیوں سے محفوظ تھا۔ شریف ذہن ہونہار نوجوانوں کا صاف ستھرے لباس میں (یونیفارم کی قید سے آزاد) کلام پاک کو طرح طرح کے کپڑوں میں

لپیٹے سینے سے لگائے ہر طرف سے کالج کی دلکشا مسجد کی طرف آتے دکھائی دینا کیسا پاکیزہ، آنکھوں کو تازگی اور دل کو گرمی بخشنے والا منظر ہوتا تھا تفسیر کلاس میں شریک ہونے کی مجھے کبھی توفیق نہ ہوئی۔ اس اعتراف میں مجھے بڑی غیرت محسوس ہوتی ہے، لیکن کیا کروں کہ ایسا ہی ہوا۔ درس کا وہی وقت ہوتا تھا جو کھیل کا ہوتا اور یہ تقریباً تمام عمر میری کمزوری رہی کہ میں کھیل چھوڑ نہ سکتا تھا۔

مسجد سے گزرتے ہوئے تفسیر کلاس میں بیٹھنے والوں کی عقیدت واحترام اور درس دینے میں مرحوم کے "جذبۂ بے اختیار شوق" کو دیکھ کر متاثر ہوتا اور دل میں اکثر یہ بات آتی کہ کیسی دلکشا مسجد میں، کتنا شاندار شخص، کس موضوع جلیل پر، کتنا دل افروز درس دے رہا ہے! مردانہ تفریحی کھیل مثلاً کرکٹ، ہاکی، فٹ بال، ٹینس میں شریک ہونے کے لئے جا رہے ہوں، اور راستے میں اس طرح کی تقریب نظر سے گزرے تو اعتماد واحترام، حوصلہ اور حمیت، شوق اور شرافت کے کیسے کیسے جذبات وخیالات ذہن وضمیر میں ابھرتے ہیں۔

مشاعرے، کی علی گڑھ میں بڑی اہمیت رہی ہے محض شعر وسخن کے اعتبار سے نہیں بلکہ ایک تہذیبی روایت کے اعتبار سے بھی۔ یہی بات کم وبیش ان مشاعروں کے بارے میں بھی کہی جاسکتی ہے جو ملک کے مختلف حصوں میں کثرت سے منعقد ہوتے رہتے ہیں۔ مشاعروں

کا جتنا چرچا پہلے تھا اس سے کہیں زیادہ اب ہے۔ اس سے اندازہ کیا جاسکتا ہے کہ اردو شاعری، بالخصوص اردو غزل، کو ہر طبقے میں کس درجہ قبول عام نصیب ہے اور مذہبی تقاریب کے بعد اردو مشاعروں کے لئے عام ہندوستانیوں کے دلوں میں بلا قید مذہب و ملت کتنی وسعت ہے۔

مشاعروں کی روایت عرب سے ایران ہوتی ہوئی ہندوستان پہنچی۔ اس کو جتنی ترقی اور شہرت یہاں نصیب ہوئی شاید خود عرب و ایران میں نہ ہوئی ہو۔ آج کل مشاعروں کا جو رنگ عام طور پر دیکھنے میں آتا ہے اس سے اکثر یہ بات دل میں آتی ہے کہ جس طرح شعر گوئی اور شعر خوانی عرب کے میلے اور بازاروں سے شروع ہو کر ایران اور ہندوستان کے سلاطین اور اُمرا کے درباروں تک پہنچی اس طرح وہ اب درباروں سے نکل کر بازاروں میں پہنچ گئی ہے۔ اس پر حسب توفیق ہم خوش یا ناخوش ہو سکتے ہیں۔ ہمارے خوش یا ناخوش ہونے کا بہت کچھ مدار اس پر ہے کہ پہلے زمانے کے بازار اور میلوں اور آج کل کے بازار اور میلوں میں ہم فرق کرتے ہیں یا نہیں اور ایسا کرنا بھی چاہیے یا نہیں!

شعر و سخن کی ترقی اور اشاعت کا ایک مؤثر اور معقول ذریعہ مشاعرہ سمجھا جاتا تھا۔ سلاطین اور اُمرا کے درباروں تک رسائی حاصل کرنے، ہم چشموں میں امتیاز پانے کا ایک بڑا وسیلہ شاعری تھا۔ اب سے چند سال پہلے تک شعر و ادب کی سرپرستی تمام تر والیانِ ملک اور اکابر و اُمرا کی ذات اور ان کی ریاست سے وابستہ تھی۔ علی گڑھ شعرا کی ان

معنوں میں نو کفالت نہ کر سکتا تھا لیکن ان کی قدر و منزلت میں بیش از بیش حصّہ لیتا رہا۔ اور اس اعتبار سے شعر و سخن کی ترقی میں علی گڑھ کا بڑا قیمتی حصّہ رہا ہے جس کی نظیر شاید کسی دوسری درس گاہ میں نہ ملے۔ کسی شاعر کے کلام کو علی گڑھ میں حسنِ قبول حاصل ہو جاتا تو اس کے اچھے اور مستند شاعر ہونے کی حیثیت مسلّم ہو جاتی۔ فانیؔ۔ اصغرؔ۔ جگرؔ کا کلام علی گڑھ میں بہت پسند کیا گیا۔ اور میں جانتا ہوں کہ اس میں عصبیت کا شائبہ تک نہ تھا۔ ایک زمانے میں لاہور کے بعض عزیز دوستوں نے منظّم طور پر یہ الزام دینا شروع کر دیا تھا کہ علی گڑھ اصغرؔ کے کلام کو بے جا طور پر شہرت دے رہا ہے اور یو۔ پی (U P) سی۔ پی (C P) قسم کے تعصب میں مبتلا ہے حالانکہ اُس زمانے میں علی گڑھ میں حفیظؔ جالندھری صاحب کی مقبولیت کا یہ عالم تھا کہ جب کوئی بڑا مشاعرہ منعقد ہوتا تو اس کا اہتمام کیا جاتا کہ موصوف کو ہر قیمت پر بلایا جائے۔ یہ میں اس لئے کہہ رہا ہوں کہ مدعو کرنے کی ذمّہ داری میرے سپرد کی جاتی۔ خود اصغرؔ صاحب مرحوم مجھ سے کہا کرتے تھے "دیکھئے حفیظؔ کی طرف سے غافل نہ ہو جیے گا۔ اس میں اعلیٰ شاعری کی صلاحیت ہے۔ ایسا نہ ہو کہ یہ رائیگاں جائے"۔ علی گڑھ پر عصبیت کا الزام رکھنے والوں نے اس بارے میں خود حفیظؔ صاحب سے شاید کبھی گفتگو نہیں کی کہ علی گڑھ میں ان کی پذیرائی کس خلوص اور خوشی سے کی جاتی تھی!

حسرتؔ۔ اصغرؔ۔ جگرؔ۔ فانیؔ کے مولانا سہیل بڑے مدّاح تھے۔

حسرت سے سہیل کو یوں بھی بڑی عقیدت تھی جس زمانے میں حسرت کا قیام علی گڑھ میں تھا اور سیاسی معتقدات کی وجہ سے حکومت کے زیر عتاب تھے، ان کے ہاں شاید ہی کسی کا آنا جانا ہوتا، مولانا سہیل دسویں پندرھویں ضرور ملنے جاتے۔ یونین میں انجمن حدیقۃ الشعر، کا سالانا مشاعرہ تھا۔ ثاقب۔ صفی اور محشر صاحبان لکھنؤ سے تشریف لائے تھے۔ ثاقب صاحب کا کلام اس مشاعرے میں بہت پسند کیا گیا، جن کے یہ دو اشعار کالج کے ہر چھوٹے بڑے کی زبان پر تھے:۔

(۱) باغباں نے آگ دی جب آشیانے کو مرے
جن پہ تکیہ تھا وہی پتے ہوا دینے لگے

(۲) ہے روشنی قفس میں، مگر سوجھتا نہیں
ابرِ سیاہ جانبِ کہسار دیکھ کر

ثاقب صاحب نے دوسرے شعر کے پہلے مصرعے کو کئی بار پڑھا اور ہر بار نئے انداز سے بتا کر پڑھا اس کے بعد ثانی مصرعہ فرمایا، تو جیسے پورا مشاعرہ اچھل پڑا۔ دیر تک اور رہ رہ کر ہال تالیوں سے گونجتا رہا۔ ثاقب صاحب نے آنکھوں کو جس طرح گردش دے کر ان کی بے نوری کا اظہار کیا اور کپکپاتے ہاتھوں سے فضا کو ٹٹول کر بے بسی کے ساتھ گر جانے دیا، وہ اب تک نہیں بھولا ہے۔ شعر کو بتا کر پڑھنے میں کسی تصنع کے شائبہ بغیر لیکن ہر صنف سے بھرپور، اور اس امر کا پورا لحاظ رکھتے ہوئے کہ کوئی انداز پایۂ ثقاہت سے گرنے نہ پائے۔ جو کمال

ثاقب صاحب کو تھا میں نے آج تک کسی شاعر میں نہ دیکھا یہ کمال جیسے
اُن ہی پر ختم ہو گیا ہو۔

اس مشاعرے میں جناب اطہر ہاپوری (متوطن ہاپوڑ) پہلی بار شریک ہوئے تھے۔ موصوف اس وقت تک علی گڑھ میں معروف نہ تھے۔ دو تین ہی شعر پڑھے ہوں گے کہ مولانا سہیل چونکے اور حسب عادت فوراً کرسی پر اکڑوں بیٹھ گئے۔ گھٹنوں میں دونوں مٹھی لے لی اور ان پر ٹھوڑی رکھ دی۔ پھر سر ہلا کر بولے "یہ شخص رموزِ شعر سے واقف معلوم ہوتا ہے"۔ جلسے کے بعد مشاعرے کی اچھی غزلوں یا منتخب اشعار کے ساتھ جناب اطہر کے بارے میں مولانا سہیل کا یہ فقرہ بھی لوگوں کی زبان پر تھا۔ واقف کار جانتے ہیں کہ اتنا پہلے اور پہلی بار سہیل صاحب کا فرمانا کتنا صحیح تھا اور فنِ شعر میں اطہر صاحب کی اُستادی کس طرح چالیس سال سے اوپر تک مسلّم رہی۔

عجیب بات یہ ہے کہ اُس عہد میں علی گڑھ کی سخنور اور سخن فہم جماعت اساتذہ سے نہیں بلکہ طلبا میں سے ہوتے تھے، اور عجیب تر یہ اُس زمانے میں تہذیبی روایات اور امتیازات کے نمائندے بھی طلبا ہی تھے!

شاعری میں استادی، شاگردی اور مذہب و اخلاق میں مرشد مرید، یا گرو چیلے کا رشتہ کہیں اور نہیں تو ایشیائی ممالک میں اتنا قوی اور محترم مانا گیا ہے کہ اس کو کبھی کبھی خون کے رشتے سے زیادہ وقعت

دی گئی ہے۔ اس طرح کے رشتے یا ادارے زمانۂ جہالت کے یادگار ہوں یا دورِ اجتہاد و انقلاب کی، اس سے بحث نہیں۔ غرض صرف یہ کرنا ہے کہ ذوقِ شعروادب کی سیرابی اور صحت مندی کے لئے شاگردی استادی، اور اعمال و افکار کے سنوارنے سدھارنے کے لئے مرشد مرید یا گرو چیلے کا جو رشتہ یا ادارہ مشرق میں مدّت الایام سے چلا آرہا ہے وہ اپنے گوناگوں فوائد کے اعتبار سے بہت اہم اور قابل قدر مانا گیا ہے، اور ہندوستانی تمدّن میں اس رشتے اور رابطے کا ایک خاص مقام ہے۔ آج کل نوجوانوں میں جو عام ذہنی انتشار ملتا ہے اس کے جہاں اور بہت سے اسباب ہیں وہاں ممکن ہے ایک یہ بھی ہو کہ اُستاد شاگرد یا مرشد مرید کا ''شخصی'' رشتہ جو مدتوں سے ''مجرّب'' چلا آتا تھا اس کی طرف سے ہم نے اپنی توجہ ہٹالی ہے۔

شاعری میں استادی شاگردی کا رشتہ آج بھی قائم ہے۔ لیکن محض برائے نام یہ کہنا بھی غلط نہ ہوگا کہ اب نوجوان شعراء نہ صرف یہ کہ استادی کی ضرورت نہیں تسلیم کرتے بلکہ ''تلامیذ الرحمٰن'' ہونے کی حیثیت بھی گوارا نہیں کرتے۔ پہلے مستند ادارے دربارِ شعروادب کے اکابر محفلِ مشاعرہ منعقد کرتے تھے جہاں مشاعرے کے بڑے کڑے آداب برتے جاتے۔ اب اکثر مشاعرے دولتمند تاجر یا ٹھیکے داروں کی طرف سے منعقد ہوتے ہیں۔ یا کسی سیاسی یا نیم سیاسی مقصد کے پیش نظر اس طرح کے جلسے کئے جاتے ہیں، جس کا مقصد شعروادب کی اتنی خدمت نہیں ہوتا جتنا

اپنے کاروبار کا اشتہار۔ اس طرح کے جلسوں میں جس طرح کی بدعنوانیاں دیکھنے میں آتی ہیں وہ بانیانِ تقریب اور شعرا میں سے کسی کے لئے قابل فخر نہیں کہی جاسکتیں۔ چنانچہ آج سے ۲۰۔۲۵ سال پہلے مشاعرے کا جو اصلاحی و تہذیبی اثر ہمارے شعروادب، نیز ہمارے معاشرے پر پڑتا تھا وہ تقریباً مفقود ہوگیا ہے۔

کالج کے مشاعرے اور مباحثوں میں "ہوٹنگ" (Hooting) ہوتی تھی، فقرے بھی کسے جاتے تھے، لیکن ایسے کہ اکثر اچھے شعر کا مزہ دے جاتے۔ بدتمیزی اور بے غیرتی کا مظاہرہ نہیں ہوتا تھا۔ طالب علم ہر زمانے میں طالب علم ہی رہا ہے۔ یہ بھی صحیح نہیں ہے کہ پہلے طالب علم فرشتے ہوتے تھے اور اب فرشتے کی دوسری قسم۔ زندگی اور زندہ دلی عبارت ہی ہے نوجوانوں اور طالب علموں سے لیکن وہ طالب علم ہی نہیں "برہما" کیوں نہ ہوں انسانیت سے گزریں گے تو انسانوں کے نزدیک قابل مواخذہ ٹھہریں گے۔ نوجوانوں کو یہ ماننا پڑے گا کہ نالائقی کا جواز نہ مذہب ہے، نہ وطنیت، نہ سیاست، نہ مزدور، نہ سرمایہ دار، نہ خود نوجوان ہونا!

اس زمانے میں شعرا دبستانوں اور استادوں میں تقسیم تھے۔ جن کو ایک مجلس میں یکجا کرنا مشکل ہوتا تھا۔ کبھی ایسا ہوجاتا تو بدمزگی کی نوبت بھی آجاتی۔ لیکن علی گڑھ کی دعوت پر اور یہ دعوت ہمیشہ طلبا کی طرف سے ہوتی، ہر دبستان کے استاد اور ان کے پیرو

آجاتے اور اپنا کلام بڑے شوق اور حوصلے سے سناتے۔ سبب یہ تھا کہ علی گڑھ نے اپنے آپ کو کسی دبستان سے کبھی وابستہ نہیں کیا اور جانبداری کی بناپر کسی شاعر کے کلام کو کبھی اچھالنے یا گرانے کا مرتکب نہیں ہوا!

شعرا کے خیر مقدم میں ایک نظم پڑھی جاتی جو اس پائے کی ہوتی کہ باہر سے آئے ہوئے شاعر ایک طور سے سنبھل جاتے کہ کالج میں اچھے سخنوروں کا سامنا ہے۔ یہ نظم حاضرین کو مشاعرے کے آداب اور کالج کے اعلیٰ روایات کو آخر تک نظر میں رکھنے کی بڑی موثر یاددہانی ہوتی۔ مشاعرے کے بعد مہمان شعرا بڑے شوق و شفقت سے اکثر طالب علم شعرا سے ملنے ان کے کمروں پر جاتے۔ طلبا بھی ان کی پذیرائی بڑی عقیدت سے کرتے اور ان کی تواضع و تکریم میں کوئی دقیقہ اٹھا نہ رکھتے۔ اپنے اشعار سناتے، ان کے سُنتے اور شعر و شاعری پر تنقید و تبصرہ ہوتا۔ ان صحبتوں میں مولانا سہیل۔ سہا، اور فہمی اور شعر و ادب کے رموز سے آشنا دوسرے سینیر (Senior) طلبا موجود ہوتے۔ دورانِ گفتگو میں فارسی اور اکابر شعرا کا کلام زیر بحث آتا اور طرح طرح سے ان کی خوبیاں واضح کی جاتیں۔ ان صحبتوں میں مولانا سہیل کی نکتہ سنجی اور معنی آفرینی بڑی دلچسپ اور فکر انگیز ہوتی۔ مولانا کی پوزیشن (Position) اُس زمانہ میں کالج میں وہی تھی جو کبھی شبلی اور حالی کی تھی۔

علی گڑھ کی یہی روایات اور یہی رکھ رکھاؤ تھا جس نے شعر و ادب کے دبستانوں (دلی۔ لکھنؤ۔ آگرہ۔ عظیم آباد۔ رام پور وغیرہ) کی تفریق

مٹادی تھی) ۔ آج تک علی گڑھ نے شعروادب کے اپنے کسی دبستان کا دعویٰ نہ کیا۔ اس لئے کہ وہ شعروادب کو خانوں میں مقید کرنے کے بجائے اس کی فنّی استواری اور آراستگی، فطری سادگی اور دلکشی اور تہذیبی توانائی کو عام کرنے اور کارآمد بنانے کا حامی تھا۔ علی گڑھ کسی کی ذاتی جاگیر نہ تھا، بلکہ ہماری پوری تہذیب کا مرکز تھا، جہاں تنگ نظری اور تنگ ظرفی کبھی دخل نہیں پا سکتی تھی۔ ہر وہ بات جو وزن و وقار اور خوبصورتی سے کہی یا کی جائے، علی گڑھ کا حصّہ تھی۔ کھیل ہو، مباحثہ ہو، شعروشاعری ہو، مہانداری ہو یا محفل اور معرکہ آرائی ہو، ہم کو اس کا حوصلہ ہوتا اور یقین رہتا کہ ہم سے بازی لے جانے والا کوئی نہیں اور یہیں کہیں وہ مقام ہے جہاں پہنچ کر حالیؔ نے کہا ہے،،۔

اسپِ تازی کی طرح تھی قوم تازی بھی غیور

اور اقبالؔ نے کہا:۔

شان آنکھوں میں نہ جچتی تھی جہاں داروں کی

طلبا کی طرف سے ایم۔ اے۔ او۔ کالج میں حسب حال "خطابات" دیے جاتے تھے۔ جیسے فش پانڈر (Fishhand) کہتے تھے۔ اصل مقصد نوان کا تفریح ہوتا لیکن لوگوں کو مناسب حدود میں رکھنے کے لئے یہ بڑے کارگر ہوتے تھے۔ اس کا پتہ چلانا بڑا مشکل تھا کہ یہ خطابات کون تصنیف کرتا تھا اور کس طرح یہ شائع کئے جاتے تھے۔ یہ جتنے برجستہ ہوتے

اتنے ہی حقیقت حال کے ترجمان بھی ہوتے۔ بعض خطابات میں پاسداری یا دل آزاری کا بھی دخل ہوتا، لیکن ایسا بہت کم ہوتا تھا۔ بعض مقامات اور ممالک کے بارے میں کہا جاتا ہے کہ وہاں بہار کسی دن نمودار ہو جاتی ہے اور کسی کو نہیں معلوم ہوتا کہ یہ کب اور کس طرح آئی۔ اسی طرح خطابات کی فہرست غیر متوقع طور پر کسی روز صبح کو کالج کے در و بام پر چسپاں نظر آتی اور چند گھنٹوں کے اندر وہ خطابات ہر ایک کی زبان پر ہوتے بالعموم وہ "رازِ درونِ خانہ" کے غماز ہوتے۔ اس لئے اکثر اصحاب ان کی طرف سے خائف رہتے۔ ایم۔ اے۔ او۔ کالج کے بعد ان خطابات کا معیار گرنے لگا، اس لئے ان کی اہمیت بھی کم ہوتی گئی۔ بالآخر یہ ختم ہو گئے۔

یہ خطابات کافی نہ سمجھے گئے تو غالباً ۱۹۲۰ء میں انگریزی میں ایک پمفلٹ "جھانپلزم ایکٹ" کے نام سے شائع ہوا اُس کا مقصد بد توفیقی اور بد مذاقی کا جس کو 'جھانپلزم' اور جس کے مرتکب کو "جھانپل" کہتے تھے انسداد تھا۔ یہ پمفلٹ (Pamphlet) "علی گڑھ میگزین" کے انگریزی سیکشن (Section) میں شائع ہوا تھا۔ اس کے مصنفین پردۂ خفا میں رہے۔ یہ خیال قطعاً بے بنیاد ہے کہ اس کی تصنیف میں راقم السطور کو دخل تھا کوشش کی تھی کہ کہیں سے اس کا نسخہ دستیاب ہو جائے تو نظر ثانی کر کے شائع کر دیا جائے اور بعض دفعات و تشریحات قارئین کی دلچسپی کے لئے یہاں نقل کر دوں لیکن کامیابی نہیں ہوئی اس

کے مضامین اور موضوعات بھی اچھی طرح یاد نہ رہے۔ زبان اور لہجہ وہی تھا جو تعزیرات ہند کا ہے۔

اس کی دفعات ان حماقتوں سے متعلق تھیں جو اکثر ہم سے وقتاً فوقتاً سرزد ہوا کرتیں مثلاً نسل یا خاندان پر اترانا، اپنے لباس یا ورزشی جسم یا قابلیت کی نمائش کرنا، اہم شخصیتوں سے اپنے تعلقات جتانا، بڑے آدمیوں میں رہنا یا بڑا آدمی بننے کی کوشش کرنا، شعروادب یا علم وفن پر سُنی سنائی رائے دینا وغیرہ ان سب کے لئے مناسب سزائیں مقرر تھیں۔ ان میں سے ایک یاد رہ گئی ہے یعنی جو شخص 'جھانپل' قرار دیا جائے اس کے سامنے کھڑے ہو کر آنکھوں میں آنکھیں ڈال کر اس کی ناک کے قریب تین چار بار چٹکی بجا دینا

اس ایکٹ (Act) کی زد میں آنے سے لوگ احتیاط کرنے لگے تھے اور اس کی ایسی شہرت ہوئی کہ ہر شخص کی زبان پر اس کا نام رواں ہو گیا اور موقع بے موقع اسے کام میں لانے لگے۔ ایک بار لطیفہ یہ ہوا کہ ایک صاحب کو ان کے ایک حریف نے "جھانپلزم" کا مرتکب ثابت کئے بغیر سزا دے دی جو 'جھانپلزم' کے لئے مقرر تھی۔ اس پر سرزنش کی گئی اور فیصلہ یہ دیا گیا کہ 'جھانپلزم کی سزا صرف 'جھانپل' کے لئے مقرر ہے، کوئی غیر 'جھانپل'، نہ اس کا مستحق ہو سکتا تھا نہ مستوجب!!

سب سے دلچسپ پوزیشن (Position) فائننگ ہال کی

تھی۔ یہاں کے کھانے کی جو شکایت میرے زمانے میں تھی اس سے پہلے بھی وہی تھی اور آج بھی وہی ہے۔ شکایات کے اعتبار سے ایسا سدا بہار ادارہ شاید ہی کہیں اور ہو۔ میری طالب علمی ہی کے زمانے میں ۱۵۔۲۰ سال اُدھر کے ایک اولڈ بوائے علی گڑھ تشریف لائے تھے۔ کھانا کھانے ڈائننگ ہال پہنچے۔ ہال میں داخل ہوتے ہی مسکرائے، پھر بولے:۔ بوئے جوئے مولیاں آید ہمی

کھانے پر بیٹھے۔ پہلا ہی لقمہ لیا تھا کہ اُچھل پڑے۔ بولے "خدا کی قسم وہی ٹھاٹھ ہیں!"

کھانے کی شکایت زیادہ ہونے لگتی تو کسی دن کالج کے آنریری سکریٹری صاحب باورچی خانے سرویس روم (Service Room) ڈائننگ ہال کے ملازمین کو صلواتیں سُنانے ایک آدھ بے محل شعر پڑھتے ہوئے گزر جاتے اور سارا گلہ جاتا رہتا۔

موجودہ طلبا کو شاید یقین نہ آئے کہ ۱۹۱۵ء سے ۱۹۲۱ء تک (میرے عہدِ تعلیم میں) جتنا اور جس طرح کا کھانا ڈائننگ ہال سے ملتا تھا اس سے بحیثیت مجموعی آج بہتر ہی ملتا ہے۔ کھانے کی طرف سے بے اطمینانی کے جو اسباب اس وقت بتائے جاتے تھے قریب قریب آج بھی وہی قرار دیے جاتے ہیں۔ یہ خیال بھی اتنا صحیح نہیں ہے جتنا کہ سمجھا جاتا ہے کہ اُس زمانے میں کھاتے پیتے گھرانوں کے طالب علم آتے تھے جو ڈائننگ ہال سے علیحدہ یا اس کے علاوہ اپنی پسند کے کھانوں کا پرائیویٹ طور پر

انتظام رکھتے تھے۔ آج کل کے طلبا بھی اسی طرح کا انتظام رکھتے ہیں۔

ڈائننگ ہال کا کھانا چاہے جیسا ہو، ڈائننگ ہال کا ادارہ یہاں کے طالب علم کی عام زندگی پر بہت زیادہ اثر انداز رہا ہے۔ میں سمجھتا ہوں کہ خوش طبعی کے جتنے اور جیسے محرکات علی گڑھ والوں کے لئے مدت دراز سے ڈائننگ ہال نے فراہم کئے ہیں، یہاں کی عام زندگی میں شاید ہی کسی اور ادارے نے کئے ہوں۔ جو اصحاب علی گڑھ سے جا چکے ہیں ان سے گفتگو آئے تو باوجود ان شکایتوں کے جو ان کو یہاں کے کھانے یا کسی اور بات سے رہی ہو ڈائننگ ہال اور اس کے "متعلقین اور متعلقات" کا تذکرہ لطف کا کوئی نہ کوئی فقرہ کہے بغیر نہ کریں گے۔ اپنے عہد میں میں نے اور ساتھیوں نے ڈائننگ ہال کے کھانے پر طبع آزمائی کرنے میں کوئی کسر نہ اٹھا رکھی تھی۔ صاحب باغ میں جہاں صرف سینیرز (Senior طلبا رہا کرتے تھے کبھی کبھی ڈائننگ ہال کے کھانوں پر ایک طرح کا سیمینار (Seminar) منعقد ہوتا۔ طرح طرح کی تنقیحیں قائم کی جاتیں اور فیصلے صادر کئے جاتے۔ ان میں بیشتر تو سپرد قلم نہیں کئے جا سکتے، بعض قانونی اور بعض نہایت درجہ سائنٹیفک اور ٹیکنیکل ہوتے۔ قارئین کے تفنن طبع کے لئے یہاں دو ایک عرض کئے جاتے ہیں:۔

ایک صاحب نے " بتایا کہ" ان کی تحقیقات کی رو سے کالج کا کوئی طالب علم نہ تو شرعی گواہ ہو سکتا ہے نہ کسی الیکشن میں ووٹر (Voter) اس لئے کہ جب تک کالج کی تعلیم حاصل کرنا اور ڈائننگ ہال کا کھانا

کھاتا رہے گا نہ عاقل ہو سکتا ہے نہ بالغ۔"

ایک صاحب دائمی قبض میں مبتلا تھے۔ ان کے بارے میں تشخیص یہ ہوئی کہ جب تک ڈائننگ ہال کا کھانا نہ چھوڑیں گے۔ قبض ان کو نہ چھوڑے گا۔ اس لئے کہ ان کا ہاضمہ اتنا قوی اور ڈائننگ ہال کا کھانا اتنا ضعیف ہوتا ہے کہ کھانے کا فضلہ بھی ان کا جزو بدن ہو جاتا ہے"۔ اسی سے ملتی جلتی ایک تشخیص یہ بھی تھی کہ فضلے یا مادّے کو انرجی (توانائی) (Energy) میں تبدیل کرنے کا انقلاب آفریں اُصول اور انکشاف کچھ اسی طرح کے کرشمے کا رہین منت تھا۔"

کالج کے تمام شعبوں کی طرح ڈائننگ ہال کا ڈسپلن بھی بہت سخت تھا۔ ایک سے ایک بگڑے دل طالب علم کیسے کیسے متمدن نیم متمدن یا غیر متمدن دیار یا خاندانوں سے آتے تھے لیکن مانیٹر اور ڈائننگ ہال کے عملے سے کبھی تعرض یا عز مغش نہیں کر سکتے تھے۔ ڈائننگ ہال ایسی لبورٹری بھی شاید ہی کہیں نظر آئے۔ ہر طالب علم کو اختیار تھا کہ وہ مقررہ قیمت ادا کر کے اپنے لئے کوئی اور چیز پکوائے لیکن کھانا پڑتا تھا۔ ڈائننگ ہال ہی میں سب کے ساتھ ایک ہی میز پر! اس لئے ساتھیوں کا لحاظ کر کے عموماً ایسا نہ ٹھاٹھ کے کھانوں کی فرمائش شاذ و نادر ہی کی جاتی۔ فرمائش چاہے مرغ مسلم کی ہو یا متنجن یا مونگ کی دال شوربا یا کھچڑی کی ان سب کا نام و پتہ ایک ہی تھا یعنی "پرہیزی"! طالب علم کی توجہ دلانے پر آواز یہی دی جاتی فلاں صاحب کا "پرہیزی" لاؤ۔

اور پرڈائننگ ہال کی مثال لبوٹری سے دی گئی ہے ۔ قصہ یہ ہے کہ
بنیادی کھانے تو چند ہی پکتے ۔ لیکن سروس یا ریسرچ روم میں لیب اسسٹنٹ
Lab.- Assistant یا باورچی چشم زدن میں ایک کھانے کو دوسرا کھانا
بنا دیتے ۔ مثلاً کسی کا پرہیزی ہے شامی کباب یا سیخ کباب یا کوفتہ یا قیمہ،
لیکن باورچی خانے میں صرف ایک جز تیار کی جاتی یعنی اُبلا قیمہ ۔ اسی قیمے
کی قلب ماہیئت اور مناسب ڈریسنگ کرکے اور شکل دے کر شامی کباب
سیخ کباب، کوفتہ یا قیمے کی شکل میں پیش کر دیتے ۔ صرف اُبلی ہوئی ترکاری
موجود ہوتی ۔ ضرورت کے وقت اس کو ترکاری قلیہ، شوربے دار ترکاری و
ترکاری گوشت یا محض ترکاری کی حیثیت دی جاتی ۔ کھچڑی مانگی تو خشکہ اور
دال مونگ کو اس طرح ملا کر پیش کر دیا کہ وہ کھچڑی ہو گئی ۔ دال مونگ اور
خشکہ الگ الگ طلب کیا گیا تو وہ پہلے سے موجود ہوتا ۔ چنانچہ تمام نسخے چند
مفردات سے تیار کرکے تیار کر دیے جاتے ۔ آج بھی ایسا ہوتا ہو تو
عجب نہیں یہ اور بات ہے کہ پہلے اس طرح کے شعبدوں کو یہاں کی
زندگی یا کھیل کا ایک جُز قرار دے کر خوشی خاطر قبول کر لیتے ۔ اب شاید
ایسا نہ کرتے ہوں ۔ واقعہ یہ ہے کہ جس کو اصطلاحی اسپورٹ کہتے ہیں
اس کے ریکارڈ تو آج کل توڑتے رہتے ہیں اور توڑنے والے دنیا میں
نام پاتے ہیں ۔ لیکن جس کو حقیقی معنوں میں اسپورٹس مین شپ کہتے ہیں وہ مفقود
ہے ۔ حالانکہ اسی کو میں افراد اور سوسائٹی دونوں کی سب سے اعلےٰ
صفت (خلاصہ انسانیت) سمجھتا ہوں آپ بھی سمجھتے ہوں تو مجھے بڑی

خوشی ہوگی۔

طنز و ظرافت کی میری ابتدائی مشق کچی بارک اور ڈائننگ ہال ہی سے شروع ہوئی۔ یہی کچی بارک اور ڈائننگ ہال علی گڑھ سے باہر کہیں نصیب ہوئے ہوتے تو کچھ تعجب نہیں طبیعت یا تو طنز و ظرافت کی طرف مائل ہی نہ ہوتی یا لکھنے کا وہ انداز میسر نہ آتا جو یہاں آیا۔ اس لئے کہ ان محرّکات ہی سے حسن کا بہت کچھ مدار ماحول اور مطالعہ پر ہوتا ہے ان کا درجہ متعین ہوتا ہے۔ علی گڑھ اور متعلقہ ادارے جن میں ڈائننگ ہال بھی ہے ایک زندہ قوم کی امیدوں اور عزیمتوں کے آئینہ دار ہیں۔ ان اداروں میں اگر کوئی خلل راہ پائے گا تو وہ نوجوانوں میں بیزاری یا بد اطواری پیدا کرنے کے بجائے اپنے آپ کو ان کی طنز و ظرافت کا نشانہ بنانے اور اصلاح کرانے میں معین ہوگا۔ جو قوم اپنی خامیوں کو جس حد تک طنز و ظرافت کا نشانہ بنانے اور اس طور پر ان کی اصلاح کرنے کا حوصلہ اور ظرف رکھتی ہے اسی حد تک اس کی بڑائی کا درجہ متعین ہوتا ہے۔

مقررہ یونیفارم میں، مقررہ اوقات میں، مقررہ آداب کے ساتھ ڈائننگ ہال جاکر ہر طرح کے ساتھیوں کے ہمراہ سالہا سال کھانا، پینا، ہر موضوع پر آزادی کے ساتھ گفتگو کرنا، طبیعت کتنی ہی بدحظ یا افسردہ کیوں نہ ہو کھانے کی میز پر اچھے لوگوں کے طور طریقے ملحوظ رکھنا مانیٹروں (Monitors) منشیوں نوکروں سے طرح طرح کے مواقع پر عہدہ برآ ہونا، ایسی باتیں تھیں جو سیرت میں توازن اور شخصیت میں دل آویزی

پیدا کرتی تھیں۔ میرا خیال ہے کہ اپنی کوتاہیوں کے باوجود ڈائننگ ہال آج بھی ہمارے طلبا کی سیرت پر بحیثیت مجموعی صحت مند اثر ڈال رہا ہے اور یہ اس لئے کہہ رہا ہوں کہ میں نے یہ بات مسلسل محسوس کی ہے کہ جب کبھی کسی وجہ سے ڈائننگ ہال کچھ دنوں کے لئے بھی بند رہا اور کھانا کمروں پر بھیجا گیا بحیثیت مجموعی طلبا کے عام ڈِسی پلن (Disciplineر) میں اختلال واقع ہوا۔ جن لوگوں میں ساتھ کھانے پینے کا دستور نہیں، ان میں کبھی اتحادِ خیال و اتحادِ عمل نہیں پیدا ہوسکتا!

ایم۔اے۔او۔ کالج میں ہر مہینے ایک آدھ بار انگلش ڈنر Dinner ہوتا اس کی معمولی سی فیس ہوتی۔ ڈنر کی صدارت بالعموم انگریز پروفیسروں میں سے کوئی کرتا۔ کبھی کبھی یورپین خواتین بھی مدعو ہوتیں۔ مقصد یہ تھا کہ یہاں کے طلبا چھری کانٹے سے کھانا کھانے کے علاوہ ان کے آداب سے بھی واقف ہو جائیں جو کھانے کی میز پر ملحوظ رکھے جاتے ہیں۔ یہ بڑا اچھا اور مفید طریقہ تھا۔ ہم میں بہت کم ایسے لوگ ہیں جو چھری کانٹے سے کھانا کھانے کے طریقے اور میز کے آداب سے پوری طرح واقف ہوں۔ یہ کوئی قابل فخر بات نہیں ہے کہ ہم کو میز پہ اناڑیوں کی طرح چھری کانٹے استعمال کرتے دیکھ کر دوسرے ہم پر ہنسیں یا ترس کھائیں۔

علی گڑھ کے طلبا کا یہ امتیاز رہا ہے کہ وہ اہم شخصیتوں سے ملنے، کھانے پینے، اٹھنے بیٹھنے، ہنسنے بولنے اور ہر طرح کے موقعوں پر مقررہ آداب سے عہدہ برآ ہونے کی خاص صلاحیت رکھتے ہیں۔ یہ استعداد کچھ تو اُس

زمانے کے عام مسلمان گھرانوں کی روایات کی دین تھی۔ لیکن اس کی بہت کچھ تربیت ان یورپین پروفیسروں سے ملتی تھی جو دوسرے موقعوں کے علاوہ کھانے کی میز پر یا کھیل کے میدان میں ساتھ ہوتے اور ضروری آداب سے ہم کو آشنا کراتے رہتے۔ اس طرح ہم میں خود اعتمادی پیدا ہوتی اور جھجھکنا ہچکچانا ہمیشہ کے لئے دُور ہو جاتا یہی وہ صلاحیت تھی جس نے "علی گڑھ بوائے" کو اس زمانے میں خاص طور پر ممتاز کر دیا تھا، اور جہاں کہیں کوئی معرکہ درپیش ہوتا، مثلاً قحط یا وبا وغیرہ، وہاں وہ گورنمنٹ کی طرف سے مدعو کیا جاتا اور اُس مہم کو سر کرتا!

انگریزوں کے چلے جانے کے بعد کہا جانے لگا ہے کہ اس طرح کے کھانے پینے کے طریقوں کے سیکھنے برتنے کی ضرورت باقی نہیں رہی۔ یوروپین طریقے سے کھانے کا دستور اب ہندوستان ہی میں نہیں تقریباً ساری متمدن دنیا میں عام ہو گیا ہے اور ان طریقوں سے واقف ہونا ایک طور پر شائستگی کی علامت سمجھا جاتا ہے۔ اس کا اب کوئی خاص تعلق انگریزوں سے نہیں ہے۔ آج کل اہم اور اعلیٰ تقاریب میں جہاں دوسرے ممالک کے سربرآوردہ اصحاب خورونوش پر مدعو ہوتے ہیں ہمارے بعض اکابر کھانے پینے، ہنسنے بولنے، اور شائستگی کے آداب ملحوظ رکھنے میں ایسی غفلت برتتے ہیں یا اُن سے اس درجہ ناواقف ہوتے ہیں کہ دوسرے درپردہ ان سے متنفر ہوتے ہیں یا ان پر ہنستے ہیں۔ اس کا زیادہ تر سبب یہ ہے کہ اُن اکابر نے یا تو تمیز دار لوگوں

کے ساتھ دستر خوان پر کھانا کھانے کے آداب نہیں سیکھے یا کھیل کی مناسب تربیت نہیں پائی!

آج کل جب "ایک عالمی حکومت" کے قیام پر زور دیا جارہا ہے "ایک عالمی دستر خوان" پر بیٹھنے کے مطالبات بھی پورے کرنے ہوں گے تا اوّل الذکر کا خواب شرمندۂ تعبیر ہو یا نہ ہو موخرّ الذکر کے آثار ظاہر ہونے لگے ہیں۔ عام طور سے دیکھا ہے کہ جس سوسائٹی میں لوگ الگ تھلگ رہتے ہیں، یا رکھے جاتے ہیں، وہاں کے افراد اپنے آپ پر اعتماد کرتے ہیں نہ دوسروں کا اعتبار کرتے ہیں۔ اس کے علاوہ تنگ نظر اور خود پسند بھی ہوتے ہیں۔ وہ انفرادی یا اجتماعی طور پر اعلیٰ کام کرنے کی نہ صلاحیت رکھتے ہیں نہ ایسا کرنے کا حوصلہ کر سکتے ہیں!

علی گڑھ یونیورسٹی کی حیثیت محض ایک درسگاہ کی نہیں ہے اس کی نوعیت ایک وسیع خاندان کی بھی ہے۔ ایسا خاندان جو ہر طبقے اور مزاج کے "خورد و کلاں" پر مشتمل ہو۔ طلبا کی اقامت گاہوں کے آس پاس اساتذہ، اولڈ بوائز (Old Boys) اور دوسرے چھوٹے بڑے ملازمین اور متوسلین کے خاندان بھی دور اور نزدیک پھیلے ہوئے ہیں۔ یونیورسٹی کے کسی سکونتی مکان میں بیرونی یا غیر متعلق شخص کو ذاتی حیثیت سے رہنے سہنے کی اجازت نہیں۔ شریف نوجوان طلبا کی موجودگی کا احسان ان خاندانوں کو اور ان خاندانوں کی رہن سہن اور عزت و ناموس کا لحاظ

ان طلبا کو غیر شعوری طور پر رہتا سا اس طرح شریف گھرانوں کی روایات کا پاس مدّت الایام سے ہمہ وقت دونوں کو رہتا آیا ہے۔ اس لئے یہاں کوئی ایسی نامناسب بات آسانی سے راہ نہیں پا سکتی جو ہماری دیرینہ قیمتی روایات کو مجروح کر سکے۔ چنانچہ جب سے یہ ادارہ قائم ہے آج تک کوئی ایسا حادثہ اس کے حدود کے اندر پیش نہیں آیا جو ہمارے دیرینہ شرافت کا منافی ہو۔

علی گڑھ کی روایات کی دھوپ چھاؤں میں مختلف دیار، مختلف طبائع اور طبقات کے جتنے طلبا ایک دوسرے کے کمروں میں، بورڈنگ ہاؤسوں میں، بورڈنگ ہال میں، کھیل کے میدانوں میں، یونین میں، مسجد میں، باغ میں، بازار میں، جماعت اساتذہ کے اراکین سے، اولڈ بوائز سے متواتر اور مسلسل ملتے جلتے رہتے ہیں اتنے شاید ہی کہیں اور نظر آئیں۔ اس طور پر ظاہر ہے، یہاں کے طلبا میں فرخی، فرزانگی اور فراز بینی کے اوصاف پیدا ہوں گے جو اعلیٰ ظرافت و طنز نگاری کے لئے ضروری ہیں۔ علی گڑھ نے اچھے طنز نگار بھی پیدا کئے لیکن وہ جلن کے اتنے پیدا وار نہ تھے جتنے جلال کے۔ ان میں اتنی بد دلی یا بیزاری نہ تھی جتنی برہمی، وہ اتنے بدمزاج یا بدباطن نہ تھے جتنے بے باک اور بے پناہ معیاری طنز کے لئے یہ شرائط ضروری ہیں۔

انگریزی سوسائٹی کے طور طریقوں سے آشنا کرانے کے لئے کالج

یں "مسنر ٹول سوسائٹی" تھی جس میں ہر مہینے دو ایک بار انگریزی میں مضامین پڑھے جاتے اور ان پر بحث ہوتی۔ اس کے علاوہ دیر تک دوسرے مسائل پر بھی گفتگو رہتی۔ بُلائے جانے والے بالعموم سینیر ior طلبا ہوتے یا وہ لوگ جو کالج کی اقامتی زندگی میں کسی اور حیثیت سے ممتاز ہوتے، مثلاً اچھے مقرر، اچھے کھلاڑی، سینیر مانیٹر Senior monitors کبھی کبھی ایسے طالب علم بھی جن کے بزرگ اپنے خاندان یا خدمات یا مناسب جلیلہ کے اعتبار سے قوم، ملک یا حکومت میں سربرآوردہ ہوتے۔ لیکن مضمون پڑھنے والے کے نام بُلاوا آتا تو اکثر وہ بچنے کی کوشش کرتا، اس لئے کہ اس مجلس میں ٹول صاحب موجود ہوتے، اور یہی ایک ایسا موقع ہوتا جب موصوف کی نزدیکی حاصل ہوتی جس سے عام طور پر لوگ گھبراتے تھے۔ ٹول صاحب بڑے کم گو اور کم آمیز تھے۔ نپی تلی بات کرتے اور مقررہ آداب سے ہٹ کر مسکرانا تک گوارا نہ کرتے تھے۔ اگر کبھی خوش طبعی کا بھی کوئی فقرہ کہہ دیتے تو لطف لینے سے پہلے سوچنا پڑتا کہ ا۔

ساقی نے کچھ ملا نہ دیا ہو شراب میں

اس صحبت میں حاضرین کی مدارات صرف کافی سے کی جاتی جو نہایت درجہ بدمزہ ہوتی۔ اس زمانے میں کافی کا ذوق بہت کم لوگوں کو تھا۔ پھر اس کو گوارا بنانے یا "مزاہنہ کا بدلنے کے لئے" کوئی چیز نہ ہوتی لیکن مسنر ٹول کی خاطر اور مسنر ٹول کے ڈر سے اس کو فرو کرنا ہی پڑتا۔ اس کے بعد اس سے بھی دشوار گزار مرحلہ میزبانوں کے سامنے انگریزی میں گفتگو

کرنا ہوتا کافی پینے اور انگریزی بولنے کی جس آزمائش سے دوچار ہونا پڑتا، اُس پر بس یوں سمجھئے غالب کا مشہور شعر ہم پر صادق آتا۔

رگ وپے میں جب اُترے زہرِ غم تب دیکھئے کیا ہو
ابھی تو تلخیِ کام و دہن کی آزمائش ہے

لیکن اس میں شک نہیں کچھ ہی دنوں بعد "ہیاؤ کھل جاتا" (معلوم نہیں اس پوربی فقرے سے کتنے غیر پوربی دوست واقف ہوں گے!)

ٹول صاحب کا ایک واقعہ پچھلے اوراق میں بیان ہو چکا ہے۔ یہاں ایک اور سن لیجئے۔ ایک شب موجودہ جوبلی گراؤنڈ میں دو زبردست پارٹیوں میں بلوہ ہو گیا۔ لاٹھیاں چلیں اور فریقین بُری طرح زخمی ہوئے۔ صبح کالج میں خاصی تشویش پھیلی ہوئی تھی کہ دیکھئے کیا ہوتا ہے اس زمانے میں سرسید ایسٹ کا پہلا کمرہ پرنسپل کا آفس تھا۔ جن دو اشخاص کے سبب سے یہ ہنگامہ ہوا تھا ان کی آفس میں پیشی ہوئی۔ ٹول صاحب مسکرائے متخاصمین کی تین چوتھائی ہمت یا "بیکرٹی" تو اس مسکرانے ہی نے سلب کر لی اس کے بعد موصوف نے آنکھوں میں آنکھیں ڈال کر فرمایا "میں سمجھتا ہوں یہ لڑائی دو گہرے دوستوں میں ہوئی (اور یہ واقعہ تھا) اس لئے تم ہی دونوں کو فیصلہ کرنا چاہئے کہ آئندہ تمہارا باہمد گر کیا سلوک ہوگا۔ فی الحال میں دخل دینا نہیں چاہتا۔ اچھا بیک ردم (Baek-room) میں چلے جاؤ اور جو کچھ فیصلہ کرو مجھے آکر بتاؤ" اور گردن کو ہلکی سی جنبش دے کر مسکرائے۔ اس سے فریقین کا رہا سہا دم خم بھی جاتا

رہا۔ دونوں بیک روم میں گئے اور جلد ہی واپس آکر بتایا کہ جانبین نے صلح کرلی۔ ٹول صاحب نے فرمایا "اچھا ہاتھ ملاؤ"۔ دونوں نے ہاتھ ملائے۔ ٹول صاحب پھر مسکرادئے اور فریقین بھاگ کھڑے ہوئے تصفیے کے تین کتنے نازک مرحلے ٹول صاحب نے صرف تین طرح سے مسکرا کر طے کردئے۔

کالج کے عہد میں ڈیوٹی سوسائٹی یا انجمن الغرض[1] کا شمار طلبا کے بڑے قابل قدر اداروں میں ہوتا تھا۔ اب بھی کچھ کم نہیں ہے ۱۸۹۰ء میں صاحبزادہ آفتاب احمد خاں مرحوم (سابق وائس چانسلر مسلم یونیورسٹی) نے اپنی طالب علمی کے زمانے میں اسے قائم کیا تھا۔ اس کے دو مقاصد بہت اہم تھے۔ ایک نادر لیکن ہونہار طلبا کے لئے مالی امداد فراہم کرنا، دوسرے کالج کے بارے میں قوم اور ملک میں جو غلط فہمی پھیلی ہو اس کو دور کرنا۔ اس طور پر انجمن کا کام سرسید کے مقاصد کو آگے بڑھانا تھا۔ جب سے آج تک انجمن وہ فرائض یکساں تندہی سے بجالا رہی ہے۔ ہر سال تعطیلیں میں طلبا ملک کے مختلف دُور و نزدیک حصّوں میں وفد لے جاتے ہیں اور جو کچھ جمع ہوتا ہے اسے انجمن کے فنڈ میں داخل کرتے ہیں لاکھوں روپیے جمع کئے، ہزارہا طلبا کو مدد پہنچائی، مستقل آمدنی کے لئے

---

[1] اس سوسائٹی کے بارے میں مزید معلومات "حیات آفتاب" مرتبہ خان بہادر الحاج ڈپٹی حبیب اللہ خاں صاحب، ولایت منزل، علی گڑھ سے حاصل کی جاسکتی ہیں۔

اپنے سرمائے سے دو عمارتیں بھی تعمیر کر لیں، کچھ زیر تعمیر ہیں۔ طلبا کی اس نوعیت کی اتنی قدیم، نیک نام اور کامیاب انجمن ہندوستان کی شاید ہی کسی تعلیم گاہ میں نظر آسکے۔ اس انجمن نے نہ صرف طلبا میں درسگاہ کی اُلفت اور اپنی مدد آپ کرنے کا جذبہ پیدا کیا، بلکہ علی گڑھ کو تاریخی اہمیت دینے میں جو خدمات انجام دی ہیں ان کو مقررہ خانوں میں درج کر کے تو نہیں پیش کیا جا سکتا۔ لیکن ان کا اندازہ کیا جا سکتا ہے۔

یہاں روپیے کی فراہمی پر اتنا زور دینا مقصود نہیں ہے جتنا اس پر کہ سوسائٹی کی خدمت کے طفیل طلبا کے کردار میں کتنی شائستگی اور محکمی آتی تھی۔ غیر متوقع مقامات پر غیر معمولی حالات میں پُرانے طلبا سے ملتے تھے تو کالج کی روایات اور کالج میں اپنی زندگی کو یاد کر کے ایک دوسرے سے کس درجہ مسرور اور متاثر ہوتے تھے۔ اب بھی یہاں کے جو طلبا تعلیم سے فارغ ہو کر زندگی کی دوسری سرگرمیوں میں مصروف و منہمک ہیں، جب کبھی اور جہاں کہیں ملیں گے علی گڑھ کا زمانہ یاد کر کے اور یاد دلا کر تھوڑی دیر کے لئے بالضرور خوش وقت اور دلشاد ہو لیں گے۔ کالج کی شہرت کو پھیلانے اور بابرکت بنانے میں ہمارے کھیل کی ٹیموں اور ڈیوٹی سوسائٹی کے وفود کو بڑا دخل ہے۔

میں اس دلیل کو زیادہ قوی نہیں سمجھتا کہ چونکہ اب حکومت کی طرف سے مالی امداد خاطر خواہ مل جاتی ہے اس لئے سوسائٹی کے وفود بھیجنے کی ضرورت باقی نہیں رہی۔ خدا کا شکر ہے کہ یونیورسٹی کو مالی دشواریوں

سے نجات ملی۔ اس خوش طالعی کا اندازہ کچھ وہی لوگ کر سکتے ہیں جنھوں نے اس ادارے کا وہ زمانہ بھی دیکھا ہے جب طویل موقفوں اور طرح طرح کی کوششوں کے بعد کسی عطیے کے وصول ہونے پر ہم کس طرح غزلخواں (در اصل قصیدہ خواں!) ہوا کرتے تھے! بایں ہمہ میں حکومت کی امداد پر سولہ آنے (یا سو نئے پیسے!) تکیہ کرنے کا کچھ زیادہ قائل نہیں ہوں۔ ہم کو وہ تمام نعمتیں کیوں نہ میسر آجائیں جن سے احمقوں کی دنیا معمور بتائی جاتی ہے، پھر بھی ہم کو قوم اور مُلک سے وہ رابطے قائم رکھنے پڑیں گے جن سے یہ دانش گاہ اب تک برومند رہی ہے۔ ہم ایسا کرنے پر ایک طور سے اخلاقاً معمور ہیں یہ بات ہم کو نظر انداز نہ کرنی چاہیے کہ اس ادارے کو حکومت نے نہیں بلکہ قوم نے بعض نہایت اہم تاریخی اور تہذیبی مقاصد کے تحفّظ اور ترقی کے پیش نظر قائم کیا تھا۔ اس طور پر اس کے سپرد کچھ تاریخی ذمّے داریاں رہی ہیں جن سے انحراف یا پہلوتہی کرنا آئین دیانت و حمیت دونوں کے منافی ہوگا۔ اس کو مقررہ محور پر قائم رکھنے میں قوم نے اپنی بہترین متاع صرف کی ہے، اس لئے اُس کی بہترین توقعات بھی اس کے ساتھ وابستہ ہیں۔

آزادی ملنے پر حالات بہت بدل گئے ہیں اور یہ تبدیلی ہر اعتبار سے مبارک اور اُمید افزا ہے۔ لیکن ظاہر ہے نہ تو ہم قوم کے الطاف و اعانت سے کسی حال میں بے نیاز رہ سکتے ہیں، نہ قوم کو اپنی خدمت اور عقیدت سے محروم رکھنا گوارا کریں گے۔ اس لئے مناسب اور

حدود کے اندر رہ کر اس کا التزام رکھنا پڑے گا کہ ہم قوم کی صالح اور صحت مند توقعات کو پورا کرتے رہیں اور ان شعائر اور اُن روایات کو نظر انداز نہ کریں جو اس ادارے کی پسندیدہ امتیازی خصوصیات رہی ہیں اور ہم کو بطور ایک قیمتی ورثے کے ملی ہیں نظر برآں میں اس کا مؤید ہوں کہ نہ صرف ڈیوٹی سوسائٹی بلکہ خود یونیورسٹی کے وفود ملک میں دَورے کیا کریں. اس طور پر ہم ایک دوسرے کی دشواری اور ایک دوسرے کے عزائم سے واقف رہ کر اُن سے عہدہ برآ ہونے کی کوشش کرتے رہیں۔ اسی طرح کی کوئی بات رہی ہو گی جس کے پیش نظر اقبال نے کہا ہے؛۔

پیوستہ رہ شجر سے اُمید بہار رکھ

"ڈیوٹی سوسائٹی"، سے دیرینہ تعلق کے لوازم میں ایک بات یہ بھی رہی ہے کہ مجھے طرح طرح کے مواقع اور مباحث پر کثرت سے خطوط اور مضامین لکھنے پڑے ہیں۔ یہ کاروباری انداز کی خط و کتابت نہ ہوتی بلکہ ایسے اصحاب سے ہوتی جن سے سوسائٹی یا کسی دوسرے کارِ خیر کے لئے علیات کی درخواست کی جاتی یا وہ حضرات ہوتے جو سوسائٹی کے مقروض ہوتے۔ لیکن اس بارے سبکدوش ہونے پر مائل نہ ہوتے اس سلسلے میں موخرالذکر جیسے عجیب و غریب خطوط لکھتے تھے ان سے کیسی کیسی نفسیاتی گتھیوں کا انکشاف ہوتا تھا۔ ان دوستوں اور عزیزوں کو ایسے خطوط لکھنے کہ وہ نہ رنجیدہ ہوں نہ مشتعل، اور اُس فرض سے بھی سبکدوش ہو جائیں جو سوسائٹی کی طرف سے اُن پر عائد ہوتا تھا، اچھا

خاصا مشکل لیکن دلچسپ مشغلہ تھا۔ ایسے خطوط لکھنے میں جس تحمل و توازن، خیراندیشی خوش مذاقی اور کبھی کبھی گرمندی یا آزردگی کا اظہار کرنا پڑتا، وہ میرے طور طریقوں نیز میرے سلیقۂ تحریر کے لئے بہت کارآمد ثابت ہوا۔ ان کے علاوہ کالج کے عہد سے آج تک طرح طرح کے مباحث پر جتنے مضامین خطبے، پمفلٹ اپنے یا دوسروں کے لئے، لکھنے پڑے میرا خیال ہے طالبعلمی کے عہد میں علی گڑھ میں شاید ہی کسی اور کو لکھنے پڑے ہوں۔

کالج کے مقاصد کی حمایت و اشاعت کے لئے ۱۸۵۲ء میں خان بہادر چودھری خوشی محمد خاں ناظر (علی گڑھ) نے برادرہڈ[1] (Brotherhood) کی بنیاد ڈالی جس میں اراکین اپنی آمدنی سے ایک فی صدی کالج کو دیتے تھے اور سالانہ ڈنر (Dinner) کرتے تھے۔ یہ جلسے ۱۸۹۷ء میں بند ہو گئے۔ ۱۸۹۸ء میں صاحبزادہ آفتاب احمد خاں نے دوستوں اور رفیقوں کے مشورے سے سابق طلبا کے ڈنر کو پھر شروع کیا چنانچہ ۵ر مارچ ۱۸۹۹ء کو "اولڈ بوائز ایسوسی ایشن" کا باضابطہ انعقاد ہوا۔ ڈیوٹی سوسائٹی، برادرہڈ، اولڈ بوائز ایسوسی ایشن طلبا کی قائم کی ہوئی انجمنیں تھیں، جو کالج کے مقاصد کے پھیلانے اور باہمی یگانگت نیز کالج سے رشتۂ الفت قائم رکھنے میں ساعی رہتی تھیں۔

---

[1] ملاحظہ ہو ضیائے آفتاب ص ۱۵

جب میں یہاں آیا تو ایسوسی ایشن کی حیثیت اتنی معیاری یا مقصدی نہیں رہ گئی تھی جتنی میکانکی یا تفریحی۔ ممکن ہے اس کا سبب یہ رہا ہو کہ مسلم یونیورسٹی کی اسکیم (Scheme) معرض التوا میں پڑ گئی تھی۔ طرابلس اور بلقان کے محاربات کا انجام خلاف امید ہوا تھا۔ ایسوسی ایشن اور کالج کے اعیان اکابر میں اختلافات شروع ہو گئے تھے اس لئے کام کرنے والوں پر ایک طرح کی بے حوصلگی طاری ہو گئی تھی۔ سال میں ایک بار دُور و نزدیک سے آئے ہوئے اولڈ بوائز کا اجتماع ہو جاتا، ڈنر پر پُرانے نئے طلبا اور کالج اسٹاف مدعو ہوتا مولانا شوکت علی اور محمد علی موجود ہوتے تو تقریروں میں سیاسی نوک جھونک کی بھی نوبت آجاتی جس کے ہدف اکثر یورپین اسٹاف اور انگریزی حکومت کے پرستار ہوتے۔ کچھ اور ہؤ حق ہو جاتا اور کھیل کود ہنسی مذاق کے بعد تقریب ختم ہو جاتی۔

اس زمانے میں زیادہ تر ایسے ہی اولڈ بوائز سالانہ تقریبوں میں شریک ہونے کے لئے آتے تھے جو گورنمنٹ یا ریاستوں میں اعلیٰ عہدوں پر فائز ہوتے سالانہ جلسوں کی رونق انھیں کے دم قدم سے تھی۔ ان جلسوں کی نوعیت ایک طرح سے انگریز افسروں کے کلب کی سی تھی۔ جس کی چہل پہل، رونق اور روشنی ہم دُور سے یا چھپ چھپا کر دیکھتے اور ترسا کرتے تھے۔ اولڈ بوائز نئے طلبا سے ملتے تھے لیکن ملنے کا انداز اتنا غیر رسمی یا بے تکلفانہ نہ ہوتا

جتنا "سرکاری" یا "مربیانہ"۔ البتہ ملی برادران ایسے تھے جو نئے طلبا سے بے تکلفی، شفقت اور محبت سے ملتے تھے یہ بھی ایک سبب تھا کہ جب تک دونو بھائی جیتے رہے ہمارے ہیرو (Hero) بنے رہے۔

اولڈ بوائز ایسوسی ایشن (Old Boys Association) کی سالانہ، بیشتر بندمی ٹکی، تفریحی سرگرمیوں کا کالج کے طالب علموں پر کوئی قابل لحاظ اعلیٰ اخلاقی اثر نہیں پڑتا تھا۔ نئے طلبا بالعموم یہ دیکھ کر خوش ہوتے کہ تقریب میں آئے ہوئے اولڈ بوائز کتنے بڑے عہدوں پر تھے، کتنے اچھے اور قیمتی سوٹ پہنتے تھے، کس ٹھاٹھ سے رہتے تھے اور آپس میں کس طرح بے تکلف تھے، کبھی کبھی کافی سے زیادہ بے تکلف جیسے دنیا اُن کے لئے ہر اندیشہ واَلم سے پاک کر دی گئی ہو۔ ان تقریبوں کا اثر وقتی طور پر خاص تفریحی ہوتا تھا اور اس زمانے میں اس طرح کی تفریحوں کا ایک مقام بھی تھا۔ لیکن طلبا کی آئندہ نسلوں پر ان کا اتنا اچھا اثر نہیں پڑا جتنا کہ اس طرح کے ادارے سے بجا طور پر توقع کرسکتے تھے۔ پھر آئے دن کی آپس کی مخالفتوں سے نوبت یہاں تک پہنچی کہ خود ایسوسی ایشن کی وقعت باقی نہ رہی اور وجود معطل ہوکر رہ گئی۔

پہلے سے بہتر ہونے کے باوجود اس ادارے کی حالت اور حشمت

آج بھی ایسی نہیں ہے کہ وہ ان نئے اور اہم تقاضوں کی پیچیدگیوں اور نزاکتوں سے عہدہ برآ ہو سکے، جن کا قوم، یونیورسٹی اور ایسوسی ایشن تینوں کو سامنا ہے۔ قدیم روایتی پروگرام پر نظر ثانی کی ضرورت ہے۔ بڑے خلوص، قابلیت، یک جہتی اور دلیری سے یونیورسٹی کے دوش بدوش اور یونیورسٹی کی حمایت میں ایسوسی ایشن کو کام کرنا پڑے گا۔ اس کے سوا کوئی اور صورت (بحالت موجودہ) ایسی نہیں ہے جو اس ادارے کی اہمیت اور افادیت کو قائم رکھ سکے یا آگے بڑھا سکے۔ اس میں شک نہیں حوادث روزگار سے اولڈ بوائز تتر بتر ہو گئے جو رہ گئے ہیں وہ طرح طرح کی پریشانیوں میں مبتلا ہیں۔ بایں ہمہ علی گڑھ اولڈ بوائز سے اور اولڈ بوائز علی گڑھ سے علیحٰدہ نہ رہ سکتے ہیں اور نہ رکھے جا سکتے ہیں۔ ان کا ایک دوسرے سے جُدا رہنا یا رکھا جانا دونوں کے بنیادی رشتوں کے منافی ہے۔*

نوٹ:* اولڈ بوائز ایسوسی ایشن (ادارہ) کے بارے میں جو باتیں اوپر بیان کی گئی ہیں ان کا اطلاق اولڈ بوائز پر (بحیثیت افراد) نہیں ہوتا۔ موخر الذکر اس ادارے کے "اعصاب و استخواں" یا روح رواں رہے ہیں۔ نئی اور پرانی نسل کو ایک صحت مند نامی تصور سے وابستہ رکھنے میں ان کی اہمیت مسلّم ہے۔

اولڈ بوائز ایسوسی ایشن سے میرا متاثر نہ ہونا اور اولڈ بوائز سے ہونا قطعاً میرے ذاتی اور انفرادی تاثرات کی بنا پر ہے کسی اور چیز پر نہیں۔ (بقیہ صفحہ ۱۶۵ پر)

کالج کے عہد میں کرزن ہسپتال اور یونانی مطب میں طالبعلموں کے علاج کا انتظام رہتا تھا۔ ہسپتال کی وہی عمارت تھی جو آج ہے۔ سوا اس کے کہ اُس وقت اُس میں کمرے کم اور برآمدے زیادہ تھے۔ اب برآمدے کم کمرے زیادہ ہیں۔ انڈور وارڈ (Indoor ward) بالکل نہ تھا۔ عملہ اس سے بہت کم تھا۔ حکیم صاحب کا مطب مارلسن روڈ پر اُس جگہ تھا، جہاں اب ایک مختصر سی دومنزلہ عمارت ہے جس میں کم و بیش پندرہ سولہ سال راقم السطور مقیم رہا۔ الہ آبادی کھپریل کا ایک طویل برآمدہ اور تین چار کمرے تھے جن کی چھت لوہے کی چادر اور مٹی سے پاٹ دی گئی تھی۔ اب وہاں کا نقشہ اس درجہ بدل گیا ہے کہ پہلی حالت کا اندازہ نہیں کیا جا سکتا۔ ایک حکیم صاحب تھے اور ایک ان کے مددگار جن کو حکیم صاحب "منشی جی" کہہ کر پکارتے تھے اور ہم سب حکیم جی کہتے تھے۔ ہمارے منشی جی کہہ دینے سے وہ اس قدر ناراض ہوتے کہ جوشاندے میں شربت نہیں ملاتے تھے! اور محبت و تعظیم سے حکیم جی کہنے پر کبھی کبھی وہ حکیم صاحب کی دوا کے بجائے ہمارے تجویز کردہ شربت اور مربے سے ہماری مدارت کرتے۔

(بقیہ نوٹ صفحہ ۱۶۴ کا)

اور یہ میں اس لئے کہہ رہا ہوں کہ ۱۹۱۵ء سے آج تک بیشتر اولڈ بوائز کی محبت و مرحمت کا جس طرح میں مورد رہا ہوں اس کو میں نے طرح طرح سے محسوس کیا ہے اور علی گڑھ سے مجھے جو شغف رہا ہے اس میں اس کا بہت بڑا حصہ ہے۔

ان کو مسکراتے ہوئے شاید کسی نے نہیں دیکھا۔ زیادہ تر وہ فلکِ ناہنجار کے شاکی رہتے یا ان لڑکوں کے جو بیمار نہ پڑتے، اس لئے کہ جوشاندہ بچ رہتا تو حکیم صاحب باز پُرس کرتے۔ عموماً ہر مریض کو یا تو جوشاندہ " دوائے نزلہ"، تجویز کی جاتی یا سفوف ملیّن۔

اُس زمانے میں دوا تجویز کرتے میں جتنی توجہ صرف کی جاتی اتنی مرض تشخیص کرنے میں نہیں۔ میری یہ عادت شاید اسی زمانے کی ہے، جس میں ذاکر صاحب کے تصرف کو بھی بڑا دخل ہے، کہ یونانی علاج میں اس پراسرار گردں گا کہ طبیب جو مرض چاہے تجویز کرلے، دوا میں اپنی تجویز کردہ استعمال کروں گا! اس کے بہت سے فوائد ہیں ایک یہ کہ طبیب کو مرض تشخیص کرنے اور دوا تجویز کرنے میں جتنی زحمت اُٹھانی پڑتی ہے وہ مریض اور معالج میں تقسیم ہو جاتی ہے، دوسرے یہ کہ اس طریقے سے ایسے امراض کا بھی علاج یا انکشاف ہو جاتا ہے جس کی نہ مریض کو خبر تھی نہ معالج کو۔ تیسرے یہ کہ اس حادثے کی بھی تصدیق ہو جاتی تھی

میں نہ اچھا ہوا بُرا نہ ہوا

یعنی مرض دُور نہ ہوا نہ سہی، دوا تو مزیدار تھی! پھر یہ بھی کوئی معمولی بات نہیں ہے کہ مریض اپنے پیدائشی یا جمہوری حق سے محروم نہیں ہوتا، یعنی آئینی یا حفاظتی حدود میں رہ کر اس کو اپنی عاقبت یا صحت بگاڑنے یا سدھارنے کا حق اور اختیار حاصل رہتا ہے۔

ہسپتال میں " بڑے ڈاکٹر صاحب " سے ہم لوگوں کا زیادہ سابقہ

نہیں رہتا تھا۔ ہمارا کھاتا ان کے اسسٹنٹ Assistant ڈاکٹر شفاعت اللہ صاحب سے کھلا ہوا تھا، جن کو محض بربنائے قافیہ یا حلیہ تمام کالج ہلاکت اللہ کہتا تھا۔ پستہ قد، سن رسیدہ، کاٹھی مضبوط، آنکھیں تیز اور بھوری، داڑھی چڑھی ہوئی اور خضاب سے لیس، آواز مخدوش، ہاتھ میں رعشہ، نسخہ لکھتے تو انگشت شہادت اچھلتی رہتی۔ اس زمانے میں کوئی طالب علم دوا کے لئے ہسپتال جاتا تو دو چار دوست ادھر ادھر سے ساتھ ہو جاتے۔ ایک دفعہ میں بھی اسی طرح کی مہم میں ہمرکاب تھا۔ ساتھیوں میں سے ایک نے کہا، "قربان جایئے اس کمال پر، ڈاکٹر صاحب لکھتے بھی جا رہے ہیں اور ٹائپ بھی کرتے جاتے ہیں!"

ڈاکٹر صاحب کو غصہ آ گیا کڑک کر بولے "بدتمیز نکل جاؤ ہسپتال سے۔" وہ صاحب فوراً چلنے پر آمادہ ہو گئے۔ دوسروں نے پکڑ لیا اور ڈاکٹر صاحب سے زیادہ کڑک کر کہا "یوں نہیں جا سکتے۔ ڈاکٹر صاحب کے پاؤں پر گر کر معافی مانگو ورنہ ہم سب تم کو یہیں مار ڈالیں گے۔ اس کے بعد جہاں جی چاہے جانا۔ گو ڈاکٹر صاحب کی شرافت نفس سے یقین ہے کہ تمہاری فرسٹ ایڈ (First- aid) کرنے میں تامل نہ فرمائیں گے۔" ملزم نے فوراً ڈاکٹر صاحب کے پاؤں پکڑ لئے۔ موصوف خوش ہو گئے اٹھا کر گلے لگا لیا۔ ہم وہاں سے رخصت ہوئے تو راستے میں اپنے ساتھی کی طباعی کی داد دی اور ملامت بھی کی۔ اس نے کہا "یہ سب ٹھیک ہے لیکن مجھے تو اس اندیشے نے بدحواس کر دیا کہ تم سب مجھے مار ڈالنے کے بجائے صرف

مجروح کر کے چھوڑ دو گے تو ڈاکٹر صاحب اس انگلی سے میری ڈریسنگ کریں گے !؟

اس انگلی کا ایک کرشمہ سنئے۔ ہمارے ساتھیوں میں سے ایک کی انگلی پک گئی تھی۔ میر بھوپا قسم کے آدمی تھے۔ ہسپتال جا کر شگاف لگوانے پر آمادہ نہیں ہوتے تھے۔ تھوڑا بہت دوستوں نے سمجھایا اور بہت کچھ خود اس تکلیف نے سمجھایا۔ آخر کار آمادہ ہو گئے۔ چنانچہ ساتھیوں کے جلوس میں ان کو ڈاکٹر صاحب کی خدمت میں اس اہتمام و اعزاز سے لائے کہ ایک شخص ماؤف انگلی کو پکڑے ہوئے تھا، دوسرا پہونچا اپنے قبضے میں کئے ہوئے تھا، تیسرے کے ہاتھ میں بازو، چوتھا بغل میں ہاتھ دیے ہوئے، پانچویں کے کندھے پر میر بھوپا کا سر، بقیہ میں سے کچھ نے کمر کو سہارا دے رکھا تھا اور سب مل کر جلوس کو منظم اور خاموش رکھنے کے لئے بآواز بلند ہدایت دے رہے تھے! جلوس کی شان کچھ اس طرح کی تھی جیسے کوئی سپید پوش گرہ کٹ، بھرے بازار میں جیب کاٹتے پکڑ لیا گیا ہو اور اُسے ادھ موا کرنے کے بعد کوتوالی لئے جا رہے ہوں۔ جوں جوں قافلہ ہسپتال کے قریب ہوتا جا رہا تھا، ہجوم اور ہمہمہ بڑھتا جاتا تھا۔ کتنے دنوں بعد اس جلوس نے شاعر کے تصور کو گدگدایا ہوگا کہ اس نے یہ مصرعہ موزوں کیا۔

لوگ ساتھ آتے گئے اور کارواں بنتا گیا

ڈاکٹر صاحب کی خدمت میں پہنچے۔ موصوف نے شگاف تجویز کیا، مریض نے ہیجر میجر شروع کی، ساتھیوں نے کچھ منت سماجت سے، کچھ ڈانٹ ڈپٹ کر

ان کو خاموش کیا۔ چیر پھاڑ کا سامان منگایا گیا۔ بفحوائے

دوست آں باشد کہ گیرد دستِ دوست

دوستوں نے ہاتھ ہی نہیں سارے اعضا و جوارح کو جہاں تہاں سے اس طور پر گرفت میں لے لیا جیسے میر پھویا کو مشین میں کس دیا گیا ہو۔ ڈاکٹر صاحب نے آستین چڑھائی، ہاتھ میں نشتر لیا، انگشت شہادت پھڑکی مریض نے شور مچایا، ڈاکٹر صاحب نے ہاتھ مارا:۔

فلک گفت احسن! ملک گفت زہ!

ایک غیر متوقع چیخ سنائی دی، ہجوم میں ہلچل مچ گئی، ڈاکٹر صاحب نے اپنی انگلی پر نشتر مار لیا تھا!

ہسپتال میں کونین مکسچر بالعموم بطور دوا کے، اور دودھ سوڈا بالخصوص بطور غذا کے تجویز ہوتا۔ کسی کے علیل ہونے کی اطلاع ملتی تو یہ نہ کہتے کہ کون صاحب کیا بیمار ہیں، صرف اتنا کہہ دیتے کہ فلاں صاحب دودھ سوڈے میں مبتلا ہیں۔ اس سے لوگ سمجھ جاتے کہ دوا، پرہیز، دیکھ بھال، سب قابل اطمینان ہے۔

طالب علمی کے فوراً ہی بعد میں اسٹاف میں آگیا تھا۔ ایک ضرورت سے یونیورسٹی کی طرف سے بمبئی جانا پڑا۔ ایک ہوٹل میں قیام ہوا۔ ایک دن بیرر (Bearer) کو خانساماں سے کہتے سنا کہ فلاں کمرے کے صاحب کو دودھ سوڈا جائے گا۔ میں چوکنا ہوا کہ یہ دودھ سوڈا تو کسی علی گڑھ والے کا تعاقب کر رہا ہے۔ پتہ لگایا تو معلوم ہوا کہ وہ صاحب

علی گڑھ کے طالب علم تھے! جاکر ملا تو کہنے لگے "یہاں آتے ہی بیمار ہوگیا، ڈاکٹر کو کہاں دکھاتا، ہم سب کی دوا، غذا، تیمار دار، ہمیشہ سے دودھ سوڈا رہا۔ اسی کا یہاں سہارا پکڑا، چنانچہ اب بالکل اچھا ہوں۔"

منٹو سرکل میں اس ہسپتال کی ایک شاخ تھی جس کے انچارج ڈاکٹر خنداں تھے۔ نام کچھ اور تھا یہ ہیرو (Hero) تھے میرے ایک محترم کے تفنن شاعری کے، جس نے ان کی خلعت دوام بخشا۔ یہ نام بھی انھیں کا دیا ہوا ہے "خنداں" اور ان کی شاعری پر عرصہ ہوا میں نے ایک مضمون لکھا تھا۔ مختصر ساقد، شارٹ کوٹ، ہیٹ اور پتلون میں ملبوس تینوں میلی، خستہ اور کاواک۔ بورڈنگ ہاؤس کے گشت پر نکلے ہوں یا کسی اور مقصد سے، دوا کی بوتلیں، شیشیاں، سفوف کی پڑیاں، گولیاں سب قمیص کوٹ اور پتلون کی جیبوں میں موجود ہوتیں۔ زیادہ بڑی اور وزنی بوتلیں ہاتھ میں لیے ہوتے۔ بہت کم بولتے تھے نگاہ نیچی رکھتے۔ کوئی "سلام علیک" کہتا تو رک جاتے۔ نگاہ اوپر کرکے اظہار تخلص کرتے (مسکراتے) پھر پوچھتے "دوا پیجیے گا؟" مخاطب آمادہ نہ ہوا تو آگے بڑھ گئے، ورنہ نبض ہاتھ میں لے لی، ٹھیک اسی طرح جیسے بوتل کی گردن ہاتھ میں تھی۔ کسی کو دیکھتے یا نہیں جلد ہی "چھوڑ دیے مسکرا کے ہاتھ شاد" بوتل سے ایک خوراک براہ راست ملاقاتی کے گلے میں انڈیل کر روانہ ہوجاتے چلتی پھرتی ڈسپنسری تھے۔ کالج میں کوئی ایسا نہ تھا جو ان کی تشخیص، علاج یا طور طریقوں پر اعتراض کرتا اور کرتا بھی تو ان کے پاس جیب کی

شیشیوں یا مسکرا دینے کے سوا کیا رکھا تھا، خود فرما چکے تھے کہ بس دو کام رہ گئے ہیں۔

مریضوں کو دوا دینا، حسینوں کو دعا دینا!

اداروں سے قطع نظر ایم۔ اے۔ او کالج کے کتنے طرح طرح کے کردار بے اختیار یاد آتے ہیں۔ اس لئے کبھی کبھی گمان ہونے لگتا ہے کہ سیرت اور شخصیت یا بحیثیت مجموعی میری قسمت کی تشکیل میں ان کو دخل ہو تو عجب نہیں۔ مثلاً میری سائڈ (سید محمود کورٹ مغربی) کا بیرا سراج ۱۹۱۵ء میں پہلی بار ان سے سابقہ ہوا جہاں دس برس پہلے سے ان کا عمل دخل تھا۔ اب تک بفضلہ بقید حیات ہیں۔ ایک دن اتفاق سے نظر آ گئے۔ آنکھوں سے کچھ معذور ہو گئے ہیں۔ قریب پہنچ کر آواز دی تو پہچان گئے۔ کتنی باتیں اور یادیں تازہ ہو گئیں! ان کو میں نے ہمیشہ ایک ہی حال میں پایا۔ نہ خوش نہ ناخوش، نہ سراسیمہ نہ مستعجل نہ متامل۔ نہایت کم گو۔ ہر سوال کا جواب مختصر سے مختصر الفاظ میں۔ اس اندیشے سے قطعاً بے نیاز رہ کر کہ جواب کے عواقب کیا ہوں گے۔ ہر کام مقررہ وقت پر کر ڈالنا۔ یہ ناممکن تھا کہ اس میں دیر یا سویر ہو۔

اس زمانے میں نو وارد طلبا کو بیرے کبھی کبھی نظر انداز کر دیتے کبھی مربیانہ انداز بھی اختیار کرتے۔ سراج میں شاید اس طرح کی صلاحیت ہی نہ تھی۔ ہم میں ایسے بھی تھے جو طیش میں آ کر ان کو سخت سست کہہ ڈالتے تھے دست درازی کرنے میں بھی شاید تامل نہ کرتے لیکن

اس عہد میں بیروں (Bearers) کو مارنا سنگین جرم متصور ہوتا تھا۔ جو شخص اس کا مرتکب ہوتا، اس کو کالج سے تو سخت سزا ملتی ہی، ساتھیوں کی نظر میں بھی اس کی وقعت گر جاتی اور کچھ دنوں بورڈنگ ہاؤس میں عام چرچا رہتا کہ فلاں شخص کو بیرر (Bearer) کو مارنے کے جرم میں سزا ملی۔ سزا کے سخت ہونے کے بارے میں یہ اصول کارفرما تھا کہ اگر طالب علم آپس میں مارپیٹ کریں تو زیادہ سزا دینے کی ضرورت نہیں، اس لئے کہ دونوں کو ایک دوسرے پر ہاتھ چلانے کی آزادی حاصل ہے۔ لیکن نوکروں کی ہمت طالب علم پر ہاتھ اٹھانے کی نہیں ہو سکتی اس لئے نوکر کو مارنے کی سزا ہمیشہ سخت دی جائے گی۔

لیکن اس طرح کے ہر سلوک کا سراج کے ہاں صرف ایک جواب تھا وہ اپنے دونوں ہاتھ گردن کے پیچھے پھنسا لیتے اور جی میں آتا تو نگاہ اٹھائے بغیر ہاں یا نہیں کچھ کہہ دیتے ورنہ بالکل خاموش رہتے۔ جس وقت یہ اپنے ہاتھ گردن کے پیچھے کر لیتے، بڑے سے بڑا سور ما بھی سپر ڈال دیتا کہ "سراج اپنے خول میں چلا گیا، اب دنیا کی کوئی طاقت اس کا کچھ نہیں بگاڑ سکتی!" جلد سیاہ موٹی اور کھردری ہے، اس لئے بشرے سے اندازہ نہیں لگایا جا سکتا تھا کہ ان پر کیا گزرتی ہوگی۔ ڈائننگ ہال نہ ہوتا اور کھانا کمرے پر لانا ہوتا تو ساتھی بیروں کی عادت کے خلاف کسی طرح کی قیل وقال باورچی خانے میں کھانا تقسیم کرنے والے سے نہ کرتے۔ اپنی سائڈ کا کھانا لے کر چلے آتے اور ہر شخص کے کمرے میں

اُسی کے برتن میں چن دیتے اور انگیٹھی جلا کر رکھ دیتے دوپہر کو شہر جانا اور اپنے کمروں کے طالب علموں کی ضرورت کی چیزیں خرید لانا معمول تھا۔ یہ کبھی نہ ہوا کہ سراج کوئی چیز بھول گئے ہوں یا دام پر لڑکوں سے حجت کی نوبت آئی ہو، یوں بھی اُس زمانے میں حساب کرنے میں جھگڑنا، چاہے وہ کسی سے ہو، اچھی بات نہیں سمجھی جاتی تھی۔ نہ کبھی بدتمیزی کی، نہ چوری کی، نہ انعام مانگا، کسی نے دے دیا تو اس پر شادمانی اور شکر گزاری کا بھی اظہار نہیں کیا، یا کرتے ہوں تو ان کا کوئی خاص طریقہ ہوگا جس کا علم دینے والے کو کبھی نہ ہوا۔

۱۹۱۵ء سے اب تک ان کو یکساں حال میں دیکھ رہا ہوں درمیان میں کیسے کیسے انقلاب آئے اور گزر گئے۔ اُس دن سراج کو دیکھا تو معلوم ہوا کہ یہ اُسی استغنا اور پامردی سے اُسی جگہ پر جمے ہوئے ہیں، جہاں میں نے ان کو اور انھوں نے مجھ کو چھوڑا تھا، جیسے اس دنیا کا تمام نادونوش یا نالۂ دلگیر، ان کے لیے "بدرد سرنمی آرزد" کا مصداق ہو۔

میں نے چھ سال مسلسل کالج کے بورڈنگ ہاؤس میں گزارے اور صرف ایک پوسٹ مین سے سابقہ رہا۔ ان کا نام نہیں یاد رہا، ہم سب ان کو "شیخ جی" کہا کرتے تھے اور شیخ جی کا جیسا حلیہ ہو سکتا ہے بجنسہ اُن کا تھا۔ ہمہ وقت خلجان میں مبتلا نظر آتے۔ چال ڈھال، جسم و جان، بات چیت، سبھی سے۔ جیسے غلط پتے پر کوئی رجسٹری، بیمہ یا منی آرڈر دے آئے ہوں اور سمجھ میں نہ آ رہا ہو کہ کیا کریں حالانکہ شیخ جی کی نیکی،

سادگی اور ایمان داری کا طالب علموں پر اتنا اثر تھا کہ اگر وہ کسی وقت غلطی سے کسی وقت کسی کو کچھ کا کچھ دے بھی آتے تھے تو وہ بے چارہ خود پریشان ہو کر شیخ جی کے تعاقب میں بھاگتا پھرتا، لیکن وہ چیز ان کے حوالے کرتا تو شیخ جی کو نہ تو کوئی تعجب ہوتا نہ خوشی جیسے وہ چیز دیر سویر خود واپس آ جانے والی تھی، چنانچہ آ گئی۔ اور بس!

ظاہر ہے کہ بڑی تعداد میں طلبا کے خطوط اور منی آرڈر آتے ہوں گے۔ شیخ جی ہر طالب علم سے آشنا تھے، صورت سے اتنے نہیں جتنے اس کی آواز سے گھنٹہ بجا۔ کلاس ختم ہوئی، سارے لڑکے کلاس روم سے نکل آئے، کالج کے زمانے میں یونیفارم کی بڑی سخت پابندی تھی۔ چنانچہ مہدی منزل سے مشتاق منزل تک۔ یونیفارم میں لڑکوں کا یہ ہجوم نہایت دلکش منظر پیش کرتا تھا۔ اور باتوں سے قطع نظر، کسی ادارے کو صرف اتنی سی بات پر بھی فخر کرنے کا حق حاصل ہو سکتا ہے کہ اس کے سایۂ عاطفت میں اتنے مہذب اور زندگی سے بھرپور نوجوان مجتمع ہیں۔ ہجوم اب بھی نظر آ جاتا ہے لیکن یونیفارم کی وہ یکسانیت اور تعلیم یافتہ نوجوان کے مجمع کی وہ بے تکلف شائستگی یا شائستہ بے تکلفی جو اس زمانے میں عام تھی اب نہیں ملتی۔ ظاہر ہے اس عہد کا رہن سہن، اطمینان و سکون اور رسم و روایات بھلی یا بری جیسی بھی تھیں وہ بھی اب دنیا کے کسی گوشے میں نظر نہیں آتیں!

اس موقع پر فرض کر لیجیے شیخ جی کا بھی گزر ہوا۔ لڑکوں نے گھیر لیا

بھی کہہ رہے تھے "شیخ جی میرا ہے؟" یعنی میرا کوئی خط یا منی آرڈر ہے اور شیخ جی بغیر کسی کو دیکھے صرف آواز پہچان کر کہتے جارہے ہیں "آپ کا ہے" یا "آپ کا نہیں ہے" یہ دونوں فقرے اتنی جلد جلد اور اس درجہ بے اختیار ہو کر کہتے کہ اس زمانے میں تفریحاً ہم سب اس لہجے کی نقل کرنے لگے تھے۔ شیخ جی کا یہ کہہ دینا کہ "ہے" "یا نہیں ہے" کبھی غلط نہیں ہوتا تھا۔ نئے لڑکوں کو کبھی کبھی یقین نہ آتا اس لئے وہ خطوں کا پلندہ دیکھنے پر اصرار کرتے اور شیخ جی کے قائل ہو جاتے۔ یہی نہیں، شیخ جی Room fellows (روم فیلوز) یا گہرے دوستوں یا آس پاس کے کمرے والوں کے خطوط ایک دوسرے کو دیتے تھے لیکن ملاقات ہونے پر چاہے اس کی نوبت دنوں بعد آتی ہمیشہ اس امر کی تصدیق کر لیتے کہ "آپ کا لفافہ یا کارڈ فلاں صاحب کو فلاں دن دے دیا گیا تھا آپ کو مل گیا یا نہیں؟" شیخ جی کا پوچھنا ہمیشہ درست نکلتا!

عید کے موقع پر ایک بار ایسا ہوا کہ شیخ جی اپنا تھیلا کہیں رکھ کر مسجد میں آ گئے۔ نماز ختم ہوئی تو سب سے زیادہ معانقے شیخ صاحب کو کرنے پڑے لیکن بجائے اس کے کہ فریقین ایک دوسرے کو عید کی مبارکباد دیتے ہر لڑکا یہی کہتا "شیخ جی۔ میرا ہے" اور شیخ جی یہی کہتے رہے کہ "آپ کا نہیں ہے" یا "آپ کا ہے" چنانچہ نہ لڑکوں کو اس کا خیال رہا کہ ان کو مبارک باد دیں نہ ان کو فرصت کہ یہ دیتے۔

ذاکر صاحب کے نام گھر سے بہت کم خطوط آتے تھے تقریباً نہیں کے

برابر اس کی تلافی اس سے ہو جاتی کہ ڈاک خانے کے ذریعے کمی کا پارسل آتا رہتا۔ موصوف نے ایک آدھ بارہ خط کے بارے میں شیخ جی سے سوال کیا لیکن جواب یہی ملا کہ "آپ کا نہیں ہے"۔ اس لئے پوچھنا ہی ترک کر دیا تھا۔ ہم سب کو اس سے بڑی تفریح ہوتی تھی۔ چنانچہ شیخ جی نظر آئے نہیں کہ ہم میں سے کسی نے آواز دی "شیخ جی۔ ذاکر صاحب کا خط ہے"۔ ساتھ ہی ذاکر صاحب کی آواز بلند ہوتی "ہرگز نہیں شیخ جی، میں نے نہیں پوچھا ہے!" ایک بار جبکہ ہم دونوں کا صاحب باغ کی اوپر کی منزل میں قیام تھا۔ شیخ جی نیچے کی منزل میں خط بانٹتے نظر آئے۔ حسب معمول آواز دی گئی "شیخ جی ذاکر صاحب کا خط ہے"۔ ساتھ ہی ذاکر صاحب کی صدا اس کی تردید میں بلند ہوئی۔ اس دفعہ انوکھی بات یہ ہوئی کہ دونوں آوازیں ہی نہیں دونوں اشخاص بھی ایک دوسرے کا پیچھا کرتے زینے پھاندتے شیخ جی تک جا پہنچے۔

کھانی تفریح تھے، ٹریجڈی[1] (Tragedy) تھے۔ بھید تھے، علامت تھے، تقدیر تھے، جانے کیا تھے، شاید یہ سب ایک ساتھ تھے، ماتنے اور اس طرح کے بوڑھے کی عمر کا اندازہ لگانا مشکل تھا، چونچال اتنے کہ نوجوان نہیں بچے کا دھوکا ہوتا تھا۔ بات زیادہ دیر تک نہیں کر پاتے تھے۔ سپاہیوں کی طرح قواعد پریڈ کرنے لگتے اور معلوم نہیں کس کس زبان کے الفاظ میں

---

[1] کوئی غمناک حادثہ

پریڈ کے احکام نافذ کرتے۔ تمام جاڑے میلے بادامی رنگ کی روئی دار پوری آستین کی مرزئی، ویسا ہی روئی دار پاجامہ، اسی رنگ کا روئی کا کنٹوپ زیب تن رہتا۔ گرمیوں میں صرف کرتا اور لنگوٹی۔ پان بیچتے تھے۔ لکڑی کی چھوٹی مٹسی بھدّی گاڑی تھی جس پر سر کی ڈال رکھی تھی وہ بھی جگہ جگہ سے خستہ۔ تمام دن۔ رات گئے تک، اسی گاڑی کو کھینچتے ڈھکیلتے بورڈنگ ہاؤسوں کا چکر لگاتے رہتے۔

پان کے سامان کے علاوہ اپنی زندگی کے لئے جن چیزوں کو ضروری سمجھتے تھے وہ سب اسی گاڑی میں رکھ لی تھیں گویا یہ گاڑی نہ تھی پہیے پر ان کا مکان تھا! کانوں میں عجب طرح کی آواز آنے لگتی جس سے معلوم ہو جاتا کہ آس پاس کہیں کمانی آ گئے ہیں۔ کسی طرح یہ پتہ نہیں لگایا جا سکتا تھا کہ وہ کیا صدا لگاتے تھے واقعی کچھ الفاظ تھے یا صرف حلق میں پھنسی ہوئی یا فضا میں بھٹکی ہوئی کوئی مبہم آواز یا صرف ایک گونج۔ پان کیا بناتے تھے صرف لیپ پوت کر دیتے تھے۔ اس کا ساز و سامان گاڑی کے اندر رہتا، جو باہر سے بالکل نظر آتا لیکن ان کا ہاتھ انھیں اجزا پر پڑتا جن کی ضرورت ہوتی ان کا بنایا ہوا پان کوئی ایسا شخص کھا نا گوارا نہیں کر سکتا تھا جو پان کھانے کے آداب سے واقف ہو۔ اس لئے کہ پان کا انتخاب یا پان بنانے کے صاف ستھرے طریقے، یا پان کے اجزا کو جس معیار کا ہونا چاہیے وہ سارے کے سارے نظر انداز ہوتے تھے۔ آپ نے پان مانگا انھوں نے فی الفور بنا کر دے دیا۔ کتھا چونا، پانی ٹپکتا ہوا، جن میں لتھڑی ہوئی انگلیاں دیکھ کر غالب کے مصرع کی طرف خیال جاتا:-

انگلیاں فگار اپنی، خامہ خونچکاں اپنا!

تر نگ میں ہوئے، اور اکثر رہا کرتے تھے، تو پان دیکر فوجی قاعدے کا سلام کر دیا۔ آپ کی بھی طبیعت گدگدائی تو کہہ دیا "کھمانی تمھاری قواعد دیکھنے کا جی چاہتا ہے" کھمانی گاڑی کے اندر سے ڈنڈا نکال کر قواعد شروع کر دیتے، خود کمانڈز Command دیتے، خود ہی پریڈ کرتے۔ کیا کمانڈ دیتے تھے نہ وہ جانتے تھے نہ ہم آپ سمجھ سکتے تھے۔ کسی نے فرمائش کر دی "کھمانی انگریزی ناچ دکھاؤ" کھمانی ڈنڈے کو میم صاحب قرار دے کر ناچنے لگتے۔ جی میں آگیا تو ڈنڈا پھینک دیا اور دو چار پینترے ہندوستانی ناچ کے بھی دکھا دیے۔ کھمانی بھولے بسرے یا عالم بے خبری میں محض ذرا دیر کے لیے اپنی بیوی کو یاد کرتے، جسے وہ میم صاحب کہا کرتے تھے۔ ہم سب بھی تفریحاً میم صاحب ہی کہہ کر ان کی بیوی کا ذکر چھیڑتے۔ کبھی کبھی ایسا محسوس ہوتا جیسے کھمانی کی زندگی میں کہیں کوئی ٹریجیڈی ہے جس کو وہ اپنے طرح طرح کی حرکتوں یا کرتبوں سے بھلانے کی کوشش کرتے ہوں۔ جیسے ایک سرد سنسان تنہائی میں اسیر ہوں جس سے رہائی نصیب نہ ہوتی ہو۔ کسی نے پان کے پیسے دے دیے تو احسان نہیں۔ کھمانی کسی شغل میں ہوں کوئی طالب علم قواعد پریا ناچ کی فرمائش کر دیتا تو سب کام چھوڑ کر دکھانے بتانے لگتے۔

کھمانی کسی کو پہچانتے نہ تھے، پان ہر ایک کو بے تکلف دے دیتے تھے۔ کوئی دام دینا بھول جاتا یا اس وقت پیسے نہ ہوتے اور معذرت

کرکے یا بغیر اُس کے چلا جاتا، تو ان کو خبر نہ ہوتی۔ اس کا جب جی چاہتا دام چکا دیتا۔ کمھانی یہ بھی نہ پوچھتے کہ دینے والا کون تھا، کب کے دام چاہییے تھے یا کتنے چاہییے تھے۔ جیسے پان دے کر وہ سب کچھ بھول جاتے، اپنے کو بھی، جیسے اس عالم میں پہنچ جاتے ہوں جہاں زمانہ خرام میں نہ ہو قیام میں ہو!

کہیں ان کا ذکر آتا یا آواز آجاتی تو ایک طرح کی بشاشت کی لہر دوڑ جاتی۔ تھوڑی دیر کے لئے جیسے مصروفیت اور مکروہات ختم ہوجاتیں۔ گویا کمھانی کا دور تھا، ان کا پان کھایا جائے گا اور ان سے جی بہلایا جائے گا۔

ایم۔اے۔ او کالج کے عہد میں بی۔اے، ایم۔اے کا امتحان دینے الہ آباد جانا پڑتا تھا اور مسلم بورڈنگ ہاؤس میں طعام و قیام کا بندوبست ہوتا۔ ہر طرح کی آسائش اور آزادی میسر رہتی۔ وہاں کے بورڈرس (Boarders) اور ان کے مہتمم، بڑے اخلاص و احترام سے پذیرائی کرتے اور ہمارا بڑا خیال رکھتے، بایں ہمہ محسوس کیا گیا کہ سب کچھ ملتا ہے علی گڑھ نہیں ملتا۔ یہ کمی کس طرح پوری کی جائے۔ ایک دن اسی طرح کی گفتگو ہورہی تھی کہ ایک طرف سے کمھانی کی آواز آئی۔ سب اُچھل پڑے کہ بس کمھانی کو ساتھ لیا جائے گا۔ ہم جو خلا محسوس کر رہے تھے اس کو صرف کمھانی پورا کرسکتے تھے۔ چنانچہ اُن کو الہ آباد لے گئے۔ مسلم بورڈنگ ہاؤس میں کمھانی کی آمد کی دھوم مچ گئی، جہاں ان کا تعارف ان الفاظ میں کرایا گیا:-

سنتے ہیں آپ کے الہ آباد کے مایۂ ناز شہری پنڈت موتی لال نہرو

ولایت تشریف لے گئے تو ہندوستان کے یگانۂ روزگار غلام پہلوان کو وہاں کے پہلوانوں سے روشناس کرانے ہمراہ لے گئے تھے۔ آج ہم علی گڑھ کے پہلوانِ کھانی کو الہ آباد لائے ہیں؟ بیا درید گر اینجا بود پہلوانے!"

کسی کو معلوم نہ تھا کہ علی کون تھے، کہاں سے آئے تھے اور ان کی سرگزشت کیا تھی۔ ایک دن معلوم ہوا کہ اسی فضا میں گم ہو گئے۔ جہاں کتنے زبونوں سے ان کی صدا گم ہونے کے لئے سرگرداں تھی!!

گزشتہ اوراق میں جن اصحاب یا اداروں کے بارے میں عرض کیا گیا ہے ان کے علاوہ کتنے اور ممتاز و منفرد کردار ذکر ہونے سے رہ گئے۔ جو ذہن کے گرد و پیش دھندلے افق پر بار بار اور بے اختیار ابھرتے ہیں۔ لیکن ان صفحات میں ان سب کا ذکر میرے لئے بڑا مشکل ہے۔ اس عہد کے بہت سے ایسے ساتھی ہوں گے جن کو یہاں کے بعض دوسرے کرداروں سے وہی شغف رہا ہوگا جو مجھے اپنے پیش کردہ کرداروں سے رہا ہے۔ البتہ اتنا یقین ہے کہ جن لوگوں کا یہاں ذکر کیا گیا ہے ان سے اس عہد کے تقریباً سارے رفقا مانوس ہوں گے۔ اس میں بھی شک نہیں کہ جب سے یونیورسٹی معرضِ وجود میں آئی ہے مختلف عہد کے طلبا کو یہاں کے بعض دوسرے غیر معمولی کرداروں سے سابقہ رہا ہوگا اور وہ ان کو بجا طور پر وہی اہمیت دیتے ہوں گے جو میں نے دی ہے۔ بہت ممکن ہے یونیورسٹی کے دور کالج کے ۱۹۱۵ء سے قبل کے عہد کی سرگزشت لکھنے والے ان کا

اولڈ بوائز ایسوسی ایشن کے کارناموں میں اولڈ بوائز لاج اور آفتاب ہوسٹل کی تعمیر[1]، مسلم یونیورسٹی کے قیام کی تحریک کو کامیاب بنانے کے لئے سرمائے کی فراہمی، سالانہ اجتماع اور وظائف تعلیمی کا مہیا کرنا رہا ہے۔ آج کل اس کی سرگرمی موخرّالذکر دو خدمات تک محدود ہے اس کے عروج کا زمانہ غالباً مولانا شوکت علی کی سکریٹری شپ کا دَور تھا۔ تقریباً اس زمانے سے ایسوسی ایشن اور یونیورسٹی کے درمیان اختلافات پیدا ہوئے۔ کشیدگی اور بدمزگی بڑھی جو دونوں اداروں کی بدنامی کا باعث ہو کر مدتوں بعد اب کہیں ختم ہوئی ہے۔

میرا خیال ہے کہ یونیورسٹی کے دور میں آفتاب ہوسٹل کی تعمیر کے بعد نہ تو ایسوسی ایشن کے سامنے تقاضائے وقت کے مطابق کوئی پروگرام رہا نہ اس کے مقاصد کو آگے بڑھانے کے لئے جس ممتاز مخلص اور فعّال شخصیت کی ضرورت تھی وہ ایسوسی ایشن کو میسّر آئی۔ نتیجہ یہ ہوا کہ وہ اچھی اور اہم توقعات جو اس اچھے اور اہم ادارے سے کی جا سکتی تھیں پوری نہ ہو سکیں۔ اس سے علی گڑھ اور اس کے مقاصد کو کیسا اور کتنا ناقابلِ تلافی نقصان پہنچا ہوگا اس کا اندازہ کیا جا سکتا ہے۔

---

[1] جس کی تحریک اور تعمیر کا سہرا ڈپٹی محمد حبیب اللہ خاں صاحب مرحوم (ولایت منزل) کے سر ہے

ذکر کبھی قلم بند کریں۔ میں سمجھتا ہوں کہ اگر اس طرح کی کوئی ڈائرکٹری مرتب کی جائے تو اس ادارے کی اقامتی زندگی (جس کے لیے یہ پورے برِ صغیر میں ممتاز ہے) کا بڑا دلچسپ اور نتیجہ خیز مطالعہ ہوگا جس کی نظیر کہیں اور نہ ملے گی۔

یہ داستان یوں بھی نامکمل ہے لیکن میرا خیال ہے کہ علی گڑھ کے بسکٹوں کا ذکر نہ کیا گیا تو نامکمل ہونے کے ساتھ یہ ناقص بھی رہ جائے گی۔ یہ بسکٹ یہاں کی زندگی میں بہت زیادہ دخیل رہے ہیں۔ ہم اے او کالج کے عہد میں ان کی مانگ اور کھپت ناشتے کی تمام دوسری چیزوں سے زیادہ تھی، اس لیے کہ سستے، مزیدار اور "بھاری بھرکم" ہونے کے علاوہ ہر وقت، ہر جگہ مل جانے اور اپنے کھلائے جانے میں کسی تکلف یا اہتمام کے محتاج نہ ہوتے، جب چاہا جہاں چاہا، جس طرح چاہا کھایا اور "فارغ ہوئے شتابی سے"! طالب علمی کے زمانے میں جب اشتہا بالعموم قوی اور جیب بالخصوص ہلکی ہوتی ہے یہاں کے بسکٹوں کی یہ صفات نظر انداز نہیں کی جا سکتیں! علی گڑھ کا کوئی طالب علم ایسا نہ ہوگا جو ان کی کرامات سے واقف نہ ہو۔

اب یہاں بوڑھے غلام حسین (بسکٹ والے) یاد آتے ہیں جو کالج میں یہ نعمت ہمارے لیے فراہم کیا کرتے تھے۔ ان کا سراپا، ان کا تو انچہ، ان کی چال، اُن کا ڈنڈا جس کی یکساں وقفے کی ہموار کھٹ کھٹ سے ہم کو خبر

ہوجاتی کہ غلام حسین آ گئے۔ صاف لباس میں شاید ہی کبھی کسی نے دیکھا ہو۔ کبھی اپنی یا اپنے بسکٹوں کی جوبلی (JUBILEE) منانے کا خیال آجاتا تو ایک وقت میں ایک لباس، کرتہ یا پاجامہ، صاف پہن لیتے اور اس کا انتقام اس طرح لیتے کہ دوسرے کو اور میلا کر لیتے یا تضاد کی وجہ سے زیادہ میلا نظر آتا۔ ٹوپی کے بجائے خوانچہ استعمال کرتے۔ حساب کسی سے ہفتہ وار ہوتا، کسی سے ماہوار، بہتوں سے "علی الحساب" یعنی آپ نے جو کچھ دیا انھوں نے بے گنے، پھر جیب میں ڈالنے کے لئے آمادہ ہوئے۔ لیکن رکے اور نئے سرے سے گننا اور روپیہ ریزگاری کو ہاتھ سے ملنا شروع کیا، پھر جیب کے قریب لے گئے اور رک گئے۔ آپ نے پوچھا غلام حسین کیا بات ہے، بولے، اس طرح جیسے کہیں دور سے آواز آرہی ہو "کچھ زیادہ دے دیا ہے۔" آپ نے کہا " زائد واپس کردو" جواب دیں گے: "نہیں معلوم کتنے زائد ہیں!" یہی دقت اس وقت پیش آتی جب آپ کے پوچھنے پر وہ کہتے "کچھ کم دئے ہیں۔" آپ پوچھتے "کتنے کم ہیں؟" تو پھر وہی جواب "نہیں معلوم کتنے کم دیے ہیں!"

غلام حسین کا ایک مصرف اور تھا۔ آج کل "جلسے جلوس کی رونق کا مدار اس پر ہے کہ ہائے ہائے یا زندہ باد و مردہ باد کے نعرے کس بے جگری یا بے غیرتی سے لگائے جاتے ہیں۔ غلام حسین کے عہد میں یہ تقریب اس طرح منائی جاتی۔ رات کے وقت کھانے کے بعد ایک بورڈنگ ہاؤس سے آواز بلند ہوتی "غلام حسین"! پاس کے بورڈنگ سے اس کا

جواب دیا جاتا "بسکٹ والا"! پندرہ بیس منٹ تک یہ سوال جواب طرح طرح کے اونچے نیچے سُروں میں ہوتا رہتا اور پھر بند ہوجاتا۔ دوسرے دن معلوم ہوتا کہ وجہِ احتجاج کیا تھی جس کو دور کرنے کے لئے ضروری کارروائی عمل میں آتی۔ نہ کہیں احتجاج ہوتا، نہ جلوس نکلتا، نہ اس کارِ خیر میں شریک کرنے کے لئے اسکول کے بچّوں کو دعوت دی جاتی، نہ کسی کی آبرو یا عافیت میں خلل پڑنے کا اندیشہ ہوتا!

موجودہ طلبا کا زیادہ حال نہیں معلوم، لیکن اپنی طالب علمی کے عہد میں جب کبھی گھر جانا ہوتا تو علی گڑھ کے بسکٹوں کا خاصا انبار لے جانا پڑتا، اس لئے کہ وطن میں اعزّا اور احباب جس اشتیاق سے میری آمد کے منتظر ہوتے اس سے کچھ کم ان بسکٹوں کے ورود مسعود کے نہ ہوتے۔ یہ فریضہ اب بھی ادا کرنا پڑتا ہے۔ کبھی "انفرادیت" کے تقاضے سے، کبھی "روایت" کے احترام میں۔ البتہ اتنا فرق ضرور آگیا ہے کہ پہلے ان بسکٹوں کو اپنے ہمراہ لے جاتا تھا اور جانے کا اتفاق کم ہوتا تھا، اب دوسروں کے ہمراہ بھیجنا پڑتا ہے اور یہ سانحہ آئے دن پیش آتا رہتا ہے۔ پہلے اس کا معاوضہ سود در سود کے حساب سے ملتا تھا، اب اسی حساب سے ادا کرنا پڑتا ہے۔

۱۹۱۷ء میں ڈیوٹی ڈیپوٹیشن Duty Depotation کے ساتھ کلکتہ، چٹاگانگ، رنگون، میمیو وغیرہ جانا ہوا تو علی گڑھ کا بسکٹ اور مکھن زادِ راہ کے طور پر لیا گیا۔ جب تک سفر میں یہ ساتھ رہے یہی محسوس ہوتا رہا جیسے ہم علی گڑھ ہی کی فضا میں ہیں۔ راستے میں کسی

ہم سفر کو ناشتے میں شریک کر لیتے تو وہ اتنا ہمارے نہیں، جتنا ان بسکٹوں کے گُن گاتا۔ اس دورے میں بعض "بڑے سخت مقام" آئے۔ لیکن ان بسکٹوں کے سہارے ہم ان سے اسی آسانی سے گزر گئے جس سے اقبال کو خیال تھا وہ "مقام عقل" سے گزر گئے تھے! چاٹگانگ میں ایک مسلم بورڈنگ ہاؤس میں قیام کرنا پڑا جہاں سونے کے لئے تخت اور مبتلا ہونے کے لئے ہیضہ موجود تھا، کھانے پینے کا سامان دیکھ کر لرزہ بھی طاری ہونے لگا کیلے کی فرینی چھوٹی چھوٹی کھلی ناندوں میں جما کر ہنڈیوں میں لئے پھرتے تھے، جن پر ہر گلی کوچے کی مکھیوں کی فوجیں چھڑکیں ہوتیں۔ پینے کا پانی گڈھوں سے لیا جاتا تھا، جو کثرت سے جابجا کائی کا دبیز سبز دوشالہ اوڑھے مصروف استراحت ہوتا۔ جن کا پانی جو شخص یا جانور اپنے مصرف میں لاتا اتنا ہی اور کبھی اس سے زیادہ کچھ نئے خواص یعنی خوبو کے ساتھ وہیں واپس کر جاتا تھا۔ اس موقع پر ہماری جان بہت کچھ تو ان بسکٹوں نے بچائی، بقیہ جان اور بسکٹ لے کر ہم جلد ہی چاٹگانگ سے بھاگ نکلے!

کالج کے زمانے میں یہاں سے وطن جانے والے طلبا دو چیزوں سے ہر جگہ پہچان لیے جاتے تھے، ایک تو یہاں کے یونیفارم سے جو زیب تن ہوتا دوسرے یہاں کے بسکٹوں کے بنڈل یا ڈبے سے جو ان کے آس پاس ہوتا۔ ان بسکٹوں اور اولڈ بوائز (Old Boys) کے بارے میں ایک ممتاز اولڈ بوائے کا قول اکثر یاد آتا ہے کہ یہ دونوں علی گڑھ میں ملیں تو نیوئی سنس (Nuisance)[1] اور علی گڑھ کے باہر

---

[1] نیوئی سنس، وبال جان۔ امر باعث تکلیف۔

ملیں تو نعمت! !!

ہندوستان میں مسلمانوں کا دورِ حکومت، جو کئی صدیوں پہ محیط ہے دوسرے کارناموں کے علاوہ صوفیائے گرام کی خدمات اور خسرو اور غالب کی دل آویز اور پُرمایہ و منزلت شاعری کے اعتبار سے بھی یہاں کی تاریخ میں احترام و افتخار سے یاد رکھا جائے گا۔ خسرو نے ایران ہند کے ثقافتی عوامل کو شاعری اور موسیقی کے وسیلے سے جس طور پر "ریختہ" کیا، ان سے پہلے کسی اور نے نہیں کیا تھا۔ ایک نئی زبان کا آمیزہ جو پہلے سے تیار ہو رہا تھا خسرو کی فطانت و ذہانت نے اسے اردو کے قالب میں ڈھالا۔ یہ تاریخی اور تہذیبی کارنامہ خسرو ہی انجام دے سکتے تھے جو شاعری، موسیقی اور زبان کے ماہر ہونے کے ساتھ تصوف یا انسان دوستی کے بھی مبلغ اور مغنّی تھے، تصوّف نے نہ صرف طرح طرح کے خداؤں کو یکجا اور ایک کیا، بلکہ انسان کو بھی ذات پات اور طبقات کی تقسیم سے نکال کر یکجا اور ایک کیا اس طور پر خدا پرستی اور انسان دوستی کو باہم گر ربط دینے میں تصوف کو بڑا دخل رہا ہے[1]۔ اس کے علاوہ اس ترک لاچین (خسروؔ) کے دل میں ہندوستان کی جو محبت اور وقعت

[1] تصوّف کا ایک تصوّر ترک دنفی کا ہے لیکن اس بحث کا یہ محل نہیں۔ یہ یہاں تصوف کے صرف اس رول کا ذکر مقصود ہے جو خدمت خلق یا انسان دوستی

تھی، اس کا ثبوت اس نے جیسی جبین، لازوال اور قیمتی خدمات میں پیش کیا وہ شاید ہی کسی دوسرے غیر ملکی کے حصے میں آیا ہو۔ بقول شبلیؔ "ہندوستان میں چھ سو برس سے آج تک اس درجے کا جامع کمالات نہیں پیدا ہوا اور سچ پوچھو تو اس قدر مختلف اور گوناگوں اوصاف کے جامع ایران و روم کی خاک نے بھی دو ہی چار پیدا کیے ہوں گے"۔

علی گڑھ کی معارف شناسی کی داد دینی پڑتی ہے کہ آج سے بہت پہلے خسروؔ اور غالبؔ کے کارناموں کو فروغ دینے کے لیے اس نے اپنی بساط کے مطابق پوری کوشش کی، جسے علم دوست طبقہ ہمیشہ فخر کے ساتھ یاد رکھے گا۔ چنانچہ نواب محمد اسحٰق صاحب، آنریری سکریٹری ایم۔ اے۔ او کالج نے "کلیاتِ خسرو" کو بڑے شوق اور اہتمام سے بہ صرف کثیر مستند نسخوں سے مقابلہ کرا کے مشاہیر اہلِ قلم کے مقدمے اور

(بقیہ) سے تعلق رکھتا ہے اور وہ کہیں اور نہیں تو ہندوستان میں مبارک اور دلکش رہا ہے! امیر خسروؔ کی تصانیف کی فہرست یہ ہے۔

مثنویات

(۱) دول رانی خضر خاں (۲) شیریں خسرو (۳) آئینہ سکندری (۴) ہشت بہشت (۵) مجنوں لیلیٰ (۶) قران السعدین (۷) وسط الحیوٰۃ (۸) مطلع الانوار۔ (۹) لآلی عمان موسوم بہ "جواہر خسروی"۔

حواشی کے ساتھ انسٹی ٹیوٹ پریس (کالج کا مشہور پریس) سے شائع کرایا۔ کاغذ، کتابت اور طباعت کے اعتبار سے بھی ان مطبوعات کا درجہ بہت اونچا ہے۔ خسروؔ جیسی عظیم المرتبت شخصیت پر اس تفصیل سے اتنا مستند کام اس برّصغیر میں شاید کہیں اور نہیں ہوا۔

کچھ ہی دن ہوئے یونیورسٹی کے بعض ارباب ذوق اس فکر میں تھے کہ تاریخ اور فارسی کے شعبوں کی نگرانی میں یونیورسٹی کی طرف سے خسروؔ کے رتبے کے مطابق تاریخ اور شعروادب کے فاضلوں کا ایک نمایندہ اجتماع کیا جائے جس میں موسیقی اور زبان کے ماہرین کو بھی شرکت کی دعوت دی جائے۔ اور خسروؔ کی شایان شان ایک مستقل یادگار یونیورسٹی میں قائم کی جائے۔ خسروؔ کے احترام میں اس طرح کا اقدام ہماری یونیورسٹی کی روایات کے مطابق ہوتا۔ مگر کچھ ایسے موانع پیش آئے کہ یہ ارادہ عملی شکل اختیار نہ کرسکا۔

غالبؔ نے اردو شاعری کو وزن اور رفعت دینے کے علاوہ ایک نسب اور ایک روایت بھی دی جن سے ہماری زبان اس قابل ہوئی کہ وہ شاعری کے ان مشکل لیکن اہم مطالبات سے بھی عہدہ برآ ہوسکے جس کے بغیر وہ عظیم شاعری کے مرتبے تک نہیں پہنچ سکتی تھی۔ علی گڑھ میں غالبؔ سے شغف پیدا کرنے میں مولانا سہیلؔ کا جو حصّہ رہا ہے اس کا تذکرہ پچھلے اوراق میں آچکا ہے۔

غالب پر سب سے پہلی مستند تصنیف "یادگارِ غالب" ہے۔ جس میں

غالب کی سیرت، سوانح اور شاعری پر حالی نے اپنے مخصوص شریفانہ سنجیدہ اور سلجھے ہوئے انداز میں اظہار خیال کیا ہے۔ غالب پر آیندہ جتنے اہل قلم جو کچھ لکھنا چاہیں گے "یادگارِ غالب" ان کی رہنمائی میں بہت زیادہ معین ہوگی۔ حالی سے قطع نظر جو علی گڑھ تحریک کے زبردست حامی اور سرسید کے ممتاز رفقائے ادب میں سے تھے، غالب پر شاید سب سے پہلے جدید طرز کا مقدمہ لکھنے کا سہرا ڈاکٹر سید محمود کے سر ہے۔ ان کے بعد ڈاکٹر عبدالرحمٰن بجنوری کا غالب کے نسخہ حمیدیہ بھوپال پر وہ مشہور و معروف مقدمہ ہے جو "محاسن کلام غالب" کے نام سے شائع ہوا۔ مولانا حسرت موہانی نے غالباً سب سے پہلے کلام غالب کی مختصر شرح لکھی۔

ڈاکٹر صاحب تعلیم کی غرض سے جرمنی تشریف لے گئے تو موصوف نے کادیانی پریس برلن سے کلام غالب کا مشہور پاکٹ ایڈیشن بڑے خوشنما ٹائپ میں، حسین جلد کے ساتھ شائع کیا۔ اتنا خوب صورت ایڈیشن اب تک کہیں اور سے شائع نہیں ہوا۔ شہا اور قاضی سعیدالدین احمد نے غالب کی شرحیں لکھیں۔ حال میں ڈاکٹر مختارالدین احمد آرزو کی ادارت میں "علی گڑھ میگزین" کا غالب نمبر مرتب ہوا جسے علمی حلقوں میں بڑی وقعت کی نگاہ سے دیکھا گیا۔ اس پر نظر ثانی کرنے کے بعد متعدد اضافوں کے ساتھ کئی جلدوں میں شائع کرنے کا التزام "انجمن ترقی اردو ہند" (علی گڑھ) نے کیا ہے

کچھ دن ہوئے ڈاکٹر صاحب کے ایما سے موصوف کے کالج

کے ساتھی اور عزیز دوست عطاء اللہ خاں صاحب درّانی نے جواب امریکن شہری ہیں ایک گراں قدر عطیہ اس غرض سے مرحمت فرمایا کہ اس سے یونیورسٹی میں ایک پروفیسر شپ (Professorship) قائم کی جائے جو غالب، ان کے کلام اور ان کے عہد کو اہل مغرب سے روشناس کرنے کے لئے ایک مبسوط اور مستند تصنیف پیش کرے۔ اس پروفیسر شپ پر اردو اور انگریزی کے فاضل اور اردو کے مشہور ادیب، نقاد و شاعر آل احمد سرور صاحب علی گڑھ کا تقرر ہوا ہے جن دوستوں اور بزرگوں کے نام نامی اس سلسلے میں اوپر لئے گئے ہیں وہ سب علی گڑھ کے "ساختہ پرداختہ" ہیں۔

ضمناً یہاں یہ عرض کر دینا بے محل نہ ہوگا کہ غالب شناسی کا جو ذوق علی گڑھ نے پیدا کر دیا تھا وہ جلد ہی پورے طور پر برگ و بار لایا۔ چنانچہ گزشتہ بیس پچیس سال میں غالب پر طرح طرح کی مستند تصانیف ہمارے اور ان کے دیوان کے دلکش ایڈیشن (مصوّر) شائع ہوئے جن میں عبدالرحمٰن چغتائی۔ غلام رسول مہر۔ محمد اکرام۔ پروفیسر حمید احمد۔ مالک رام۔ امتیاز علی عرشی۔ شوکت سبزواری کی تصانیف خاص طور پر قابل ذکر ہیں۔

یونیورسٹی کے اس کم و بیش چالیس سال کے دور میں تصنیف و تالیف کا کوئی کام مطبوعات خسروی کے پایہ کا نہیں ہوا۔ بالآخر ذاکر صاحب کی ایما سے شعبہ اردو نے "علی گڑھ ہسٹری آف اردو لٹریچر

(Aligarh History of Urdu Literature)کی تالیف و تدوین کی ایک جامع اسکیم (Scheme) مرتب کی جس کے لئے مرکزی حکومت نے ایک لاکھ سے زائد کا عطیہ منظور کیا۔ یہ تاریخ پانچ جلدوں پر مشتمل ہوگی، اور کم سے کم چار سال اس کی تکمیل پر صرف ہوں گے۔ وسط سال رواں (۱۹۵۶ء) سے ہندوستان کے منتخب اہل قلم اس کی تیاری میں مصروف ہیں۔ امید کی جاتی ہے کہ مکمل ہو جانے پر یہ تاریخ ہماری یونیورسٹی کا مہتم بالشان کارنامہ ہوگی اور اردو سے دلچسپی رکھنے والوں کے لئے ایک قیمتی علمی اور ادبی سرمایہ۔

گزشتہ اوراق میں علی گڑھ سے متعلق جو باتیں بیان کی گئی ہیں وہ ایک طور پر نامکمل رہیں گی اگر اس امر کی طرف اشارہ نہ کر دیا جائے کہ علی گڑھ جن حالات کے ماتحت وجود میں آیا، جس طرح اور جس حد تک اُس نے یہاں کی زندگی کو متاثر کیا، اس کا اردو شعر و ادب (جدید اردو) پر کیا اثر پڑا۔ مغلیہ سلطنت کے خاتمے پر اُردو شعر و ادب اُن تکلفات سے آزاد ہونے لگا تھا جو اس پر عائد اور اس کی فطری صلاحیتوں اور خوبیوں کی نشو و نما میں حائل تھے۔ یہ تبدیلی فورٹ ولیم کالج سے شروع ہوئی جس نے دہلی اردو کالج کی تالیفی و تدریسی سرگرمیوں میں ظہور پا کر ایک تحریک کی صورت اختیار کر لی اور علی گڑھ پہنچ کر اردو کی نشاۃ ثانیہ بن گئی۔ یوں بھی کہہ سکتے ہیں کہ یہ اس بڑے نشاۃ ثانیہ کا

جز دبن گئی جس کو "علی گڑھ تحریک" کے نام سے موسوم کرتے ہیں!

علی گڑھ نہ ہوتا اور اُس نے اردو کو اپنی طرف سے نئی توانائی، نئی راہیں اور رفتار نہ دی ہوتیں تو اردو کو اتنا جلد وہ فروغ نصیب نہ ہوتا جو ہوا علی گڑھ کے مقاصد فورٹ ولیم کالج اور دلی اردو کالج کے مقاصد سے زیادہ بلند ہمہ جہت اور باہمدگر مربوط و محکم تھے۔ علی گڑھ کے رفقائے ادب ایک نصب العین رکھتے تھے جس کے حصول کو وہ شخصی فرض اور قومی ذمے داری سمجھتے تھے۔

بحیثیت مجموعی یہ کہہ سکتے ہیں کہ فورٹ ولیم کالج کا مقصد انگریزوں کو اردو سے اور دہلی کالج کا ہندوستانیوں کو انگریزی سے آشنا کرانا تھا، بالفاظ دیگر تدریسی اور تعلیمی تھا۔ علی گڑھ کا نصب العین ان کے علاوہ علمی، قومی اور تہذیبی بھی تھا۔ علی گڑھ کے سامنے ایک بڑی مہم یہ بھی رہی کہ اول الذکر دو اداروں نے جس زبان سے ہم سب کو بہرہ مند کرنے اور رکھنے کی کوشش کی تھی اس کو مسلسل ناروا حملوں سے بچائے!

"علی گڑھ تحریک" کے امام سر سید تھے جن کے رفقائے ادب[1] حالی، شبلی، نذیر احمد، محسن الملک، چراغ علی، ذکاء اللہ، وحید الدین سلیم جدید اردو کی بڑی اہم شخصیتیں ہیں۔ جدید اردو کی توسیع و ترقی میں علی گڑھ کا کیا حصہ رہا اور علی گڑھ جدید اردو کا کس طرح مرکز و محور بنا ان پر یہاں

---

[1] طوالت سے بچنے کیلئے یہاں صرف سر سید، شبلی، حالی اور نذیر احمد پر جستہ جستہ اظہار خیال کروں گا

براہ راست تفصیل سے بحث کرنا اتنا مقصود نہیں ہے جتنا عہد بعہد ان مصنفین اور ان کی تصانیف کا تعارف کرا دینا مدنظر ہے جن کا علی گڑھ سے شروع سے آج تک بہت گہرا اور بہت قریب کا تعلق رہا ہے۔ اس سے یہ اندازہ لگانے میں آسانی ہوگی کہ جدید اردو کو علی گڑھ سے کسی طرح کی تب وتاب نصیب ہوئی۔

اردو کی ترقی میں سرسید نے جو حصہ لیا وہ اتنا براہ راست نہ تھا، جتنا بالواسطہ۔ وہ دراصل قوم کی اصلاح اور تنظیم چاہتے تھے جو اپنی حکومت کے جانے اور بدیسی حکومت کے آجانے سے طرح طرح کی دشواریوں میں مبتلا تھی۔ یہ دشواریاں سیاسی، سماجی، معاشی، مذہبی، تعلیمی، سبھی طرح کی تھیں۔ خیال کیا جاتا ہے کہ سرسید اور ان کے رفقا نے اتنے متفرق زمانے ہیں جتنے متفرق موضوعات پر جس دلسوزی، قابلیت اور جرأت سے اردو جتنی مستند تصانیف پیش کیں وہ بے نظیر ہے۔

ان تحریروں اور تقریروں سے قوم اور ملک کی اصلاح اور تنظیم کے ساتھ زبان وادب کے رُخ کو صحیح سمت اور راستے پر موڑ کر نہ صرف اس کی ہیئت وحیثیت بدل دی بلکہ اس کی ترقی رفتار کو بھی تیز کر دیا۔ اس طور پر قوم وملک کی اصلاح کی کوشش زبان وادب کی اصلاح کا موجب بن گئی۔ ایسا نہ ہوتا تو اردو کو اتنی جلد، اتنی نمایاں ترقی نصیب نہ ہوتی جتنی کہ ہوئی۔ زبان وادب بجائے خود اتنے اہم نہیں ہوتے جتنے وہ لوگ جو اس کام میں لائے ہیں یا جن کی خدمت کے لئے زبان وادب

مامور ہیں۔ اس لئے زبان و ادب پر براہِ راست تصرف کرنے کے بجائے یہ طریقہ زیادہ موثر اور دیرپا ہوتا ہے کہ زبان کے لکھنے بولنے والوں کے قوائے ذہنی و عملی کی اصلاح و تربیت کی کوشش کی جائے جس مقصد اور منزل کی طرف ان کی رہنمائی کی جائے گی وہی مقصد و منزل زبان و ادب کی تقدیر بن جائے گی۔ سرسید کا یہ بہت بڑا کارنامہ ہے اور جدید اردو کی توسیع اور ترقی میں اس کارنامے کو بڑا دخل ہے!

سرسیّد کی انشا پردازی کی خصوصیت یہ ہے کہ بات کتنی ہی ٹیڑھی یا ٹیکنیکل (Technical) کیوں نہ ہوتی وہ اس کی وضاحت بڑی خوبی سے ہماری آپ کی زبان میں کر دیتے۔ سبب یہ تھا کہ وہ ہر چھوٹے بڑے کو یکساں طور پر اپنا مخاطب سمجھتے تھے اس لئے اپنے جذبات اور خیالات کا اظہار آسان الفاظ اور پیرایۂ بیان میں کرنے کی کوشش کرتے تھے اور اس کی پرواہ نہیں کرتے تھے کہ اس طرح زبان و ادب "محاسن صوری و معنوی" سے "محروم" ہوجائیں گے یا نہیں۔ وہ صنائع، بدائع مناسبت لفظی، مترادفات اور مصطلحات کی پیروی اور پابندی کم کرتے تھے، اپنی بات لوگوں کے دلوں میں اتارنے کی فکر زیادہ کرتے۔ تھے۔

سرسید جتنی پابندی اسلوب کی کرتے تھے اتنی ہی موضوع کی۔ موضوع جس انداز گفتگو کا مطالبہ کرتا تھا سرسیّد کا وہی انداز ہوتا۔ اردو میں ایسے لکھنے والے کم نہیں ہیں جو اکثر موضوع کو اسلوب پر قربان کر دیتے ہیں۔ انشا پردازی کی یہ کمزوری ہے کہ اس کا موضوع اس کے اسلوب کا

شکار ہو جائے۔ ہر انشا پرداز کا اپنا ایک اسلوب ہوتا ہے اور ہر موضوع اپنا اسلوب رکھتا ہے۔ مستند انشا پرداز دونوں کا لحاظ رکھتے ہیں۔ مولوی نذیر احمد اکثر اسلوب پر موضوع کو قربان کر دیتے ہیں۔ سر سیّد کا کمال یہ ہے کہ وہ جس موضوع پر لکھتے ہیں اس کے مناسب حال اسلوب اختیار کرتے ہیں۔ میں سمجھتا ہوں کہ سر سید کی تحریروں میں جتنے اسالیب ملتے ہیں اردو کے شاید کسی انشا پرداز کے ہاں نہ ملیں۔

سر سید کے مضامین خانقاہوں یا شبستانوں میں نہیں جدّ و جہد کے میدانوں میں لکھے ہوئے معلوم ہوتے ہیں۔ وہ بڑی جرأت سے سوچتے تھے اور اسی جرأت سے لکھتے تھے۔ سر سید کی تحریروں نیز ان کے عام اقدامات میں وہ توانائی یا غلبہ زائی ملتی ہے جو ان قوموں کے ہاں نظر آتی ہے جو مثلاً پہلے پہل "بدویت" کے دائرے سے نکل کر "مدنیت" کے آستانے پر نمودار ہوئے ہوں گے سر سید کی ابتدائی تحریروں میں زبان کی ناہمواریاں ملتی ہیں۔ یہ طرز قدیم کا اثر اور متروک الفاظ کا استعمال تھا اور عام طور پر اس زمانے کے لکھنے والوں میں عیب نہیں خیال کیا جاتا تھا لیکن "علی گڑھ تحریک" کے آگے بڑھانے میں وہ ہمہ تن منہمک ہو جاتے ہیں تو ان کے لکھنے کا انداز تہہ دار اور دل نشیں ہو جاتا ہے۔

اردو میں مقالہ نگاری کو مستقل صنف ادب کی حیثیت سر سیّد نے دی۔

سر سید پہلے شخص ہیں جنھوں نے اردو کو مغربی مصنفین سے روشناس کرایا، اردو کے اخبارات سر سید کے عہد سے پہلے سے شائع ہو رہے تھے

لیکن سرسید نے "تہذیب الاخلاق" سے قوم کی اصلاح و تنظیم اور اس کے حقوق کی حفاظت و حمایت کا جتنا بڑا کام لیا اور اس کو "علی گڑھ تحریک" کا جیسا موثر آلہ بنایا وہ اس عہد کے کسی دوسرے اخبار کے حصے میں نہ آیا اس بنا پر سرسید کو اپنے عہد کا سب سے بڑا صحافی تسلیم کیا جائے تو بے جا نہ ہوگا۔

سرسید کا اردو زبان و ادب پر یہ کچھ معمولی احسان نہیں ہے۔ انھوں نے بڑے نازک موقع پر اور سب سے پہلے اردو کے تحفظ اور حمایت میں آواز بلند کی۔ ان کی تحریر و تقریر اور ان کے جذبہ خلوص و خدمت سے متاثر ہو کر مختلف مفید، اہم اور نئے موضوعات پر دور اور نزدیک اچھے سے اچھے لکھنے والے پیدا ہوئے، جنھوں نے بعد میں آنے والوں کے لئے لکھنے اور کہنے کے آداب و اخلاق کی قابل قدر روایات چھوڑی ہیں۔

سرسید کے نصیب میں اس قوم کی سربراہی آئی جو تعداد میں کم، تنظیم سے محروم، انگریزی تعلیم سے ناآشنا، صنعت و حرفت سے بے بہرہ، معاشی وسائل کے اعتبار سے درماندہ، حکومت کی نظر میں مقہور، طرح طرح کی ناعاقبت اندیشیوں میں اسیر اور بحیثیت مجموعی پسماندہ تھی۔ اس لئے سرسید کا موازنہ ان کے معاصر لیڈروں سے کرنا درست نہیں ہے۔ موحرالذکر اور ان کی قوم نہ صرف یہ کہ ان مصیبتوں سے مامون تھی بلکہ مدتوں پہلے سے ہر گونہ منظم اور مرفہ الحال تھے۔ تاریخی اور سیاسی اعتبار سے انگریز اور انگریزی حکومت کو ان سے کوئی عناد نہ تھا

مسلمانوں کی طرح انھوں نے غدر کی ہولناک تباہیاں نہیں جھیلی تھیں، اس لئے ابنائے وطن اور ان کے لیڈر جو چاہتے جس طرح چاہتے کر سکتے تھے۔ وہ حکومت کے شک وشبہے کا شکار نہیں ہو سکتے تھے مسلمان یقیناً ہوتے۔ ظاہر ہے ایسے متضاد اور مخصوص حالات میں کس جماعت کے لیڈر کا کیا پروگرام اور پالیسی (Policy) ہوتی۔ سرسید کے سامنے مسلمانوں کی فوری آبادکاری کا مسئلہ تھا اور حالات کی نزاکت دیکھتے ہوئے کم وبیش ہر قیمت پر تھا۔ دوسری طرف ابنائے وطن اور ان کے لیڈروں کے سامنے آبادکاری کا نہیں، خوداظہاری اور سیاسی برتری کا مسئلہ تھا۔ اس لئے سرسیّد کا موازنہ ہندوستان کے دوسرے لیڈروں سے کرنا اور سرسید کو رجعت پسند، تنگ خیال اور فرقہ پرست قرار دینا قرینِ انصاف نہیں بلکہ ان امور کے پیشِ نظر سرسیّد اور ان کے جانشینوں کے خیالات اور مقالات کے سمجھنے میں آسانی ہوگی، شاید ہمدردی بھی۔

اب سے پہلے زندگی کو متاثر کرنے اور محکم ومزیّن رکھنے میں مذہب کو بڑا دخل تھا اسی سرچشمے سے تہذیب یا کلچر کا ظہور ہوتا تھا، چناں چہ علم وفضل، شرف وسعادت اور حسن وخوبی کے جتنے بیش بہا نمونے انسان نے دنیا کو دیے ان میں مذہب کی تخلیقی کارفرمائی مسلّم ہے۔ یہی نہیں، بلکہ تسخیر فطرت کے کارنامے بھی جو علوم عقلیہ کی معراج اور معجزے سمجھے جاتے ہیں، اور یقیناً ہیں، وہ مذہب ہی کی دی ہوئی

بشارت سے ممکن ہوئے۔

مذہب اور معاشرت کے عام عقلی اور اسلامی تصوّر اور ان کے باہمی گہرے رشتے کو معین اور منقح کرنے میں علی گڑھ کے بیشتر مصنفین نے سرسیّد اور ان کے رفقا کی پیروی کی ہے۔ یعنی خدا کے تصور کو زندگی کے تصور سے جدا نہیں کیا جاسکتا، بالفاظ دیگر اگر زندگی "جاودان پیہم دوان ہر دم جوان" ہے تو خدا کا تصور بھی اسی طرح نامی اور متحرک ہے۔ اور زندگی کا جب یہ تصور ہے تو اس میں اسیر انسانی عقل و شعور کا بھی نامی اور متحرک ہونا لازم آتا ہے۔ اس نقطۂ نظر کی صحت محل نظر ہو یا اس کے سمجھنے میں سرسیّد سے چوک ہوئی ہو، اس سے بحث نہیں۔ اس میں بھی شک نہیں سرسیّد کے اس نقطۂ نظر یا اس طرح کے بعض دوسرے نظریوں یا باتوں سے ان کے رفقا کو اختلاف تھا، اور مخالفت کی حد تک اختلاف، لیکن سرسیّد کی واقعیت پسندی، خلوص اور ہمت مردانہ کے سب قائل تھے۔ وہ جانتے تھے کہ سرسیّد سے مذہب کے اسرار و غوامض کے سمجھنے میں ممکن ہے، جہاں تہاں لغزش ہوئی ہو، لیکن ہندوستانی مسلمانوں کی ناموس کا نگہبان اور ان کی نجات کا ضامن اس پُرآشوب زمانے میں سرسید سے بڑا اور بہتر کوئی دوسرا نہ تھا!،

یہ کچھ سرسید اور علی گڑھ ہی پر موقوف نہ تھا۔ یورپ کے صنعتی انقلاب اور اسلام کے خلاف عیسائی مبلغین اور مصنفین اور سلاطین کی دیرینہ جدّوجہد کے باعث تمام اسلامی ممالک میں مسلمان مصلحین اور مفکرین کے لئے

مذہب کی شیرازہ بندی اور مسلمانوں کی تنظیم کا مسئلہ، حیات و حمات کا مسئلہ بن گیا تھا۔ عجیب بات یہ ہے کہ بیشتر کے سوچنے کا انداز وہی تھا جو سرسید کا تھا۔

مندرجہ بالا امور کی روشنی میں اندازہ لگایا جاسکتا ہے کہ سرسید کے اسلوب انشا میں کہاں کہاں سے اور کس طرح توانائی اور تنوع آیا ہوگا۔ چنانچہ ہم سرسید کو اسالیب کا امام وقت اور علی گڑھ کو اسالیب اور موضوعات کا سرچشمہ قرار دیں تو حقیقت سے دور نہ ہوگا۔

حالی اردو شعر و ادب کو قومی شاعری، تنقید نگاری اور سوانح نویسی سے متعارف کرنے کا سہرا حالی کے سر ہے۔ قطع نظر اس سے کہ اردو میں جدید نظم کی ابتدا لاہور میں سرکاری تحریک و سرپرستی میں غالباً ۱۸۷۴ء میں ہوئی اور حالی نے اس طرح کی نظم نگاری میں حصہ لیا۔ یہاں ان کی وہ شاعری خصوصیت کے ساتھ مدِ نظر ہے جو ہمارے ملی اور قومی عروج و زوال کی تفسیر ہے اور اسلامی اقدار اعلیٰ کے حصول و حمایت کی تلقین کرتی ہے۔

حالی کی تصانیف پر اہل قلم نے بہت کچھ لکھا ہے جن کا احاطہ کرنا یہاں نہ مقصود ہے نہ ممکن، ایک تنقید نگار نے سب سے علیحدہ اور دل نشین بات یہ کہی ہے کہ "حالی کی تصانیف نظم و نثر کے مطالعے سے بے اختیار محسوس ہوتا ہے کہ یہ شخص کتنا شریف انسان ہے"۔ جدید تنقید نگاری

کی رو سے ممکن ہے اس بیان کو وہ رفعت نہ دی جائے جس کا وہ مستحق ہے، لیکن شعر و ادب اور دیگر فنون لطیفہ کی قدر و قیمت متعین کرنے میں فنکار کی شرافتِ نفس کے عنصر کو جتنی اہمیت دی جائے بجا ہے۔ حالی انسان کی حیوانی سرشت نہیں انسانی (حیا و حمیت) پر زور دیتے ہیں۔ اقدار عالیہ یا اقدار مطلقہ کا جواز اور مدار انسان دوستی پر ہے، جس کے لئے ابتدائے تہذیب سے آج تک اچھے اور بڑے انسان ہر طرح کی کوشش کرتے اور قربانی دیتے آئے ہیں۔ جب انسان کا معیار "انسان اور انسانیت" ہو تو اس کے حسنِ عمل یعنی شعر و ادب کو بھی انسان و انسانیت ہی کے معیار سے پرکھنا چاہیئے۔ شعر و ادب میں آج کل جو اضطراب و انتشار اور ایک طرح کا نراج ملتا ہے اس کا ایک سبب یہ بھی ہے کہ ہم ناواقفیت یا نالائقی کی بنا پر سائنس اور نفسیات کی تحقیقات کو اخلاق و انسانیت کے مقتضیات و مطالبات پر ترجیح دینے لگے ہیں۔ حالانکہ سائنس و نفسانیت دونوں کے محور اور مقاصد جُدا گانہ ہیں اور اپنی اپنی جگہ پر دونوں کی اہمیت مسلّم ہے۔ دوسرا سبب یہ ہے کہ ہم میں شاعر اور ادیب کی آزادیٔ فکر کا غلط اور بڑا خطرناک تصوّر راہ پا گیا ہے چنانچہ ہمارے شاعر اور انشا پرداز یہ سمجھنے لگے ہیں کہ وہ ہر طرح کی بات جس طرح چاہیں لکھ سکتے ہیں۔ اسی کا نتیجہ ہے کہ ہم نہ زبان اور قواعد کی صحت کا لحاظ کرتے ہیں نہ خیال کی رفعت جذبے کی تطہیر یا فکر کی گہرائی کا!

حالی کے سامنے شاعری اور ادب کے مسائل اتنے زیادہ قابل ناظر نہ تھے جتنے قوم کی بدحالی اور زمانے کی ناسازگاری کے۔ سرسید کی طرح وہ بھی اس کے قائل تھے کہ قوم کی اصلاح کے ساتھ شعر و ادب کی اصلاح ہو جائے گی۔ گو حالی نے شعر و ادب کی اصلاح پر بھی اپنی توجہ کا بہترین حصہ صرف کیا، حالی اسلام کے ماضی اور اسلاف کی روایات عالیہ میں قوم کی بہت سی مصیبتوں کا مداوا دیکھتے تھے، ان کی روشنی میں حال اور مستقبل میں قوم کے لئے بصیرتیں اور بشارتیں بھی پاتے تھے۔ حالی پر ایک بڑا اعتراض یہ کیا جاتا ہے کہ وہ ماضی کی طرف جھکتے تھے، لیکن اس کے ساتھ یہ حقیقت نظر انداز کر دی جاتی ہے کہ ماضی قوم کا حافظہ ہے جس کے بغیر شعور کا وہ تسلسل باقی نہیں رہتا جس سے سوسائٹی یا قوم کی شیرازہ بندی ہوتی ہے۔ جس قوم کے ماضی کو انسانیت کی تعمیر اور ترفع میں دخل رہا ہو اور جس کا ماضی حاصل رہا ہو "صدیوں کی بردمندی کا" اُسے فراموش کرنا نہ ممکن ہے نہ مناسب!

حالی اپنی شاعری میں اسلاف اور ان کے کارناموں ہی کا واسطہ نہیں دیتے، بلکہ ہندوستان اور اس میں رہنے بسنے والے جس پستی اور غفلت کے شکار نیز بدلے ہوئے حالات میں زندگی اور زمانے کے جن مصائب و مطالبات سے دوچار یا غافل تھے ان سے بھی عہدہ برآ ہونے کا راستہ دکھاتے اور حوصلہ دلاتے ہیں۔ حالی نے مسلمانوں کو "مسدس حالی" اور "شکوہ ہند" میں ان کا ماضی یاد دلانے کے علاوہ اپنی دوسری

نظموں، تحریروں اور تقریروں میں حال کے تقاضوں سے عہدہ برآ ہونے کی جس دلسوزی اور دلیری سے تلقین کی ہے ان کے عہد کے کسی دوسرے شاعر نے نہیں کی۔ اور باتوں سے قطع نظر، حالی کی شاعری کو اس نقطہ نظر سے بھی دیکھنا چاہیئے کہ ان سے قبل اس طرح کی نظموں کا چرچا اردو میں نہ تھا۔ اس کی نظموں کی طرح ڈالی گئی تو لوگوں نے اُن کا اور ان کی شاعری کا مضحکہ اڑایا۔ لیکن حالی کے بعد اس نوعیت کی شاعری کو ایسا قبول عام نصیب ہوا اور ایسے نامور شعرا پیدا ہوئے جن کے کلام سے ہماری سوسائٹی اور سیاست میں انقلاب عظیم پیدا ہو گیا۔

بعض اصحاب حالی کی غزلوں کے علاوہ ان کے بقیہ کلام کو بے مزہ قرار دیتے ہیں۔ ہم حسن و عشق کی روایتی شاعری سے زیادہ مانوس رہے ہیں۔ اس لئے اس کو شاعری کا سب سے بہتر اور مستند نمونہ سمجھتے ہیں، موضوع شاعری کو حسن و عشق تک محدود سمجھ لینے میں مضائقہ نہیں، لیکن اس کے ساتھ اس حقیقت کو بھی تسلیم کرنا پڑے گا کہ حسن و عشق کا تصور جنس و جمال سے بہت اونچا اور بہت آگے بھی چلا گیا ہے۔ پھر شاعری الفاظ و اسلوب، ان کی مخصوص دروبست، لب و لہجہ اور خیالات و جذبات ...... ہی پر مشتمل نہیں ہوتی بلکہ حقیقی شاعری عبارت ہوتی ہے شاعر کے بے پایاں خلوص و خلش، دردمندی و دلنوازی، سادگی و سپردگی اور اس کے فکر و تخیل کی رفعت و پاکیزگی سے حالی کی شاعری اس بے پایاں اور بے غش انسانیت دوستی

اور قومی غیرت و حمیت کا آئینہ ہے، جن سے خود حالی عبارت ہیں۔

حالی کا یہی رنگ ان کی سوانح نگاری میں ملتا ہے۔ سعدی (حیات سعدی) سے قطع نظر جو زمان و مکان کے اعتبار سے ہم سے بہت دور ہیں، سرسید اور غالب کو روشناس کرانے میں حالی نے اپنا یہ مخصوص نقطۂ نظر ملحوظ رکھا ہے کہ یہ دونوں "تاریخی نام وروں" میں ہوں یا نہیں ہماری قوم اور ہمارے شعر و ادب میں محسنوں یا "نجات دہندوں" کی حیثیت رکھتے ہیں۔ ایک ایسے عہد میں جب ہماری ہر متاع بے وقعت ہو رہی تھی، ہم میں ایسی گراں مایہ ہستیاں نمودار ہوئیں جنھوں نے ہماری زندگی کو تازگی و توانائی اور ہمارے شعر و ادب کو محکمی اور منزلت بخشی۔ یہ لوگ ایسے تھے جنھوں نے قوم اور اس کی گرانقدر روایات کو تباہ ہونے سے بچا لیا۔ ان کی سوانح حیات لکھنے میں نقطۂ نظر اتنا "ناقدانہ و مورخانہ" نہیں ہوتا جتنا "ہمدردانہ اور شریفانہ"۔ چنانچہ یہ ممکن ہے کہ حالی کی شخصیت اور شرافت کو سوانح نگاری کے ضابطۂ دیوانی و فوجداری" سے ربط نہ دیا جا سکے لیکن سوانح نگاری کے صحیفۂ اخلاق میں ان کو یقیناً اونچی جگہ [illegible] اے گی۔ کسی کے ہاں کچھ ہوتا ہو، ہمارے یہاں بزرگان سلف کی خدمات کو بالعموم احترام و عقیدت کی نگاہ سے دیکھا گیا اور ان کی کمزوریوں کا کھوج لگانے اور شہرت دینے سے احتراز کیا گیا۔ ہم ان کی باتوں کو مانیں یا نہ مانیں، ان کے اعمال کو طرح طرح کی چھلنیوں میں چھانتے رہنے کو مذموم نہیں تو فعل عبث ضرور سمجھتے ہیں۔

ایک بات یہاں خصوصیت کے ساتھ قابلِ لحاظ ہے، سرسیّد اور حالیؔ کے عہد میں قومی شعور بیدار ہو چلا تھا جس کی آبیاری کے لئے جہاں اور تدابیر کی جا رہی تھیں وہاں ایک یہ بھی تھی کہ قوم کے نام ورانِ پیشین کی شخصیت اور کارناموں کو تصانیف کے ذریعہ زندہ کیا جائے "ہیروز آف اسلام"[1] کا سلسلہ اس تحریک کی ایک کڑی تھی جس میں شبلیؔ، شررؔ، اور عبدالرزاق کی تصانیف کو نمایاں حیثیت حاصل ہے۔ لیکن ایک بات جو حالیؔ کو خاص طور پر ممتاز کرتی ہے یہ ہے کہ متذکرہ صدر مصنفین نے جہاں اسلام کے قدیم نام وروں کو جن کے گرد تاریخ و تکریم کا ہالہ مدت الایام سے چلا آتا ہے نمایاں کیا ہے، حالیؔ نے اپنے معاصر اور ہم سے قریب ترین زمانے کے نام وروں کو ہمارے لئے قابلِ اعتبار و افتخار گردانا ہے، بقول اسے:-

"مباش منکر غالبؔ کہ در زمانہ تست!"

سرسیّد اور غالبؔ کی سوانح عمریوں کے بارے میں ہم آپ جو رائے چاہیں قائم کریں، لیکن اس میں شک نہیں کہ انیسویں صدی کی یہ دو ہستیاں ان شخصیتوں سے کمتر نہیں جن کو ہمارے ہاں تاریخی امتیاز حاصل ہے۔ حالیؔ نے قدیم اور جدید دونوں کی شہادت اور شخصیتوں سے ہمارے مانوس دلوں کو جس طرح تازگی اور توانائی بخشی

---

[1] نامورانِ اسلام۔

کسی اور نے نہیں بخشی۔ وہ بھی ایسے زمانے میں جب ہندوستان کے مسلمانوں کے گرد و پیش تقریباً وہی انجام منڈلا رہا تھا جو اسپین کے مسلمانوں کو پیش آیا تھا۔ حالی کا خیال آتے ہی کبھی کبھی ایسا بھی محسوس ہوا ہے جیسے قدیم زمانے کے بعض گمنام پیغمبر شاید اسی طرح کے رہے ہوں گے۔

حالی نے "مقدمہ شعر و شاعری" میں جن خیالات کا اظہار کیا ہے، اس پر تنقید نگاروں نے موافقت یا مخالفت میں بہت کچھ لکھا ہے۔ ایک بڑا اعتراض یہ کیا جاتا ہے کہ "حالی نے مغربی مصنفین کے خیالات کی ترجمانی میں غلطی کی ہے۔ یا جن ایسے مصنفین کا ذکر کیا ہے ان کی حیثیت اب مستند نہیں رہی۔" میرا خیال ہے کہ حالی نے اردو شاعری سے متعلق "مقدمہ" میں خود اپنے جن خیالات کا اظہار کیا ہے وہ اس تعبیر یا ترجمانی سے وقیع تر ہے جہاں انھوں نے مغربی مصنفین کا حوالہ دیا ہے۔ بالفاظ دیگر حالی مغربی مصنفین کا حوالہ نہ دیتے، جب بھی مقدمہ شعر و شاعری اردو شعر و شاعری پر بہت مستند تصنیف ہوتی حالی نے مغربی مصنفین کا ذکر اپنے اطمینان خاطر کے لیے اتنا نہیں کیا ہے جتنا اپنے عہد کے ڈانواڈول نوجوانوں کی طمانیت قلب کے لیے۔

اردو میں حالی ہمارے پہلے تنقید نگار ہیں جنھوں نے اردو شعر و شاعری کے خوب و زشت کو پرکھنے کے لیے اردو شعر و شاعری کی تصنیفات اور روایات، بالفاظ دیگر اس کی نہاد کو پیش نظر رکھا ہے۔ مریض کے لیے وہ تدابیر اور وہ غذائیں اور دوائیں زیادہ مؤثر ہوتی ہیں، جو اس

کے جسم و جاں سے، بہ نسبت دوسرے مریضوں یا خود معالج کے جسم و جاں سے زیادہ مناسبت رکھتی ہوں!

شبلی شبلی کو ذہانت اور شعریت کا بہرۂ وافر قدرت سے ودیعت ہوا تھا۔ اسلام اور پیغمبر اسلام سے بے کراں شغف تھا۔ سلف کے کارناموں کو مایۂ افتخار جانتے تھے اور مسلمانوں کی عالمگیر زبوں حالی سے آتش بجاں رہتے۔ اس عہد میں حالی اور شبلی کی شاعری، تنقید نگاری اور سیرت نویسی نے جس قدر اونچا درجہ، جتنا جلد حاصل کر لیا وہ حیرت انگیز ہے۔ دونوں کو اردو، فارسی اور عربی پر عبور تھا، اور ان زبانوں کے مزاج اور مقام سے باخبر تھے۔ یہی حال نذیر احمد اور سرسید کے دوسرے رفقا کا تھا جو زبانوں کے علاوہ علوم اسلامیہ میں بھی بڑا درک رکھتے تھے۔

یہ امر تعجب سے خالی نہیں کہ سرسید اور ان کے ساتھی کلیتہً مشرقی اور مذہبی ہوتے ہوئے اور بڑی حد تک انگریزی سے ناواقف رہ کر کس طرح ان نئے اور بدلتے ہوئے حالات و حوادث سے عہدہ برآ ہوئے جو برطانوی حکومت، صنعتی تہذیب اور مغربی خیالات و تصورات کے لائے ہوئے تھے باینہمہ انھوں نے ایک ایسی عہد آفریں تحریک (علی گڑھ تحریک) کی بنیاد ڈالی جس نے کم و بیش تین چوتھائی صدی تک مسلمانوں کی علمی، تعلیمی، تہذیبی اور سیاسی مقتضیات کی رہنمائی کی اور جس کے بارے میں یہ کہنا ایک حد تک بجا ہوگا کہ مغلیہ سلطنت کے زوال کے بعد مسلمانوں کی صلاحیتوں کی اس طرح تنظیم کی اور ان کو اس

قابل بنایا اور رکھا کہ وہ امن و آبرو کی زندگی بسر کریں اور وطن میں وقعت کی نظر سے دیکھے جائیں۔

سرسیّد، شبلی، چراغ علی معتقدات کو معقولات کی روشنی میں پیش کرنے میں بڑے کوشاں تھے۔ بغداد میں عباسیوں کے عہد میں، ہندوستان میں مغلوں کی حکومت میں انیسویں اور بیسویں صدی میں انگریزی (مغربی) اقتدار اور قومی تعصبات کے دور میں، اسلام اور مسلمانوں کو نئے حالات اور خیالات سے دوچار ہونا پڑا۔ اس لئے ان زمانوں کے اکابر علمائے شریعت اور حامیان ملّت کو اسلام کی تعلیمات کو نئی روشنی میں تعبیر کرنے کی ضرورت پیش آئی۔ علی گڑھ نے یہ فریضہ سرسید، شبلی اور چراغ علی کے وسیلے سے ادا کیا۔ ان سے دور اور ان سے علیحدہ رہ کر جسٹس امیر علی کو بھی اسی مہم سے سابقہ ہوا آگے چل کر یہی مرحلہ علامہ اقبال، سید سلیمان ندوی اور مولانا مودودی کو پیش آیا۔ تاریخ کے ہر بڑے موڑ پر جدید علم کلام تصنیف کرنے کی ضرورت سامنے آئی ہے۔ ایسا مسلمانوں ہی میں نہیں ہوتا آیا ہے، ہر قوم کو اس مرحلے سے گزرنا پڑا ہے اور پڑتا رہتا ہے۔

شبلی اور حالی کی سیرت نویسی اور تنقید نگاری میں ایک بات خاص طور پر محسوس ہوتی ہے وہ یہ کہ شبلی نے سیرت کے لئے اسلام کے نامورانِ سلف، اور تنقید کے لئے فارسی شاعری کا انتخاب کیا۔ جن دونوں کا اعتبار واحترام ہمارے دلوں میں پہلے سے جاگزیں تھا دوسری طرف حالی نے (سعدی سے قطع نظر) غالب اور سرسید کو اپنایا، جو اپنے عہد میں بدنام

نہ تھے تو ایسے نیک نام بھی نہ تھے اور اردو شاعری کی اس طور پر "جرلی" کہ جو باتیں سب سے زیادہ مقبول تھیں اُن ہی کو سب سے زیادہ ہدف ملامت بنایا۔ نتیجہ یہ ہے کہ غالبؔ اور سر سیدؔ کو جو شہرت اور نیک نامی آج نصیب ہے اور حالیؔ کے نقد و جرح سے اردو شاعری جس منزلت کو پہنچی وہ محتاج بیان نہیں۔

سر سیدؔ کے ساتھیوں میں شبلیؔ سے زیادہ جمالیات کا رمز آشنا دوسرا نہ تھا۔ یہ رنگ ان کے خطوط اور غزلوں میں بالخصوص اور دوسری اصناف انشا پردازی میں بالعموم ملتا ہے۔ ان کی نثر و نظم میں وہ رامش و رنگینی ہے جسے عجم کا لمس کہہ سکتے ہیں شبلیؔ طبعاً شاعر تھے۔ یہ رنگ ان کی تحریر و تقریر سب میں جھلکتا ہے۔ مورّخ ہونے کے باوجود جہاں جذبات کا بہت کم دخل ہونا چاہیئے جذباتی تھے۔ دوسری طرف سید سلیمان ندوی جو شبلیؔ کے سب سے معتبر شاگرد اور جانشیں سمجھے جاتے ہیں تاریخی مسائل کی تحقیق و توضیح میں جذبات سے سروکار نہیں رکھتے تھے۔ استاد کا لہجہ شاعرانہ اور خطیبانہ تھا، شاگرد کا متوازن اور مفکرانہ۔ سوچنے اور لکھنے کے اعتبار سے سید سلیمان ندوی شبلیؔ کے بجائے حالیؔ سے زیادہ قریب ہیں۔

نذیر احمد اردو لکھنے کے جتنے اسالیب سر سید کے عہد میں بالخصوص ان کے رفقا میں، مروج تھے ان سے پہلے کے لکھنے والوں میں نہیں ملتے، سبب یہ تھا کہ اس عہد میں قوم اور ملک کے گوناگوں مطالبات کے مطابق اہل فکر و نظر کے نو بہ نو حوصلے اور عزائم بھی بیدار

ہو رہے تھے، جن کی بیشتر تعداد سرسید کے چشمۂ فیض سے سیراب اور سرسید ہی کے گرد جمع تھی۔ اوروں سے قطع نظر نذیر احمد کی زبان اس اعتبار سے بہت اہم اور دلچسپ ہے کہ انھوں نے سب سے پہلے دہلی کے ہر طبقے کی زبان کو اپنے ناولوں میں جگہ دی۔ اردو میں ناول کی داغ بیل نذیر احمد نے ڈالی اور ناول جیسا کہ ہم سب جانتے ہیں کہ عہد کا سب سے نمایندہ، بلند آہنگ اور مؤثر ترجمان ہوتا ہے اور یہ حق پورے طور پر اس وقت ادا ہوتا ہے جب دوسری باتوں کے علاوہ ناول نگار خواص و عوام کی زبانوں کا خاص طور پر التزام رکھے۔

ان کے ناولوں میں دلی کے متوسط اور متوسط سے نچلے شریف گھرانوں کے افراد کی رہن سہن کی بڑی اچھی مصوری اور ان کی بول چال کے بڑے دلکش نمونے ملتے ہیں۔ انھوں نے سب سے پہلے دلّی کی خواتین کی زبان سے ہم کو آشنا کیا، جس سے بعد میں حکیم ناصر نذیر فراقؔ اور مولانا راشد الخیری نے اپنے ناولوں میں بڑا کام لیا۔ خواتین کی بول چال کا ہماری زبان میں ایک اہم مقام ہے، اور یہ ایک ایسا امتیاز ہے جو شاید دنیا کی کسی دوسری زبان کو حاصل نہیں۔ آج کل اس زبان کے ماہر اور دلی کے قدیم شریف گھرانوں کی معاشرت کے سب سے معتبر واقف کار آغا حیدر حسن دہلوی (علیگ) ہیں جن کا

ذکر ان اوراق میں آچکا ہے!

اردو نثر میں افلاس و عوام کا ذکر غالباً سب سے پہلے نذیر احمد کی تصانیف میں آیا ہے، جس کو پریم چند نے اپنی دردمندی اور فن کارانہ بصیرت سے حد کمال کو پہنچا دیا۔ قرآن پاک اور قانون کا اردو ترجمہ کرنے میں نذیر احمد نے جس ذہانت اور زبان پر جس غیر معمولی قدرت کا اظہار کیا ہے وہ بے مثل ہے البتہ زبان اور زبان دانی کے اظہار میں وہ کہیں کہیں مناسب حدود سے تجاوز کر گئے ہیں اور حفظ مراتب کا لحاظ نہیں رکھا ہے۔ وہ اپنی تحریروں اور تقریروں میں عربی اور انگریزی کے الفاظ بڑے شوق سے، بڑی کثرت سے، کبھی کبھی بے ڈھنگے طور پر، اور جا بجا بے ضرورت استعمال کرتے ہیں۔ بے ضرورت انگریزی الفاظ کا استعمال سر سید و حالی کے یہاں بھی ملتا ہے لیکن وہ نہ اس قدر!

نذیر احمد کا شمار سر سید کے رفقائے ادب میں ہوتا ہے لیکن ان کی بیشتر اہم تصانیف سر سید کے حلقۂ اثر میں آنے سے پہلے شائع ہو چکی تھیں، اس لئے ان تصانیف کے موضوع اور زبان کے بارے میں یہ کہنا درست نہ ہوگا کہ ان میں سر سید کا اثر کارفرما ہے نذیر احمد "علی گڑھ تحریک" کے زبردست علم بردار صرف اپنے خطبات میں نظر آتے ہیں، جس کا سلسلہ غالباً ۱۸۸۸ء سے شروع ہوتا ہے، ابتدا میں انھوں نے سر سید سے کچھ زیادہ شغف کا اظہار نہیں کیا لیکن

جلد ہی وہ سرسید کے زبردست معاون و منا دبن گئے ۔

نذیر احمد پہلے شخص ہیں جنھوں نے عورت کو داستاں طرازوں، بادشاہوں اور شاعروں کے قبضے سے نکال کر روزانہ زندگی کے نشیب و فراز اور دھوپ چھاؤں میں دکھایا ہے۔ عورت کی حمایت اور ہمدردی میں سب سے پہلی آواز نذیر احمد اور حالی نے بلند کی۔ دونوں کے یہاں عورت کا اخلاقی تصور (روایتی!!) ملتا ہے۔ جس کی ترجمانی حالی کے مشہور طرز خطاب میں ملتی ہے

"اے ماؤ، بہنو، بیٹیو۔ دنیا کی زینت تم سے ہے"

جس کی مذمت کرنے اور مضحکہ اڑانے میں جدید مکتبۂ فکر کے مرد اور عورت دونوں متفق ہیں!

علی گڑھ میں عورت کا کم و بیش یہی اخلاقی تصور مدتوں مقبول رہا، جس کی طرف گزشتہ اوراق میں کہیں اشارہ کیا جاچکا ہے۔ یہ انداز ۱۹۳۶ء میں بدلا۔ جب ترقی پسند ادب کی تحریک وجود میں آئی۔ اور جس طرح عورت کو پہلے داستان طرازوں، بادشاہوں اور شاعروں کے قبضے سے رہائی دلائی گئی تھی، اسی طرح ان کو نذیر احمد اور حالی، یا علی گڑھ) کی قید سے آزاد کیا گیا۔ کبھی کبھی ایسا بھی محسوس ہوا جیسے عورتوں نے خود اپنے سے رہائی حاصل کرلی ہو! کیا رہائی ہے؟"

اردو شاعری کو حالی اور شبلی نے حریت و شرافت کی فضا، معیار و موضوع کی اہمیت، اور فکر و فن کے حسن آداب سے آشنا کرایا تھا،

وہ حسب تقاضائے زندگی و زمانہ تھوڑا بہت جہاں تہاں سے بنتے بدلتے، آج تک علی گڑھ سے فیض پائے ہوئے شعرا میں مقبول ہیں۔ طوالت کے اندیشے سے ناموں کی فہرست نہیں پیش کرتا۔

ان اوراق کو مرتب کرنے میں بعض ساتھی کام کرنے والوں کو بڑی زحمت اٹھانی پڑی جسے انھوں نے میری خاطر خوشی سے گوارا کیا یہی نہیں بلکہ کتابت سے اشاعت تک کے جس ہفتخواں کو طے کرنا پڑتا ہے۔ اس سے بھی ان ہی کو گزرنا پڑا۔ مواد کی فراہمی اور مباحث کی چھان بین میں بھی انھی سے گراں قدر مدد ملی۔ ان کا دل سے شکر گزار ہوں ان کے اسمائے گرامی یہ ہیں: مسٹر خلیل الرحمٰن اعظمی، مسٹر نسیم قریشی، ڈاکٹر محمود الٰہی زخمی (رفقائے شعبہ) مسٹر فرخ جلالی (یونیورسٹی لائبریری) میں جانتا ہوں کہ یہ حضرات اپنے ناموں کا ظاہر کیا جانا پسند نہ کریں گے، لیکن مجھے اُن لوگوں کا بھی کچھ کم خیال نہیں ہے جو تصنیف و تالیف کا کام کر رہے ہوں گے، یا کرنے والے ہوں گے۔ ان ناموں کے اعلان سے ان کو مخلص اور سنجیدہ ہوئے کام کرنے والے "سرمۂ مفت نظر" کی روایتی قیمت سے بھی کم قیمت پر مل جائیں گے!

موجودہ ایڈیشن سے علی گڑھ کے مصنفین اور ان کی تصانیف کی فہرست حذف کی جاتی ہے بعض اساتذہ کے تذکرے میں کچھ اوراق کا اضافہ کر دیا گیا ہے۔

بچوں کے لیے ایک دلچسپ سوانحی کہانی

سردار جعفری

مصنفہ : رفیعہ شبنم عابدی

بین الاقوامی ایڈیشن منظر عام پر آ چکا ہے